U0118089

四海之内

中国历史四十讲

葛剑雄 著

人民文学出版社

图书在版编目(CIP)数据

四海之内:中国历史四十讲/葛剑雄著. —北京:
人民文学出版社,2024
ISBN 978-7-02-018434-7

Ⅰ. ①四… Ⅱ. ①葛… Ⅲ. ①中国历史-文集 Ⅳ.
①K207-53

中国国家版本馆 CIP 数据核字(2023)第 233553 号

责任编辑 **李 娜 邱小群**
封面设计 **李苗苗**

出版发行 **人民文学出版社**
社　　址 **北京市朝内大街 166 号**
邮政编码 **100705**

印　　制 **山东临沂新华印刷物流集团有限责任公司**
经　　销 **全国新华书店等**

字　　数 **292 千字**
开　　本 **720 毫米×1000 毫米 1/16**
印　　张 **21.75**
版　　次 **2024 年 3 月北京第 1 版**
印　　次 **2024 年 3 月第 1 次印刷**

书　　号 **978-7-02-018434-7**
定　　价 **69.00 元**

目录

第一讲　中国的来历：“宅兹中国”和它背后的故事

“中国”这两个字是怎么来的，从什么时候开始使用的？

尽管在《书经》《诗经》等古籍里，已经出现了“中国”这两个字，但这不能算确切的证据。确切的证据应该是实物：一件叫“何尊”的国家一级文物。

1963年8月，陕西省宝鸡市陈仓区贾村的一个农家院，有个陈姓男子寄住在那里。有一天下过雨后，他走出家门，看到对面的一个土崖上面，好像有什么东西反光。他走近一看，发现被雨水冲刷后的土里露出来一个好像铜器的东西。他先是用手扒，后来又拿个小镢头刨，果然挖出来一件铜器。他把这件铜器洗干净后，搁在家里放粮食。第二年，他回老家了，就把这件铜器交给另外一个人保管。

到了1965年，那人没钱花了，便把这件铜器卖给了当地的玉泉废品回收站。这一带出土的文物常被当作废品卖掉，当地的文博人员因此经常跑去废品回收站看一看。这件铜器就这样被宝鸡市博物馆的一名干部发现，他马上报告了馆长。馆长立刻派专家前去鉴定，并断定这是一件珍贵文物，于是以这家废品回收站回收时的价格把它买了回去。这尊铜器成为宝鸡市博物馆创馆以来收藏的第一件青铜器，高三十八点五厘米，口径二十九厘米，重十四点六公斤。当时，尚未有人注意过这尊铜器上是否有铭文。

1975年，国家文物局准备赴日本开展览会，当时的局长王冶秋邀请马承源（后任上海博物馆馆长）负责组织筹备，让他从全国调来一百件重要的文物。马承源因此注意到了这尊铜器。他觉得奇怪，这么漂亮的一件文物，难道没有铭文吗？于是，他将手伸进去，摸到铜器底部高低不平。他断定下面会有文字，便让工人给铜器除锈，然后把它清洗干净，最后发现了这篇重要的铭文。

这篇铭文总计十二行，共一百二十二个字。根据铭文的内容，人们了解到这尊铜器的由来：周朝的宗族及其先人追随周文王，获得了三十个朋①的赏赐，于是制作了这件酒器作为纪念。因此，考古学家把它命名为“何尊”。这篇铭文非常重要，因为这是我们第一次看到文物中出现“中国”这两个字。

这篇铭文的大意为：武王攻克了商朝的首都以后，举行了一个隆重的仪式，向上天报告。后面有一句话很重要，“余其宅兹中国，自之乂民”，用现代的话来说，就是“我已经在中国安了家，统治了那里的民众”。这位王是谁呢？我们可以根据前面的一段话来分析，“惟王初迁，宅于成周，复禀武王礼”。也就是说，这位王刚刚迁到了成周（今河南洛阳），在那里安了家，建了首都，重新实施武王的礼仪制度。根据这句话来分析，这位王应该就是周武王的儿子——周成王。它所记录的就是周成王在河南洛阳建立东都的一段历史。

这上面的“中国”两个字究竟是何意？是否等同于我们现在所说的中国？当然不是。当时的“中国”二字指的是最高统治者居住的地方。既然周成王时期留下了这样的记录，且说武王是在攻克了商朝的首都“大邑商”以后才来到了中国，可见“中国”这一名称在此之前就有了。所以，“中国”这两个字的出现距今至少已经有三千一百年了。

为什么把最高统治者居住的地方称作中国？为什么在攻克了商朝的首都以后，可以向上天报告“我现在占有了中国，把中国当成自己

① 古代贝币单位。始见于殷墟甲骨文，卜辞有“锡贝二朋”（《战后南北所见甲骨录·坊间三·八片》）。《诗·小雅·菁菁者莪》：“既见君子，锡我百朋。”郑玄笺：“古者货贝，五贝为朋。”或说二贝为一朋。

的家”了呢？

首先我们来看一看中国的“国”字本身代表什么含义。

“国”字的繁体字写法如下：國。中间有一个“或”，“或”中间是一个“口”，这字是个象形文字，“口”原来写成椭圆形，象征一个人的嘴巴，也有一种说法是象征一个人的眼睛。我认为，“口”字象征一个人的嘴巴是比较合理的解释。古人表达“一个人”之意时，既可以画成人样的图案，也可以画成一张嘴的样子来代替。一直到近代，当我们问起对方家庭人数的时候仍会说“你家有几口”，一个人只有一张嘴，所以几个“口”自然就能代表几个人了。“口”的下面有一道横杠，它代表一片土地，人们的生存和生活离不开这片土地。特别是中国古代属于农业社会，需要从事农业生产，所以土地至关重要。“口”和横杠的旁边是一个“戈”，“戈”是一种长柄的武器，控制范围较大。人们集中居住在这片土地上，可能还不够安全，周围要砌一圈围墙把他们围起来，于是形成城墙。“国”字就是这样构成的，如今的简体字把中间的“或”换成了“玉”。由此可以看出，“国”就是指一个有人守卫的，特别是围有城墙的聚落。古代把这样一种聚落居民点叫作“国”，也就是后来的一座城。这样的“国”早在商朝时期便已存在。

后来又产生一个词——“万国”。“万国”不是说真的有一万个国，而是形容国的数量很多。多到什么程度呢？到了春秋时期，有名有姓的国还有一千多个。但这些国并不都具有相同的地位，其中就有“中国”。

“中”最早是商朝人用来召集他们的部队或者民众集合时的一个标志。古代不像今天这样资讯发达，可以通过各种信息传播手段通知他人。他们有的敲鼓，有的放一把火，这样一来远处的人都能听见或者看到了。商朝人制作了一面特别大的旗帜，一有什么事就把这面旗帜往地上一插，周围的人一见就知道要集合了。旗杆是一个点，集合的时候人们都围在这个点的周围，时间一长，这面旗帜的名称“中”

就产生了现在的意思，变成了中间、中央、中心。

了解了“中”和“国”各自的含义，我们再来看合起来的“中国”究竟何意。“中国”就是万国之中最重要、最中心的国，也就是最高统治者居住的地方。“中国”一开始只有一个，因为最高统治者居住的城不可能有很多。

商朝曾经经常迁都，直到盘庚迁殷，它的首都才基本固定下来，经过二百多年没有再迁。不过，最高统治者有时住在其他地方，那些地方同样也是“中国”。周武王打败商朝，占据它的首都，来到了“中国”。周朝建立以后，周武王没有留在那里，而是回到了祖先的发祥地，定都镐京（今陕西西安西南），此后这里便是“中国”。到了周成王时，周成王在他的叔父周公的辅佐下，平定了内部的叛乱，为了更有效地控制东方，在今天河南洛阳一带建立成周。这样一来，周朝有了两个首都，当然也就有了两个“中国”。

春秋战国时期，自从周平王迁都洛阳以后，天子的权威基本消解，成了一个傀儡、一个符号。诸侯仅在表面上尊重天子，到了后来连表面功夫都不做了，可以对天子发号施令，甚至还可以羞辱他。在这一过程中，很多小国被灭掉或吞并，有些则是自己维持不下去了。如果是以前，天子要设法帮这些小国“存亡续绝”，而春秋时期的诸侯灭亡之后没有后代，就干脆被吞并掉了。经过一系列的战争与兼并，强大的诸侯国越来越大，而国的总数则越来越少。

到了战国时期，主要的诸侯国只剩下秦楚齐燕韩赵魏七国。除此之外，卫国一直存在到秦二世，还有若干个已经不太有作用的小国。在这种情况下，既然身为傀儡的周朝天子所在的地方叫作“中国”，那么各大诸侯国实际上占有和控制那么大的地方，他们的首都应该叫什么，不也是“中国”吗？逐渐地，那些特别强大的诸侯也把自己所住的城称为“中国”，“中国”就不止一个了。

比如楚国一开始不过是今天鄂西北和陕南山里的一个小国，后来国力强大了，发展到江汉平原。楚国最强大的时候，从湖北扩大到湖南、江西、安徽、江苏和浙江的北部、河南的南部、山东的西南角，在这一过程中吞并了几百个小国。在这种情况下，楚国人当然把自己的首都称作“中国”。

公元前221年，秦始皇统一六国。本来中国没有“皇帝”这一称呼，只有“三皇”和“五帝”，秦始皇认为自己达到了顶峰，同时继承了“三皇”和“五帝”两个系统，集中了他们的权威，权力至高无上，所以合起来叫“皇帝”。既然他是皇帝，秦国原来的首都咸阳当然就是“中国”，但是在把其他六国都吞并以后，那些诸侯国的“中国”怎么办呢？于是干脆从秦始皇时期开始，把天子统治的地方统统称为“中国”。

在这一时期，“中国”的概念区别于外界，归天子统治的地方都是“中国”，天子统治以外的地方不能叫“中国”。有些新纳入统治的地区，当地人觉得自己属于“中国”了，但是旧有统治地区的人则认为他们还不配。这是一个相对模糊的概念，但是随着帝国统治范围的扩张，这一概念已经慢慢扩大了。后来，从秦朝、汉朝一直到清朝，所有的中原王朝都把自己统治的地方称为“中国”，但是朝代的名称，也就是国号还不是“中国”。

比如清朝的国号就是“清”，一般称为大清、大清国，平时所说的“中国”指的是清朝统治的地方。这一概念还没有固定，不仅后人没有统一的叫法，当时的人对此的定义也是模糊的。

清朝所说的“中国”有时是将西藏、新疆、蒙古、满洲（东北）全部包括在内，有时仅指正式设立行省的内地十八个省或二十二个省，称呼西藏、蒙古等地就用他们原来的名称。所以清朝人写的书里，甚至公文里，往往会将“中国”和其他地方并列，这并不是什么政治错误，而是当时人本身的概念还没有明确。

历史上此种情形更为多见。史书上所说的“中国”有时指的是整个帝国的范围，有时指的是中原地区。比如司马迁在《史记·货殖列传》中列举了一些地方的特产以后，接了一句话“皆中国人民所喜好”，意思是“这都是中原人所喜欢的呀”，这里的“中国”不是指整个汉朝，而是特指中原。

正因为这样，人们往往把华夏居住的地方称为“中国”。比如当时使用的“南蛮”“北狄”“东夷”“西戎”或者统称为“蛮夷”“夷狄”之类的说法，就说明当时的中原人认为其他族类不属于中国。《诗经》里有几句话也体现出这样的观念。比如“惠此中国，以绥四方”，意思是说“我把中国安定了，使四方也得到安定”，这里的“中国”就是相对四方、相对周边来说的。

既然民族上有这样的区别，那么文化上当然也有区别。比如说，古代人提及华夏文化、中国文化时，狭义的“中国”所指代的范围只包括华夏，即认为华夏（汉族）的文化才能称作中国文化，其他少数民族，也就是当时所谓的“蛮夷”的文化当然不是中国文化。

总而言之，直到“中国”正式成为我们国家的名称之时，“中国”才等同于我们现在所说的中国。在那之前，“中国”还不是一个国家的正式名称，也不是一个很确定的概念。我们一定要根据时代、地域的具体情况以及当时人的概念来复原它的含义，不能一在古书上看到“中国”，就简单地将其等同于现在的中国，这样是不对的。

“中国”是从什么时候开始成为我们的国号的呢？

1912 年，中华民国建立，国号全称是“中华民国”。历来只要一个名称出现，自然会产生简称。中华民国的简称是什么呢？最初，有的称“中华”，有的称“中国”，后来基本上固定下来，将中华民国的简称定为“中国”，用于包括对外交往在内的种种场合。

1949 年中华人民共和国成立，国号全称是“中华人民共和国”，简称就是“中国”。

“中国”这两个字诞生于三千一百年前，但是直到 1912 年以后才正式成为我们国家的名称。**“中国”不是简单的一个词，它维系着我们五千年的文明，维系着我们三千八百年的有文字记载的历史。**

朝代可以改变，皇帝的姓氏可以改变，甚至连政体也可以改变，但是“中国”这一概念是不变的。从我们的先民华夏将之作为最高统治者所居住之地的代名词，到成为国家权力的象征，“中国”这一概念逐步发展为国家主权的象征，维系着国家的统一。

改朝换代的时候，皇帝随之改换，但是将统治者所在的地方称为“中国”，这是不变的。所以明朝灭亡以后，知识分子中流传着这样一个说法：朝代亡只是亡国，但是如果“中国”这一概念亡了，就是亡天下。由此可以看出，“中国”这两个字对我们中华民族、对中国历史所起的作用是无可替代的。

世界上其他重要的文明后来都衰落、毁灭、不复存在了，唯有中华文明自五千多年前产生以后从未中断，中国历史也从未中断，这是因为“中国”这一概念始终没有中断。甚至在异族入主中原的时候，不是异族的概念取代中国的传统价值观念、传统文化，而是中国的传统文化同化了他们，某种程度上可以说是中国文化征服了军事上的入侵者。

我要讲的中国史，就是以“中国”这一概念所代表的空间范围为核心，来讲述我们的先民在这片土地上，以及在以它为核心的地理空间范围中，所创造的物质财富、精神财富，所形成的我们今天这个伟大的国家。

第二讲　历史的起源：古人记载的是史实，还是价值观？

说到中国史，有一个问题不能绕过：历史是怎么来的？

在还没有文字的情况下，我们的先人已经开始尽量保留他们的记忆。他们认为，一些重要的事要传给后人知道，所以需要记录下来。然而，没有文字要怎么记录呢？古代有个说法叫“结绳记事”，就是拿一根绳子，一件事打一个结，不同的事也许会打不同的结，有的结大一点，有的结复杂一点。这样一来，下次看到打过的结就能想起当时发生过什么事，然后口头传给后人，让他们自己记录下来。

将重要的事记录下来，一开始并不是为了后人着想。这些事本来是要报告给天、报告给神、报告给祖先，让他们知道的。当时的人已经认识到，无论是个人还是所在的部落或群体，都没有办法凭借自己的力量对付天灾人祸。灾害来了，能有什么办法抵御呢？敌人入侵，也不一定打得过，甚至很有可能被对方消灭。在这种情况下，就要请求老天爷保佑，请求神显灵，或者让祖先来庇佑自己。

这是人类普遍的做法，不是我们中国的先民所独有的。包括现在的一些发展得比较晚、依然处于原始状态的民族，碰到自己解决不了的事情，都要求神。既然要请神保佑自己，原因总归要说的。有时人们猜测，神一直不肯保佑自己，是不是因为自己做了什么错事？因此，当他们犯了什么过错时也要向神报告，请求神的原谅，这样就产生了报告这些重要事情的需要。

报告之前，要先记录下来，这件事情由巫师来做。不是所有人都有给上天、给祖宗报告的能力，或者说没有这个权力。人跟神、跟上天之间，生者跟死者之间达成这样一种沟通的关系，只有巫师才有能力办到。其他民族也都如此，由巫师负责记录和报告。有些大祭司或者神职人员的地位很高，甚至高于统治者的地位，这是因为统治者没有办法承担这项职能，必须通过他们来达成跟神、上天的交流。

在中国古代也是如此。甲骨文中有一些叫“卜辞”，“卜辞”就跟我们后世打卦算命差不多。有的甲骨文上刻着有什么事情要报告上天，或者要请求上天怎么样，还有的刻着一些小事。比如有一条甲骨上写的是：“晚上天阴了，今天还能不能打到象？”因为王要出去打猎，如果天气不好，要看筮法[①]，预测象是不是打得到。问的是谁呢？问的是天。这些小事也要在甲骨文里记录下来。

渐渐地，统治者统治的范围越来越大，要报告的事情当然也越来越多，需要问凶吉的事情也随之增加，造成的结果是巫师忙不过来了。于是在巫师中便出现了分工，有的巫师只负责记录，有的巫师则负责向神上报，负责记录的这些巫师取得了一个新的称号，叫作“史”。

大家一看就明白，“史”字是象形文字，一个人手里拿一块用来记录的板，两只脚叉开站着。“史”本来是指这一类特殊的巫师，后来把他们记录的内容也叫作“史”。

为什么“史”字前还要加个“历”字呢？“历”（繁体字是曆），指的是历法，也就是时间表。既然要记录这么多事情，一定要标清楚几月几日。根据当时的历法，按照时间顺序记录下来的内容称为“历史”。或者说，史官按照时间顺序记录下来的内容就叫作“历史”。

历史记录下来是要向天、向神、向祖先报告的，当然是非常严肃认真的事情，所以最晚在春秋时期以前，中国古代王朝就已经形成

① 筮法就是卜筮的方法。古代用龟甲、兽骨占卜叫卜，用蓍草占卜叫筮，合称卜筮。

了一个传统：史官记录的内容，统治者本人是不能查看、也不能干预的。标准的配置是：每一位统治者身边至少安排两位史官，所谓“左史记言，右史记行”，两人分工合作。一位史官专门记录统治者说了什么，另一位史官专门记录统治者做了什么。今天法院里的速记员使用专用的键盘，再加上专业的速记方法，基本上可以把庭上所讲的每一个字都记录下来。古代不像今天这样便捷，当时只能在一块木板、一块竹片上面使用硬笔书写，单靠一个人无法快速、全面地完成记录，于是形成了这样的分工。记录下来的这些“简”要当场放进一个密封的柜子里，谁都不能看。等到这位国君下台或者过世后，才能把柜子抬出来当众打开，就像我们今天开选票箱一样，所有的记录都在里面，然后由史官将之整理成一部正式的史书。比如孔子整理的《春秋》。《春秋》原文不是孔子所写，而是鲁国史官历年所编，一位国君就只有几卷，哀公及其他国君都有各自的记录，后来孔子只是做了删改。

自设立之初，中国史官最高的职业道德就是不受干扰、如实地记录，因为这些记录是要向天、神，向祖宗报告的。所以文天祥的《正气歌》开头就有这么几句话：“天地有正气，杂然赋流形。于人曰浩然，沛乎塞苍冥。”这几句话是说，天地中间的正气是反映在各方面的，在人身上就是浩然正气，可以顶天立地，“沛乎塞苍冥”。接下来立即举出“正气”的事例。第一个、第二个事例都是关于史官的，“在齐太史简，在晋董狐笔”。齐国的太史就是第一个正气的典型，第二个典型则是晋国的太史董狐。齐国太史的竹简和晋国董狐的那支笔可以代表“正气”。

为什么文天祥对这两个人评价那么高，将他们作为“正气”最早的典范呢？因为他们坚持了“记录历史的真实性”这一原则，甚至不惜为之付出生命的代价。齐太史就记了一句话：“崔杼弑其君。”意思是崔杼把他侍奉的君主杀了。“弑”是一个十恶不赦的字，以下犯上、儿子杀了老子、臣子杀了君主，这才叫“弑”。反过来，如果君主杀了臣子、父亲杀了儿子，这是可以接受的，就不叫“弑”。

事实是怎样的呢？

当时的齐国国君荒淫无道，公然跟崔杼的老婆通奸，通奸以后居然在崔杼家里把他的帽子拿走了，在朝堂上跟大臣们展示：“这是崔杼的帽子，我从他家拿来的。”荒淫无耻到这种程度。崔杼感到奇耻大辱，作为国君怎么能够做出这样的事来？于是他逼着自己的老婆骗国君再到家里来，国君高高兴兴地又去了。到了崔杼家之后，崔杼关起门来数落国君的罪状，亲自动手要杀他。国君跪在地上向他求饶，说：“我可以到宗庙里当着祖宗的面向你赔礼，我认罪，你饶了我吧。”崔杼不答应，真的把他杀了。国君被杀以后，史官做了如下记录：“崔杼弑其君。”这个时候崔杼很害怕，因为史官的记录是要报告给天、报告给神、报告给祖宗的。而且当时的人们认为，人死了以后只是肉身消亡，灵魂会在另一个地下世界继续生活。你给我记录了这些罪行，我以后怎么办？甚至可能祸害我的子孙后代。

所以崔杼把史官找来，说：“你必须把这句话删掉。”史官说：“不能删。”崔杼说：“你不删，我就杀你。”史官回答说：“杀就杀。”于是第一个史官就被他杀了。过了几天，新的史官上任了，崔杼一看，他就是被杀史官的兄弟。崔杼说：“你赶快删掉。”不料新的史官也不肯删，他也被崔杼杀掉了。第三位史官也来上任了，他是第一位史官的小兄弟，兄弟三个都是史官。当时的史官多为世袭，因为家学和经验需要从小继承，代代相传。比如司马迁的父亲司马谈也是史官，他们家里就是世代做史官的。

崔杼问这位小兄弟：“怎么样，你删不删？”小兄弟说：“不删。”这个时候轮到崔杼害怕了，他知道史官是杀不完的，再这样杀下去自己的罪行也更重。所以他叹了一口气，说算了，就让它保留下来了。齐国民间有位史官听到崔杼杀害史官的消息，已经在赶往首都的路上了，如果崔杼敢杀，他就接替前任继续这么写。后来听说崔杼没有杀第三位史官，他才放心地回老家去。文天祥所说的“正气”，付出的是一家三兄弟中两条生命的代价。

第二个例子中的太史董狐还是比较幸运的。董狐记录的是"赵盾弑其君"，这一内容的性质跟前面的例子是一样的。这是怎么回事呢？

当时的晋国国君晋灵公也是荒淫无道，平时不理朝政，跟一群小人吃喝玩乐。他们无聊到什么地步呢？比如跑到宫殿前面的高台上看风景，看到台下行人走过，居然拿弹弓射行人。行人受惊抱头逃窜，他们在高台上笑得前俯后仰。有一次，厨师给晋灵公做熊掌，他一舀，嫌不够烂，当场就把厨师杀了，杀了之后又怕人家知道，便叫手下人把厨师放在箩筐里面，上面堆上烂菜叶和厨房里的其他厨余抬了出去，结果还是被他的臣子赵盾发现了。赵盾一直规劝他，弄得他很烦，于是派了一个刺客去杀赵盾。这个刺客名叫鉏麑。

鉏麑后半夜翻墙进入赵家，发现赵家的中门是开着的，原来赵盾已经起床，整整齐齐穿好公服准备上朝了。但是起早了，天还没亮，上朝的时间没到，他就坐在那里打盹休息。鉏麑一看，这么一位勤勤恳恳的官员，是老百姓的主子，我把老百姓的主子杀了，这是不忠于老百姓，但是我答应了我的主人来干这件事，如果不干，又是不守信用。一个人要是不忠不信，活着还有什么意思呢？于是他撞树自杀了。刺客自杀后，赵盾知道了这一情况，手下人都劝他赶快跑路，但他不愿意就这样逃离。晋灵公依然要杀他，召集他去参加一个宴会，赵盾照样去了。刚走进去，一条恶犬便窜出来咬他。还好赵盾的警卫上前搏斗，让赵盾趁机跑掉了。

事已至此，赵盾觉得在晋国待不下去了，于是带了几个随从准备逃离。但他还没有离开国境，他的部下、同宗的赵穿等人发动政变杀掉了晋灵公，另外立了一位国君。如此一来，赵盾回去看到太史董狐的记录，感到很害怕，心想："你怎么说是我杀了国君呢？"就把董狐召了过来。董狐义正词严地质问赵盾："请问你是不是晋国的相国？"赵盾答："是啊。"董狐又问："你当时有没有离开国境？"赵盾答：

"还没有。"董狐便说："既然还没离开国境，那么你就要对国君之死负责，这个政治责任、领导责任是你的。其次，你回来以后有没有惩办凶手？没有。那么'亡不越境，反不讨贼'，不是你杀的，又是谁杀的？"赵盾没有办法，只好让他这么记录下来。孔子谈到这件事的时候说："董狐是古代的优秀史官，'书法不隐'，他记录史事的时候一点也不隐瞒。但是赵盾（赵宣子）也是古代的优秀官员，'为法受恶'，因为这样的记录原则，他不得不蒙受恶名，'越竟乃免'，要是他离开国境就好了，那就不用承担责任了。"

根据上述内容，我们稍作分析：当时坚持的"如实记录历史"，记录的究竟是事实，还是价值观念？如果说是事实，前文所说的鉏麑之事是事实吗？鉏麑翻墙进去真的碰到过人吗？当时有录音，有手机吗？最后的结果是鉏麑死了，其他人又是如何知道他临死前的心理活动的呢？又如何知道他是自己撞死的呢？说不定他是突然心肌梗死，或者是从树上摔下来，不小心摔死了，甚至可能是赵家人把他杀了，伪造了一个自杀现场。这些情况都是有可能的。

那么，为什么大家会相信这个故事，认为它所记录的就是事实呢？因为它符合当时的价值观念。这样的结果多好，刺客也是有良心的，甚至为了维护自己的原则，避免不忠不信的两难结局，宁可选择自己去死。至于记录是否客观、全面、公正，那就是另外一回事了。如果说史官记录的是事实，为什么重点不是记录那位国君的荒淫无道呢？在这种特殊情况下，能不能不用"弑"字呢？这些都不在当时人们的考虑范围内。为什么呢？因为他们坚持的是当时的价值观念、伦理道德和政治原则。因此，我们要明白，中国记录历史的传统就是价值观念第一，为政治服务，为政治的合法性背书。

中国为什么自古以来那么重视历史呢？并不是为了给后人留下一点史料，为了让我们这些历史研究者有口饭吃，或者是为影视剧改编提供史料来源。花费这么大的精力进行记录，其实就是要通过记录历史来证明天人合一、君权神授。我们现在把"天人合一"解释成人跟自然的和谐相处，这当然很好，但是要知道，这并不是“天人合一”的本意。

根据宋朝以后的学者和当代学者做出的解释，“天人合一”的本意是：皇帝的权力是上天赐给他的，上天借此与人合一，所以皇帝必称为“天子”，意为“上天派下了他的儿子”。否则怎么解释呢？有的皇帝刚登上皇位的时候还是婴儿，有的皇帝是个白痴、低能者，有的皇帝荒淫无道，如果根据能力来判断，他们早该下台或者废掉了，连同朝代也应该换掉了。依据什么来维护他们的皇帝之位呢？天命——你别看他是个婴儿，他可是上天派下来的。运用这样的说辞来维护统治，也就是所谓的“天人合一”。问题是这些解释由谁来做出呢？总不能老是叫一些装神弄鬼的巫师来，于是便通过“有选择地记录历史”来达到这一目的。

中国记录历史有一个原则：不修本朝史。比如明朝自己不修史，本朝历史由下一个朝代来修。为什么会形成“隔代修史”的传统呢？因为本朝用不着修史。我既然得了天命，那我就是合法的，用不着证明我的合法性。不过，本朝会为修史做些准备、积累资料，比如每一位皇帝死后要修一部他的实录。另外，要为一些重要人物撰写传记，到时候汇编起来。正式修史则要等到下一个朝代了，比如元朝亡了，明朝要修元朝历史；同样的，明朝亡了，清朝就要修明朝历史。

在修史的过程中，要选择那些能证明这个朝代当初得天下是符合天意的材料。比如朱元璋曾经有段指示说：“因为中原大乱，没有人才，老天爷就把英雄降生在蒙古草原上，这位英雄就是成吉思汗。成吉思汗得了天命，所以他最后能够完成统一、建立元朝。元朝末年失去天命，老天爷觉得中原又有我这位英雄出来了，就把天命交给我了。元朝灭亡就是这个原因。”官方修历史的目的就是为了证明本朝得天命，前朝失天命。也正因如此，当清朝取代了明朝后，在天下还没有完全平定的时候，连忙做了两件事：第一件事是重开科举，否则读书人没有办法生存，也没有办法效忠。果然科举一开，好多原来在反抗的人马上参加科举，做官去了。第二件事是立即着手修《明史》，修好以后广泛宣传，让老百姓都明白：原来明朝是失了天命啦，所以它才不能够维持下去。

具体怎么记录呢？以《史记》为例。《史记》里面记录了这样一件事：周朝的始祖叫后稷，后稷是怎么生下来的呢？据说他的母亲姜嫄在树林里走路的时候，不小心踩到了一个巨人的脚印，回来后就怀孕了，生下了他。可见后稷其实是神，只不过是借他妈妈的肚子生下来的。既然他是神，老天爷把天命给了他，他当然可以开创周朝，这是得天命的结果。

再来看一看《史记》《汉书》里关于刘邦的记录。刘邦本身是草根，一个非常普通的人，他以后凭什么做皇帝开创汉朝呢？《史记》里面是这么说的：他的母亲刘媪（大娘）从外面回来，走得累了，就在一个水塘边上睡着了。突然风雨大作，在家等待的父亲担心妻子的安危，心想妻子怎么还不回来，于是去找她。父亲走到水塘边，看见妻子躺在地上，有一条龙在她身上翻滚。父亲带她回家后，发现她怀孕了，后来便生下了刘邦。说明刘邦其实是龙，自然也具有天命，所以他才能做皇帝。

翻看二十四史，我们会发现几乎每一位开国皇帝，或者他的父亲、祖父出生的时候都有各种异象。比如赵匡胤，他的父亲是一位军官，所以他出生在兵营，据说出生时红光满室。在没有照片、没有录像的时代，谁知道他出生的时候红光满室，到底是灯点多了还是怎样？史官又是以什么为依据将之记录下来的呢？反正就这样死无对证，后人也只得相信了。但是凭借这种异象，就可以证明赵匡胤应该得天下。

二十四史中，几乎每一部都有专门的篇章记载各种祥瑞，也就是吉祥的征兆。比如说金木水火土五星聚在一起；又比如说后来做了皇帝的人当年出兵的时候，有一道紫气过来；再比如说哪里出现龙的踪影，或者哪里挖到一口鼎。也有老百姓声称自己采到一株灵芝，并且将它贡献给朝廷。古代人不懂得如何人工培养灵芝，在这种情况下灵芝自然是祥瑞。庄稼生了两个谷穗，或者穗子特别大，称为“嘉禾”。哪里发现了“嘉禾”，也可以作为祥瑞上报。更妙的是所谓的图谶，像猜哑谜一样，有的看上去像一句话，或者连续的几句话，人们仔细分析过后认为它代表了某种意思；再或者把字拆开来解读，比如说魏国的“魏”字——这座山上有禾，这里或那里有鬼，诸如此类，反正拼得出来就表示吉利之意。

同样的，也有很多关于灾异，也就是天灾、异常现象的记录。比如彗星（民间称之为扫帚星）和客星之类的不明星体，太阳黑子、日食、地震、山崩等特殊现象。还有一种现象叫“黄雾”，我后来研究下来认为它就是沙尘暴。昏黄的天色下刮起了大风，把皇宫里的什么东西吹下来了，或者把主帅的旗帜吹折了，这些都是凶兆，早晚会应验。

最早的史官同时兼任天文官，他们本来就是从最初的巫师里面分化而来的。比如司马迁也懂天文和历法，他还参与了太初历的制定。后来，太史跟钦天监，也就是皇家天文台分开了。天文官负责预测和预报天象。有些凶兆来临之前或显现以后，皇帝还来得及采取措施，比如说日食。日食是可以预测的，如果天文官没有预测到，或者预测得不准，那就是死罪。如果显现了大灾的凶兆，比如太阳被黑暗势力遮蔽了，不知以后会不会重新出来，皇帝得到预报以后就会立刻采取措施，比如下罪己诏，向上天承认错误，让全国人民都知道。然后号召大臣直言极谏，有什么话尽管说，骂也可以，因为这是代表天意的，我在向老天爷请求和忏悔，你们也要帮助我。光有这些还不够，要有实际行动。比如找一个陈设简单、光线昏暗的小房间，让皇帝在里面闭门思过、斋戒吃素。平时一桌子菜，这个时候两菜一汤，过过苦日子。只能穿素服，华丽的衣服、鲜艳的颜色都不能穿，除此之外还要撤乐。更使皇帝受不了的是，不许他去后妃那里。这样好好表现一段日子，果然，遮住的太阳又出来了。

会不会真有那么巧，一个朝代将要走向灭亡之时，天灾人祸恰好都来了？当然是不可能的。太平盛世的时候有没有那些凶兆呢？实际上都是有的。历史其实就是有选择地记录，选择标准就是看它能否证明这个朝代、这个皇帝的政治合法性，记录他是失天命还是得天命。

孔子开创了中国这样一种记录历史的标准。有一个说法是，“孔子作《春秋》，而乱臣贼子惧”。为什么呢？因为孔子对待同一件事情，可以使用不同的笔法，有的时候用褒义，有的时候用贬义。孔子“一字之褒，荣于华衮；一字之贬，严于斧钺”。如果孔子用一个褒义词评价你，够你受用一辈子，比穿着华丽的贵族衣冠都荣耀；如果孔子用一个贬义词评价你，会让你比承受刀劈斧砍还难受。为什么古人都很迷信这一点呢？因为这一字的评价将会跟着自己一辈子，还要带到坟墓里去，永远受到老天爷的谴责或者表彰，对子孙后代造成影响。所以孔子的那支笔所写下的一个字能够起到这么大的作用，使乱臣贼子受到震慑，不敢再干坏事。

但另一方面，孔子还定下了一个修史原则，叫作“为尊者讳，为贤者讳”。意思是说，地位高的人如有什么缺点，应该帮他隐瞒，比如周天子；道德品质好的人犯了什么过错，也要帮他隐瞒。比如赵盾一事，孔子就觉得很可惜，要是他离开国境，这件事情就可以隐瞒不记了。如果这样做还不够，孔子还有一个原则，那就是“笔则笔，削则削”。该记就记，不该记就删掉。为什么要用“削”字呢？因为当时的文字是记在简上的，想要删掉非常麻烦，所以史官除了携带一支笔以外，身边都备有一把小刀，哪一段文字不要，就拿小刀把它削了。这就是以前把那些坐在办公室里撰稿的人叫作“刀笔吏”的由来，“吏”既要有支笔，也要有把小刀。因此，我们今天看到的《春秋》中，不知道有多少事早就被孔子删掉了。这就是孔子所确立的中国古代记录历史的标准、传统和价值观念。

我们不妨通过一个例子来看。孔子修的《春秋》里有一句话，叫作“天王狩于河阳”，其中的“狩”字，在今天是“狩猎”的意思，古代的“狩”则是以打猎为主的一项隆重仪式。打猎结束以后，大家一起祭天祭祖，然后吃喝玩乐。从这句话来看，周天子风风光光地到河阳这个地方狩猎，一边举行隆重的仪式，一边享受吃喝玩乐。但是这句话背后的事实并不是这样，实际的情况是：当时那些强大的诸侯根本不把天子放在眼里，他们自己到河阳附近举行高端聚会，居然派人通知周天子，说：“我们准备在河阳那里朝拜你，请你过来。”这还了得，诸侯居然可以命令天子如何行事，天子怎么可以随你们的便，叫他去哪里，他就去哪里呢？美其名曰“朝拜”，实际上是在羞辱他。但是周天子没有一点底气，平日里都靠诸侯支撑，没有诸侯的支撑他根本活不下去，只能老老实实地跑到河阳去，任由他们羞辱。

孔子认为，礼崩乐坏到这种程度，无疑是一桩奇耻大辱的事，怎么可以直接写下来呢？但是天子离开首都是国家大事，不能不记。于是孔子创造性地用一个“狩”字来代表这件事。自那以后，如果看到二十四史里提到哪一位皇帝时用了“狩”字，那就不妙了，肯定不是什么好事。

比如说宋朝的史书中讲到“二帝北狩”，指的是宋徽宗、宋钦宗父子二人被金国人俘虏，押送到黑龙江，后来死在了那里。又比如说，八国联军进入北京，慈禧太后仓皇出逃，一直逃到西安，当时的官方出版物及清史里记载的就是“太后西狩”，不知道的人还以为老太太很风光，到西北打猎去了。这就是历史的隐讳之笔。

大家或许会问，既然如此，记录历史还有什么意义呢？我们可以从这个角度来理解：当时的历史都是为了解释天命，为了证明政权本身的合法性。从这一点上来说，“有选择地记录历史”对维护政权的统治、社会的安定，特别是对维护中国的传统秩序和价值观念，还是有积极意义的。比如国家分裂以后又重归统一，人们对于这段历史该怎么解释？根据我们看到的记录，后来的统治者一致承认分裂的各方都是中国，都有资格修正史。

比如南北朝时期，原来双方剑拔弩张，经常兵戎相见，都说自己代表中国，对方是伪政权：北方说你们逃到南方，就是岛夷，即逃到海岛的野蛮人；南方说你们北方是索虏，即扎起头发的强盗，我们才是中国人。但是唐朝修前朝历史的时候，给北方修了一部《北史》，给南方修了一部《南史》，双方具有平等的地位，都是中国的一部分。又比如到了元朝时期，前面有宋朝、辽朝和金朝，但是元朝给了三方平等的地位，同时修了一部《宋史》、一部《辽史》和一部《金史》。赵匡胤建立的政权是中国，耶律阿保机建立的政权也是中国，完颜阿骨打建立的政权也是中国，合起来就是大元，于是大元便成为统一的中国。从这一点上来说，**我们的文明和文化之所以能够延续，跟这样的历史观有密切的关系，这也是它积极的意义。**

大家或许会想，如果是这样的话，那么我们看到的历史不就都是不真实的了吗？正因为历史不一定全部都是真实的，才需要我们来研究。如果所有的历史都是真实的，我们还要研究什么呢？官方编写的历史是有选择的记录，个人编写的历史同样如此，也要符合自己的利益和自己的价值观念。所以，**任何历史实际上都是有意识、有选择的记录**。我们今天做历史研究，就是挑战我们的智商，看一看我们有没有本事通过这些片面的、零碎的资料复原出真实的历史。

第三讲　百家争鸣：中国知识分子的第一个黄金时代

学历史、哲学或者思想史的人都知道，春秋战国时期百家争鸣，呈现一派辉煌的人文气象，是中国历史上一个学术思想的高峰。尽管当时生产力低，总人口不多，疆域也没有现在那么大，但是它的高峰体现在其他很多方面，甚至今后都不一定能够超越。这是什么原因呢？

我们先来了解一下历史背景。当时的周天子已经名存实亡，实际上是诸侯各国在互相竞争，诸侯名义上归周天子统治，其实都是独立的。诸侯为了争霸、为了生存，都在千方百计地招揽人才。道理显而易见：有用的人招不到，本领大的人招不到，那怎么可能竞争得过呢？所以当时留下了很多颇为极端的故事。

比如燕王要找千里马，结果有人拿来一副骨头，说是千里马的骨头。燕王说："我要马，你给我骨头干什么？"对方说："您如果重视这副骨头，别人肯定觉得这位国君连千里马的骨头都重视，那么对真的千里马不晓得会有多重视。我这么做便是这个道理。"于是有人就自抬身价——你能不用我吗？你不用我，还有其他人用我呢。为了不使人才流入其他地区，诸侯竞相招揽人才，对于那些一时看不到有什么用处的人，甚至认为将来也派不上用场的人，也宁愿广而纳之，多多益善。

比如齐国的孟尝君，他有"门客三千"，也就是手下有三千人，各色人等都有。有一次他到秦国去，本来想为秦国所用，谁知道秦昭王不用他，非但不用他，还听信别人的谗言，把他拘留起来，准备杀他。孟尝君立刻召集门客，问他们怎么办。于是有人给他建议："听说秦昭王现在很听他的一位宠姬的话，这个女人正是得宠的时候，她讲话秦昭王应该会听的。如果她能为您讲好话，那您这个危机就解除了。"孟尝君就派人去找秦昭王的那位宠姬。那个女人说："我可以帮你的忙，但我很喜欢你送给大王的那件白狐狸皮的外套，请你也给我送一件。"可是白狐狸皮是很珍贵的，价值千金，更麻烦的是只有这一件，孟尝君已经带来献给秦昭王了，哪里还拿得出第二件呢？门客中便有人自告奋勇，说："我有办法，我可以把它偷出来。"这位门客有一个特异功能——可以学狗的样子钻到宫殿里面去。结果他真在秦昭王的住处，把那件白狐狸皮的外套偷出来了。孟尝君便拿去送给那位宠姬，她果然就在秦昭王面前为孟尝君说话。昭王说："好，那就放了他吧。"

孟尝君带了他的部下赶快逃跑。秦国的国门叫作函谷关，出了关就不是秦国的地界了。等他们赶到函谷关的时候天还没亮，关门紧闭。当时没有钟表报时，但是有一个规矩：鸡叫了才能开门。鸡还没叫怎么办呢？不要紧，门客里有人说："我会学鸡叫。"那人带头一叫，鸡听到了便也都"喔喔"地叫起来了，于是关门就打开了。孟尝君顺势逃了出去，等到秦昭王后来派人追赶已经来不及了。通过这一例子可以看出，什么人都可以储备，关键时候都能起作用。

所以当时有人说，鸡鸣狗盗，都有出路，都是人才。孟尝君不拘一格招揽人才，其他像这样的人也有很多。而对于国君来说，只要你对国家有利，能帮他做事即可，至于其他方面，他根本不干预的。你有什么奇思妙想，平时如何行为，都可以不管，只要你跟随我。比如那两位鸡鸣狗盗之人平时干什么？或者也有自己的工作，或者本来就是小偷。小偷也没关系，只要有用武之地。可以说当时有一技之长的人，都有发挥才能的机会。你只要为国君或者为像孟尝君那样的贵族所用，他们可以容忍你其他方面的缺点，甚至容忍你做过的不好的事，更不会来干预你的思想。

所以当时的知识分子可以自由地流动，自主地选择。而且到了春秋战国的时候，中原地区一些诸侯国之间、一些比较大的城市之间已经修通了道路。当时的交通，特别是中原地区的交通，相对来说还是比较便利的，交通工具主要是马车或者牛车，士人的基本技能就包括赶车，所以士人们可以在各诸侯之间比较方便地来往。

在政治上，周朝的天子已经成了一个傀儡；在礼仪上，周朝的礼仪制度也已经崩坏了，用孔子的话说就是“礼崩乐坏”，维持不下去了。在这种形势下，尚未有哪一个新的学说、学派取得独尊的地位。比如孔子，我们现在把他看成儒家学说的开创者、集大成者，后来把他的地位越捧越高，现在到孔庙里去看一看，他的封号是“大成至圣先师文宣王”。但是在当时，连孔子都形容自己是“丧家之犬”，到处碰壁。鲁国的司寇也没有做几天，只好自己教书，游历各个诸侯国的时候还遭遇了各种磨难。儒家学说并没有获得超越其他学说的地位，儒家学说是这样，其他学说也是这样。

一些大的诸侯国已经有了充足的物质条件，除了供养对他们有利的，或者直接为他们服务的人以外，还会供养一些当时跟他们没有直接利害关系，甚至也看不出有多少能耐的人。不仅会供养，给的条件还比较优厚。比如齐国很有名的稷下学宫，没有什么严格的管理，那里的学者很自由。学宫提供优厚的条件供他们辩论、研究和讨论。也没有什么指标要求，比如达成多少任务、完成几个项目、发表几篇论文，统统没有，所以吸引了各国人才从四面八方闻风而来。

用我们今天的话来说，“纯学术”的人也来了。没有什么功利目的，就是讨论问题，大家相互辩论，衣食无忧。所以中国传统文化中的各种流派、各种思想，在春秋战国的时候都已经具备，有的甚至达到了史无前例的高峰。比如儒家、道家、墨家、法家、兵家、名家、纵横家、阴阳家等等，他们的开山鼻祖大多数在春秋战国时候就已经把山头建起来了。这些学派已经形成，学派的思想基本完备，因此可以说春秋战国时期达到了中国历史上一个思想境界的空前高峰。

因为上述的这些原因，且有事实证明：哪一个诸侯国能够网罗人才，能够吸引大批优秀的移民，能够容纳各种自由的思想，能够广泛地收集各种学说流派，这个国家最后就会变得强大。后来，具有最好的统一条件的两个国家分别是齐国和秦国，最后秦国之所以能够胜出，原因之一就是秦国网罗了更多的人才。

我们来看一看秦国的那些重要人物，无论是丞相李斯还是后来把秦国搞垮的赵高都不是秦国本地人，均来自别国。最早的商鞅变法，商鞅是卫国人，他在卫国无法施展本领才到秦国去的。

所以，思想高峰的出现不是偶然的，主要因素在于客观上具备了思想自由的基础和条件。自由到什么程度呢？高峰达到什么程度呢？这里只举三个例子。

第一个例子，白马非马。当时有人辩论，辩题是什么呢？白马是不是马。有人说，这还需要辩论吗？白马当然是马。但是根据他们讨论的形式逻辑，白马是由两个因素组成的，一个是“白”，一个是“马”，缺一个因素就不是白马，甚至也可以说不是马。因为马可以是其他颜色的马，比如黑马。“白马”是这两个因素缺一不可的。“白马”如果作为整体的话，就是“非马”——不是原来的马了。

有人说，讨论这个问题不是吃饱了撑的吗？其实，很多纯学术的问题、高深的问题，如果人们急功近利地一定要达成某一个具体的目标，那是不可能实现的，也是不可能发展的。像这样的一种辩题，本身并没有任何实际意义，在一般人看来是诡辩，但它恰恰是形式逻辑上一个很高深的命题。同样的，我们在科学领域及其他领域内的有些题目，在人类可预见的未来是没有什么现实意义的，那么为什么还要去研究呢？实际上，研究的过程本身就可能产生一些重要的成果，或者就是纯粹地挑战人类思想的极致。

比如改革开放后声名鹊起的陈景润。陈景润已经接近证实哥德巴赫猜想，这本来是一件很个体、很小众的事，但后来徐迟写了那篇有名的报告文学《哥德巴赫猜想》，再加上当时没有发表过这样好的报告文学，所以它风靡全国。那一代人，无论老少都看过。当时就有人在问，研究这个问题有什么意义呢？很多所谓的猜想，现在把它拿出来都是事实，但问题是要证实却证实不了。其实就像“白马非马”一样，它不能产生一个具体的成果，但研究的过程本身就是对人类智力的挑战，是一个人类不断探索和思辨的过程。我们看到，战国时期已经有人在做这样的探索和思辨了。

第二个例子，大九州学说。什么是大九州学说呢？当时有个人名叫邹衍，他说过这么一段话：“儒者所谓中国者，于天下乃八十一分居其一分耳。”意思是说，你们儒家所说的中国，实际上只有天下的1/81。“中国名曰赤县神州，赤县神州内自有九州，禹之序九州是也，不得为州数。”他说中国又有个名称叫赤县神州（我们现在所说的“神州”就是指中国），在赤县神州内部，大禹把它划分为九州，但这不是真正的州，中国以外像赤县神州这样的州有九个，合起来才叫九州。

我们来看邹衍所说的这个概念。儒家讨论来讨论去就是九州，而他说九州是大禹排的序，由大禹确立的。当然，到目前为止还没有得到证实，但至少证明在春秋战国时期已经有了“九州”的概念。在邹衍看来，儒家所说的九州并不是真正的九州，真正的九州应该是有九个像中国赤县神州这样的单位。“於是有裨海环之，人民禽兽莫能相通者，如一区中者，乃为一州。如此者九，乃有大瀛海环其外，天地之际焉。”这句话稍微麻烦一点，他是说像中国这样的单位，整个只能算一个州，这样的州有九个，在这九个州的外面是辽阔无边的海，这才到了天地的边际。

按照这样来讲，中国就只占1/81。邹衍考察过地球吗？当然没有。根据现在的记载来看，邹衍的足迹没有离开过中原，那么他是怎么提出这个概念来的呢？而且在事实上，他这个概念倒比较接近地球的实际情况。我们的地球就是由若干个大洲构成，洲外面是海洋，虽然不一定有九个洲，虽然不一定那么规范，但基本上都是一个洲里面再去细分出各个国家来的。

那么问题就来了。为什么他身为一个古代人，思想居然超前到可以讲述整个地球上的情况了？其实这并不奇怪。西方的地理学家有的预测地球是圆的，有的说东方比西方更大，这也都是一种自由思想的结果，他们也没有做什么考察，也没有离开过自己的国家。所以可以说，自由的思想有可能产生符合科学的成果。

人类历史上，今天认为是科学理论的，往往一开始只是一种胡思乱想，也就是自由的思想。当然也有很多理论后来证明是错的，但是没有关系，其中那些正确的观念往往超越现实，具有深远的意义。邹衍的大九州学说可惜没有完全继承下来，要是继承下来的话，后人肯定要想办法找到实证，这样就推动了宇宙科学的进展，推动了地球科学的进步。

有些人受到他的影响，有了自己的研究成果。比如东汉的张衡。我们知道张衡制造的候风地动仪说是能预测地震；或许也知道张衡写的赋很有名。其实张衡还是一位天文学家。他提出了一个概念：“浑天如鸡子，天体圆如弹丸，地如鸡中黄，孤居于内。天大而地小，天表里有水。天之包地，犹壳之裹黄。天地各乘气而立，载水而浮。”

简单来说，他认为天地的关系像一个鸡蛋，天是壳，把地包起来，而地就像蛋黄。天地之间飘着水汽，所以地能够浮在那里。这是距今两千年前提出的观念。他有如今天的射电望远镜那样先进的天文望远镜吗？他能够利用卫星观测吗？什么都没有。他具备的条件很简单，使用的天象仪也很简单。他的观念其实就是一种自由的思想，一种想象。他所想象的天地之间存在着这样一种关系，否则地怎么能够支撑在那里呢？由于蛋黄跟中间的蛋液不相碰，他就把地球的地设想为蛋黄。天是硬壳，中间承重。可惜在中国古代，这种自由思想没有发展的余地。所以自张衡以后，中国古代再也没有天文学家提出这样一种总体上的观念。

我们从中就能看出自由思想有多重要。纵观全世界，大科学家们对未来、对宏观、对天文等领域，往往都是基于自己的一个想法来展开研究并逐步证实，最后证实是错的也没关系。而那些被证明是正确的理论，对人类的发展有着重大的意义。

我举的第三个例子，是庄子所说的话："一尺之棰，日取其半，万世不竭。"他说，一根木棒，如果每天取走一半，是永远也取不完的。我们一直把这句话看成是中国古代科学思想的高峰。我们的国家领导人出国访问，在外国大学发表演讲时经常引用这个例子，以此证明中国古代科学达到的成就。其实这是人文，不是科学，是人文思想达到了高峰。因为科学是要实证的，如果说这是一个科学命题，那么就要证明：如何把这根木棒每天分一半，永远分下去。分到后来，不仅肉眼看不见了，连后来的电子显微镜都看不见了。现在要是用对撞机轰击，有的粒子存在时间虽短但不灭，就是所谓的万世不竭。

迄今为止，这个命题从科学角度上还没有办法证明，但是从思想的角度、逻辑的角度上可以证明。为什么？道理很简单：把一根木棒取走一半，如果说它"竭"了，没有了，那么它到哪里去了？永远都剩下一半的。哪怕是多少万分之一，它还在。多少亿分之一，它依然还在。尽管我们用肉眼看不到，尽管我们根本不可能一直分下去，但是论起这个道理，有人能反驳吗？这就是思辨，这就是思想，这就是人文。要是没有自由思想，这样的理论肯定不会有人提出来。

《庄子》里面有很多他的奇思妙想，实际上都具有很深的哲学含义。有些话，不仅当时证实不了，直到今天我们还没有办法通过科学实验，通过科学的手段来证明。最近有大批科学家认为暗物质是存在的，但是到现在为止，人类还没有办法通过仪器、仪表，或者通过其他任何手段把它记录下来。如果一定要讲求实证，"一尺之棰"根本没有办法"日取其半"，一来没有那样的工具，再者肉眼或者现有的仪器都没有办法检测到，这是不能实证的。但是它作为一种思想，作为一种思辨，当时就能够成立，这才是它高明的地方，才能说明它的成就。

所以，历史上中国的思想的高峰、学术的自由，都不是出现在一个大一统的，或者国力强大的，或者王权巩固的阶段，而是出现在分裂时期，甚至出现在战乱的间歇时期。都是由个人、由天才所创造的。**全世界人类的历史已经证明，人类的物质条件是不断进步的，但是人类的精神境界、人类的精神素质、人类的精神财富，不存在不断的进步，不存在后来者一定超过祖辈这样的规律**。所以人类当中一些杰出的天才，他们所取得的成就，他们所达到的境界，也许永远不可能再有人能够超越。在中国历史上，我们能够提供出的最有力的证据，就是春秋战国时代的百家争鸣。

然而，为什么物质条件更好、社会更安定、人类的寿命更长、从事研究的条件也更好的时代，恰恰没有出现这样一种学术自由的氛围、这种百家争鸣的现象？为什么在如盛唐、康乾之类的盛世，反倒出现了文字狱，出现了学术上的禁锢？难道真有这样的规律吗？真正的原因是什么呢？

我想，这值得每一个学习历史的人深入地思考。

第四讲　赵武灵王的业绩：胡服骑射开伟业，英雄末路何悲凉

公元前307年，赵国开展了一场意义深远的改革，发起者就是当时的国君——武灵王。改革的内容是什么呢？很简单，胡服骑射。

“胡服”，要求改换胡人的服装。“骑射”，学习胡人骑马、射箭的技艺。这两个要求其实很容易做到，那么阻力在哪里呢？易服——要穿胡服，大家可接受不了。这成了当时改革的重点和难点。

这倒不是赵武灵王心血来潮、异想天开，而是他继位十九年来经过深思熟虑做出的决断。

因为自从周威烈王二十三年（公元前403年），赵、魏、韩三家同时被承认为诸侯（“三家分晋”）时起，魏国一度是执牛耳者，赵国却一直不能有所作为。比如公元前408年，魏文侯派乐羊越过赵国的国境去进攻中山国，两年以后把中山国灭掉了。但是后来中山国又复国了，邻近的赵国却奈何它不得。就在武灵王继位的前几年间，齐国跟魏国联合攻赵，赵国最后没有办法，只好掘开黄河的水，这才迫使他们退兵。赵国的将领在河西被秦军所杀，秦军又夺取了赵国的两座城市。赵肃侯死后，秦国、楚国、燕国、齐国、魏国各派一万精兵来参加他的葬礼，实际上就是要给新继位的少年新君武灵王一个下马威。显而易见，一个国家派一万军队来参加葬礼，这实际上是一种威胁。

赵武灵王即位不久，秦国已经成为赵国的主要威胁。赵国与魏韩燕楚四国联合抗秦，魏国跟韩国的联军进攻函谷关（今河南灵宝东

北），以失败告终。到了第二年（武灵王九年，公元前317年），秦国的将领又在修鱼（今河南原阳西南）打败了赵国跟韩国、魏国的联军，赵军八万人被杀，损失惨重。在一系列诸侯国之间的战争中，赵国一直处于不利的地位。

但是赵武灵王并不是碌碌无为之辈，他在继位以后施行了一些不同凡响的措施。他当时尚未成年，于是任命三位"博闻师"和三位"司过"帮助自己处理政务。"博闻师"见多识广，相当于他的顾问；"司过"则专门履行监督之职，记录他有什么过错。如果工作做得好，赵武灵王还给他们增加俸禄。

原来只有周天子可以称王，公侯伯子男等几爵一般都称侯。其他诸侯国纷纷称王之时，赵武灵王倒不称王，而是让国人称他为"君"。什么原因呢？他是这样解释的："无其实，敢处其名乎！"我没有王的实际权力，怎么敢用王的名义呢？实际上，他一直在积蓄力量，寻求强国之道。到赵武灵王继位十七年（公元前309年）时，他来到东北的边境九门（今河北藁城西北），在那里的高地上建造瞭望野台，观察齐国和中山国的形势。那个时候还没有望远镜，只好在高地建台。

武灵王十九年（公元前307年），秦武王自恃孔武有力，跟武士孟贲比试举鼎，不料竟一下子骨折而亡。赵武灵王抓住这个机会，派代相赵固到燕国，把秦王的异母弟弟公子稷护送到秦国继位。公子稷，也就是后来的秦昭王自然十分感谢他。因为秦武王当时是突然暴毙的，谁抓紧时间回国，谁就有条件即位。赵武灵王拥立了秦昭王，那么等到秦昭王继位以后，自然对维护自己的地位和赵国的利益是有利的，至少暂时消除了来自秦国的军事压力，可以集中力量向其他方面发展了。

因此，在这一年的秋季，赵武灵王大会群臣，并且跟一位名叫肥义的大臣秘密商议，得到了他的支持。不久，赵武灵王大举进攻中山国，占据了一部分土地。他亲自率军北上，在河套一带渡过黄河，登上了黄华山。这不仅使赵国获得了大片土地，也使他进一步了解胡人的习俗，找到了他们战斗力强的原因。什么原因呢？就是骑射。骑兵能够骑在马上射箭，动作敏捷，战斗力强，打击半径大。不妨试想，如果手里拿着一支矛，最远能戳到哪里？胡人的攻击方式则是射箭，打击半径要大得多。于是，赵武灵王就动了改革的脑筋，要向他们学习。

也许今天的我们很难理解，认为骑马不过是很正常的一件事情。要知道最先掌握饲马技术的是高加索人，马是从中亚传进来的，这门技术传往中国有两条途径：一条是经由阿尔泰山，进入蒙古高原；还有一条是从黄河上游传入中原。两条路径产生了不同的结果，传到蒙古高原的胡人那里的马是用来骑的，主要发挥乘骑的作用。传到中原的马则是用来负重拉车的，不能用于乘骑。所以孔子教授学生的六门主干课程——六艺，其中有一门就是“御”，即赶马车。孔子自己也是一名赶马车的好手。当时的士人出行或为国君服务，赶马车是基本的技术。天子出行也要有仪仗队，“驾六”，即有六匹马拉车。要想把这六匹马调教好，这门技术可不简单，是士人必备的功夫。

所以当时中原诸侯国的军事强弱主要看兵车多少。一个国家出去求援，得来的援助或许就是一百辆兵车。军事力量是以兵车为单位的，步兵则用来保护马和兵车，配合作战。主将站在兵车上面，举戈跟对方作战，他的命运实际上掌握在驭手的手里，看驭手能不能把马车赶得好。而且驾驶兵车对道路的要求也比较高，如果路不好，兵车会陷在里面。打仗的时候，除了保护人员，还要保护马。否则，马要是倒下，兵车还怎么用于作战呢？这样的兵车还有一个特点，它的机动性比较差。要让一匹马拐弯，需要牵着它掉头。想让兵车拐弯或转向，是很不容易的。

正因为赵武灵王在边境目睹胡人骑射的威力远远胜过兵车，才使他有了改革的念头。他找来谋士楼缓商议，认为要干成一件惊天动地的大事，就不能够再尊重原来的传统，所以从现在开始要改穿胡服。楼缓完全赞成，群臣则是一致反对：这怎么行呢？祖宗的衣服怎么可以改变？

赵武灵王只好再跟肥义商量，说道："如今我要在百姓中实行胡服骑射，臣民们一定会来反对，我要怎么办呢？"这个时候，肥义给了他一锤定音。他说："没有信心就办不成大事，怀疑自己的行动就不能名正言顺，您既然已经准备承担不尊重传统的指责，就不要再顾虑天下人的议论或反对。最高的德行必定是与众人不同的，要办成大事，不能与普通人商量。"他举了很多古代圣贤的例子，告诉赵武灵王："您不能够完全按照习俗来办，但您不要怕。还有什么可犹豫的呢？"赵武灵王说："我不是对改革胡服犹豫，而是怕天下人笑话我。大家都不照做的话，我该怎么办？"

赵武灵王下定决心以后，就自己带头穿上胡服。他为了推行胡服骑射，需要争取一些关键人物的支持，其中就包括他的叔父公子成。赵武灵王向公子成传达了这个意思："我要举行一场盛大的朝会，希望叔父您穿胡服参加。在家里要听长辈的，国家的臣民则要听君主的，如果您现在带个头，其他人恐怕就能接受了。"结果公子成还是反对，他说："我听说您要穿胡服，可惜我抱恙，不能够亲自来见您。既然您要我发表意见，我怎么敢不尽愚忠呢？我听说中国这个地方是聪明智慧的人所居住的，各种财富都集结起来，由圣贤进行教化，仁义得以施行，诗书礼乐得到运用，那么自然是蛮夷来向我们学习。您现在却要放弃中国的传统服装，去采用远方的胡服，不遵守自古以来的规矩，改变传统，违背人心，不顾学者的意见，脱离了中国的实际，您要三思而行。"赵武灵王说："既然叔父抱恙，我就亲自去向他说明。"于是赵武灵王就到公子成家，恳切地同他讲道理、做分析："我并不是简单地换一身衣服，而是为了国力强盛。"

也许有人会想，穿什么衣服跟国力是否强盛有什么关系呢？要弄清楚这一点，我们首先要了解当时的人穿的是什么衣服。贵族跟士人穿的衣服称作"上衣下裳"，合起来即为"衣裳"。下裳是什么呢？连衣裙。一件衣服，上半部分叫作"衣"，下半部分叫作"裳"，也就是裙子，裙下不穿裤子。中原地区当时推崇的是宽袍大袖，即要穿宽大的衣服，显得有气派、有身价。那么胡人呢？胡服是紧身窄袖，不仅袖子窄，而且有防护功能，缝上皮革、装上铠甲；下身当然是穿长裤的，骑马的时候很方便。不妨试想一下，假如穿的是裙子，将士怎么能够骑马，怎么能够上战场呢？中原地区的人原来站在兵车上面作战，这样的穿着是没有关系的，但赵武灵王要进行军事改革，就涉及军装的变更。

但是这么一件事，在我们今天看来不过是一个很浅显的道理，在当时却不为大多数人所接受。赵武灵王只得又跟他的叔父讲了一大番道理，最后总算说服了他。公子成表示："我太愚蠢了，不理解您这样做的道理。既然您说的确实符合情理，我就接受您赐给我的胡服吧。"第二天他就穿上胡服上朝了。有了叔父的支持，赵武灵王就正式发布命令，要求臣民改穿胡服。此时，其他大臣又来劝阻了，他们认为还是原来的服装好，要求赵武灵王撤销胡服令。为此赵武灵王不得不再次强调改革的理由。赵武灵王不顾大臣反对，克服了种种困难，坚决实行胡服骑射，他的改革不久就开始见成效了。

赵武灵王二十年（公元前 306 年），赵武灵王亲自率领赵国军队进攻中山国，又西征林胡，夺取了榆中（今内蒙古与陕西交界），林胡王不得不向他献马。二十一年（公元前 305 年），赵军大举进攻中山国，赵武灵王亲自带领军队攻下了鄗（今柏乡北）、石邑（今获鹿东南）、封龙（今获鹿东南）、东垣（今正定南），中山王只好献出这四座城求和，赵军才暂停进攻。二十三年（公元前 303 年）和二十六年（公元前 300 年），赵武灵王继续进攻中山国，北抵燕国和代郡等地。这样一来，赵国北部的边疆从今天的河北省北面一直延伸到内蒙古的河套地区。四年以后，中山国完全被灭，国王被安置到今天的陕西榆林一带。从此赵国的疆域和国力达到了有史以来的极盛。

今天的我们很难理解，区区服饰的改革而已，竟然会碰到那么大的困难。但是事实证明，赵国的那些大臣并没有真正接受胡服。最后，骑射改革是成功了，而对服装的改革只推行到军人群体。军人是迫于无奈，谁能穿一套没有裤子的连衣裙去骑马打仗？这是不可能的。然而，对非军人群体的改革根本没有办法推行。

赵武灵王最后落得了一个悲剧的下场。一方面，他有“胡服骑射”这种大胆的想法；但另一方面，他也有自己的弱点。等到胡服骑射改革成功，他想进一步做什么事呢？经由自己之手，进一步发展赵国的军事力量，进一步开疆拓土。他为了谋划这些大事，居然主动放弃了权力。**这样一位改革家，一位伟大的人物，当然也有他自己的另一面。他有他的喜怒哀乐，有他个人的兴趣爱好，也有他的爱情。**

赵武灵王十六年（公元前 310 年）的时候，他到大陵这个地方游玩，回来以后做了个梦，梦见一位美女在弹琴唱歌。后来，赵武灵王在一次宴会上描述了自己梦里那位美女的形象。臣子中有一个名叫吴广的人，他就说：“这个人就是我女儿。”于是把他的女儿献给了赵武灵王。吴广称自己是虞舜的后代，所以这个女儿的名字就叫作孟姚。赵武灵王对孟姚十分宠爱，甚至一度影响他处理政务。孟姚生了儿子以后，赵武灵王干脆把长子废了，把孟姚的儿子立为太子，并将王位传给刚满十岁的太子。

随后，赵武灵王宣布自己不再管理日常政务，要去谋划更大的事业。古代的君主里大概只有他一个人会做这样的事情，没有哪个人会主动放弃权力的。这件事情当时就引起了很大的轰动。赵武灵王举行了一次大型朝会，在会上宣布将王位传给太子，也就是赵惠文王，然后任命肥义为相国，让他辅佐这位幼子，自己就改称“主父”，取“主人的父亲”之意。退位后的赵武灵王身穿胡服，率领军队去夺取胡人的地方。他还有更大的计划，准备从云中、九原（今河套地区）南下秦国进行偷袭。他亲自到前面观察地形，并且要去会一会秦昭王——那位当年被他从燕国送回秦国，后来继承了王位的秦国君主。他想亲眼看一看秦昭王现在究竟如何了。为此，他居然假扮成赵国派去的使者，前去求见秦昭王。这种主意一般人不大会想得出来。昭王开始时没有在意，事后觉得这个人气度不凡，不像一般人，于是赶快派人追赶。但是赵武灵王此时已经出了关。这个时候秦国才知道原来来的人就是主父，也就是赵国现任国君的父亲。

赵武灵王把中山国灭了以后，全国上下进行庆祝，论功行赏。这时，他又犯了一个致命的错误：他看到自己的长子、原来的王位继承人赵章，向十三岁的弟弟跪下称臣。此情此景，让他觉得过意不去了。按照常理来说，事情既然已经做了，只能做到底。可他居然封他的大儿子为安阳君，并且派了一个人做他的丞相。民间传言，他有立两王的打算——小儿子已经做了王，他准备也给大儿子一个王来做做。这可就麻烦了。赵武灵王所宠爱的小儿子的亲生母亲已经死了，再加上已经把王位送给小儿子，与他之间的感情已经淡薄，赵武灵王反过来觉得长子可怜，又准备扶植长子。这样就引起了一场激烈的权力斗争，这场权力斗争进而导致了他本人的不幸身亡。

到了第二年（赵惠文王四年，公元前295年），他的大儿子赵章趁他的小儿子赵惠文王在沙丘一带巡游的时候，发起叛乱把肥义杀掉了。肥义是原来辅佐他小儿子的相国。既然大儿子一方先动了手，那么正好，他的叔父公子成和其他拥护小儿子的势力就趁机起兵镇压大儿子。大儿子没有地方逃了，于是逃到主父居住的沙丘宫里面，主父收留了他。父亲嘛，当然可怜儿子了。于是，公子成和那些支持惠文王的势力包围了沙丘宫，大儿子走投无路被杀。这些人命令宫殿里的所有人全部撤出来，否则就要灭族，但是把主父赵武灵王一个人留在宫殿里。赵武灵王出不来，饿得受不了，只好去掏鸟窝里的小鸟吃，三个月以后，饿死在沙丘宫。

这么一位英明的统治者，就因为没有处理好自己的家事，最后竟被这些支持小儿子的势力（包括他的亲叔父公子成）找借口活活饿死了。所以我们说，这么杰出的改革家也有自身的弱点，也有决策上的失误。但是他的改革从赵国推广到各国，从此兵车基本上退出了历史舞台。

虽说历史不能假设，但是我们不妨做一次假设：假如赵武灵王亲自负责增强国防，亲自参与作战，或许后来就不会被秦国通过武力统一，至少赵国这个国家还可以坚持很长的时间。

但是历史上的真实结局是：因为这个悲剧，赵国从此失去了和秦国争雄的机会。尽管后来有廉颇、蔺相如、李牧等良将贤臣的辅佐，终究回天无力，难逃覆灭的命运。

在此提及一个非常偶然的事件：八十五年后，灭了赵国的秦始皇正好在旅途中路过沙丘——也就是赵武灵王身死的地方，在那里病逝了。

第五讲 “胡服骑射”的延续：华夏的文化基因来自何方

在历史发展的过程中，并不是只有游牧民族向农耕民族学习。在不少方面，游牧民族比农耕民族更加先进，农耕民族反而要向他们学习，比如上一讲提到的服饰。

随着人类文明的进步，服饰的功能除了遮羞保暖或是提供生活的便利以外，实际上已经具有一种精神上的功能。到了春秋战国的时候，服饰已经成了等级制度的象征，简单来说，就是什么人穿什么服装。

游牧民族穿衣主要是为了生活、打仗的方便，所以他们的着装是适应这个需要的。而从审美的角度来讲，这种紧身窄袖的服装恰恰更能突出形体之美。反观华夏的服装，人像个衣服架子，衣服就套在上面，服装主要展示的是人们的身份地位或者贫富的程度。穿着这样宽袍大袖的衣服，根本就看不出一个人的形体之美。

所以历史上有这样的记载：有的皇帝在后宫专门让人穿一身胡服为他跳舞，后来认为这样还不够刺激，甚至让舞女赤身裸体为他跳舞。其实他要追求的、他所欣赏的，是直接看到形体之美。当然了，这样的行为被人记录下来，按照传统思想来解读，就是亡国之征兆。

从服饰的使用功能来讲，牧业民族的服饰更加先进。从礼仪功能来讲，自然要另当别论。我们需要知道的是：历史记录中留下来的往往都是贵族、儒生的选择，普通平民其实会自己判断哪一种服饰更加适合，并且做出选择。

比如说，司马相如跟卓文君私奔以后，司马相如一方面要解决自己生计，另一方面也想羞辱老丈人，逼迫老丈人承认他与卓文君的婚姻，拿出女儿的嫁妆来，所以他就和卓文君在成都的市里开了一家小吃店。史书上记载，他这时就换掉了长衣，穿着短裤在那里干活。

所以，一般的民众对服饰的要求就是便于生活、适合劳作。军人也是同理，军人的服装要适应防卫和攻击的需要。实际上，这才是世界服饰发展的真正的潮流。到了今天，放眼全世界，无论是部队的作训服、工人的工作服，还是普通人的休闲服、内衣，发展方向上都是趋同的，没有什么大的差别了。

比如，韩国在奥运会上让军人穿上传统服装进行表演。但他们打仗时会穿传统服装吗？平时训练中会穿吗？不会的。实际上，从服饰的功能来讲，并不存在华夏一定优于蛮夷。当下一些人热衷于追求汉服、推广汉服，他们曾经问我对这样的做法是否支持。我说，发掘传统文化的美和精华，我当然支持。但问题是：你们现在推广的“汉服”真的是汉服吗？其实不是的，它们只是汉朝的礼服。总不能让一个人整天都穿礼服。现在有些人穿一身礼服挤在地铁里，这样出行适宜吗？还有些人在诸如七夕之类的大热天里穿着厚厚的汉服，这样的穿法受得了吗？

这是礼仪，要保持它的严肃性，礼服一定要在庄严的场合、特殊的场合穿。如果要将汉朝的礼服作为今天的常服来推广，这是既违背历史事实，也违背客观规律的。正因为这样，在中国历史上，有几件非常重要的器物，或者说一些生活方式，恰恰是华夏汉人跟牧业民族、跟蛮夷学来的，不止赵武灵王的胡服骑射。

我先举一个最突出的例子，音乐和舞蹈。今天中国五十六个民族中，一个人口很少的民族表演的歌舞都可能具有很强烈的震撼力。与之相反，汉族作为人口占比最大的民族，如果要找一支能够代表汉族特色的歌舞，居然找不出来。以乐器为例，如果仔细分析一下我们今天所说的民乐（也有人称之为国乐），会发现几乎没有一件乐器是华夏自古流传下来的，基本上都是不断地吸收牧业民族的乐器的结果。

原因其实很简单，每一个人都有七情六欲，都要宣泄自己的感情。

三千七百年前，汉族的祖先较早发明了文字——甲骨文。在那之前有没有文字呢？不少人认为肯定是有的，因为甲骨文不可能一下子出现。但问题是，迄今为止还没找到证据。毕竟，无论是三千七百年前还是三千八百年前，距离现在都已经比较久远了。有了文字以后，人们各种微妙的、复杂的感情，都可以通过文字得到表达。特别是我们的汉字是方块字，一个字可以有多种意义，一个字根组成的词数可以是无限量的。

以《诗经》为例。《诗经》中不少诗主要表达的是爱情、亲情、友情，但是里面的一首诗无论是短到总共只有三四个字，还是长到一个单句都可以很长，你都找不到一个“爱”字，更找不到什么“我爱你爱得要命、爱得要死”，这种直白的情感表达是看不到的。诗中都是借助一种修辞手法，比如说比喻、对仗、排比，或是利用动物植物、自然现象来宣泄自己隐藏的感情，其中有些诗句表现得非常传神。这就是文字的力量，文字拥有非常丰富的表达方式。古人谈情说爱，可以写一首情诗、写一封情书发过去，或者题几个字，意思就表达出来了。

但是大多数牧业民族是长期没有文字的，有的民族一直到近代都没有自己的文字；有的民族只有上层人物可以借助汉字来表达，懂汉字的人很少。虽然普通人不会使用文字，但他们也有七情六欲，是靠什么来宣泄的呢？唯有利用声音和肢体语言。所以他们碰到什么事就叫几声，比如匈奴人的长啸，我也不知道是怎么一个啸法，可能就像腾格尔那样。也可能像胡松华那样，他唱的歌曲前面没有歌词的，就“啊啊啊啊”地长啸，通过这样来表达感情。还有的人用唱歌来表达，或者使用肢体动作——跳舞。这样还不够的话，就弄个什么东西敲敲，于是形成了打击乐。后来制作出了用于弹奏的器具，弹拨乐就这样产生。总而言之，正是因为没有文字，语言也比较单纯，那么不能用文字语言来宣泄的情感，就通过形体动作、声音、打击（弹拨）乐器来表达，最后发展出丰富的歌舞。

例子有很多，比如卧佛。卧佛是表示涅槃以后的佛，他的旁边经常配有壁画。从壁画上看，佛离开了人世——涅槃了。他的弟子当中，为首的一般是一位白面僧人。僧人手里拿着一张纸，大概在念写好的追悼词。旁边的那些胡人呢，有的在跳，有的在哭，有的拿刀子在割自己的耳朵，有的在划自己的脸。可以想象，在现场肯定就是各种声音、各种动作。他们用这种方式来表达自己对佛的一种哀悼的心情。

有一个现成的例子——南非第一位黑人总统纳尔逊·曼德拉。在他病重期间，他的住宅外面，日日夜夜人流不断，一部分人用现代方式给他献花，放上祝福他恢复健康的卡片；另一部分人则是用非洲的传统方式，不停地在他门前唱歌跳舞，但两种方式表达的感情是一样的。等他去世以后，曾有一天专门安排非洲式的葬礼，媒体不能去参加。据说是一群又一群的人，跳着不同的舞，唱着不同的歌，用这样的方式来表示哀悼。

我们可以想想看，为什么那些古代牧业民族的歌舞水平，普遍要比汉族的歌舞水平高？古代牧业民族的歌舞，同样产生过很大的震撼力量。有一段历史是大家都熟悉的：项羽和他的军队最后被围困于垓下的那天晚上，四面一片楚歌。项羽的部下很多都是楚人，听到楚歌以后，一部分士兵思念故乡，于是逃跑了；还有一部分士兵的信心动摇了。为什么呢？连项羽都在想，难道楚国已经被刘邦的军队占领了吗，怎么周围都是一片楚歌呢？请大家想一想，这时楚歌起到的作用实际上是一种对人的震撼。有的人听到之后思念故乡，失去了斗志；有的人信心垮了，因为家乡都已经被敌军占领了。

再举个例子：西晋末年，大将刘琨驻守在晋阳（今山西太原），抵抗北方的胡人的入侵。匈奴军队把晋阳城包围了，援兵却迟迟不来，城里已近弹尽粮绝，眼看就要守不下去了，刘琨忧心如焚。一天晚上，他趁着月色跑到晋阳城楼上，往下一看，周围全是匈奴的帐篷和骑兵。刘琨曾经在北方生活过一段时间，他很喜欢胡人的音乐，自己也会长啸、会弹胡笳，并且训练了一支胡笳的乐队。这个故事如今有两个版本，一个版本说他带领这支乐队演奏胡笳，另一个版本说他就是简单地发出一声长啸。不管哪个版本，都说明这个时候他演奏了胡人的音乐，结果产生了意想不到的效果。随着他的啸声，胡人纷纷走出帐篷，侧耳细听。再啸下去，不少胡人流出眼泪，他们想念故乡了。继续啸下去，他们干脆骑上马，拨转马头统统跑了，包围晋阳的胡人就这么解散了。大家看，音乐具有多大的魅力。听到胡人的音乐、看到胡人的舞蹈，华夏汉人，特别是那些统治者都非常欢喜，所以中原不断地引进歌舞技术和乐器。

根据一些有关的资料记载，我们知道：公元 384 年，也就是前秦建元二十年，吕光征服西域返回中原。他用两万匹骆驼装载着从西域、龟兹这些地方获得的珍宝，以及一批歌舞艺人。但是等他走到河西走廊的时候，国内发生大乱，长安已经被其他政权占领了。所以，他就留在了河西走廊，在姑臧（今甘肃武威）建立了自己的政权，这批乐工也就留在那里了。后来北魏占领了河西走廊，又把这些留下来的乐工或者他们的徒弟，还有乐器、曲本，统统带到了平城。这是历史上西域的音乐歌舞大规模传入中国的一个重要事件。

又比如说北魏太武帝拓跋焘，他在通西域的时候把悦般国的歌舞中敲鼓的鼓舞引进国内，在自己的乐署，也就是中央音乐机构里面，专门设立了鼓舞的乐队。北周武帝宇文邕娶了突厥的公主，突厥把西域各国的舞乐和艺人作为陪嫁，一起送到了中原，其中包括龟兹的音乐、疏勒的音乐、安国和康国的音乐，也就是今天费尔干纳盆地、吉尔吉斯斯坦、哈萨克斯坦、乌兹别克斯坦这一带的音乐。正因为有了这些不断地把牧业民族的音乐舞蹈引进的积累，这才形成了大唐的音乐舞蹈。比如李世民最喜欢听的《秦王破阵乐》，实际上就是在西域音乐的基础上编出来的。

通过这一事例，我们应该明白，不是什么事情都是农业民族向外传播的，音乐、舞蹈、歌舞，绝对是中原的农业民族不断地向牧业民族学习的结果。所以我们今天所说的民族音乐和乐器，无论是打击乐、弹拨乐、弦乐，几乎都是从中亚——包括今天的新疆，以及更西的中亚地区——等地方引进来，再改造成中国自己的本土音乐和乐器的。

比如我们的二胡，被称为中国的小提琴。虽说我觉得二胡不必叫什么“中国的小提琴”，但这种说法倒也能说明它在中国的乐器中起的作用就像西洋乐器中的小提琴一样。但它的前身就是胡琴，也就是胡人拉的琴。还有高胡、板胡、京胡等，都属于胡琴的系统，都是从胡人那里学来的。要是我们不引进这些音乐，要是我们完全固守原来的传统，那么在今天的音乐会上，我们的民乐队大概就只能放一套编钟，放几个石头制成的磬，就没有今天这么丰富多彩的民族音乐了。

还有一个对我们很重要的器物是什么？坐具。华夏的先民是没有坐具的，要么坐在席子上面，要么盘腿坐着，或者长跪，膝盖放在地上。比如孔子跟弟子讲学，他坐在一张席子上，三千弟子都坐在各自的席子上。

宴会上吃饭为什么叫宴席呢？因为人们盘腿坐在席子上，然后拿一个器具把吃的东西放在面前，每人一席，所以被称作宴席。为什么我们称呼领导人为主席呢？因为大家都坐在席子上，领导人的这张席子比较大，或者放在主要的地方，也就是我们今天所说的“放在C位”，就叫作主席。“主席”就是领袖，英文里主席叫chairman，他坐的不是普通的chair，而是一个高背的chair，就相当于坐上“主席”了。古代的中国人都坐在席子上。什么时候开始有坐具的？什么时候诞生了太师椅之类的椅子？其实是跟胡人学的。

原本中国的“席”，一张席子上面稍微铺些东西，或者稍微贵重一点、正规一点，就可以称作“床”了。大家不要以为床都是用来躺的，比如说皇帝坐的“御床”，他上朝的时候不会躺在上面，而是坐在那里的。所以我小时候念李白的诗，总觉得不能理解：“床前明月光”，然后来个“举头望明月”，我心想，人躺在床上怎么举头呢？原来李白诗中的床，指的是他的坐具。他坐在那里，当然可以“举头望明月，低头思故乡”了。但是这样的“床”，基本上就是在席子上铺垫些东西。

那么胡人为什么发明坐具呢？因为胡人平时是骑马的，当他们休息的时候，就蹲在那里保持骑马的姿势。改革开放以前，我到北方农村去的时候，看到有些地方还保留着这种习俗，吃饭、喝酒都蹲在那里。而蹲的姿势对于一些人来说不太方便，比如胡人的首领，或者年纪特别大的人、身体不好的人。出于这个原因，胡人就发明了一种小型坐具。由于汉人把什么坐具都叫作“床”，这种坐具就被称为胡床。胡床究竟什么样子，现在没有人知道，因为没有实物。这些东西当时都是用木料、皮革做的，早就没有了。但是在我的想象中，就跟小马扎差不多。它被支起来当作小凳子，等到胡人大规模南下的时候，中原的汉人发现胡人的首领是坐在胡床上的。到了南北朝时期，大批胡人来到中原，汉人就学他们的样，也开始做胡床。一开始大概是很简单的坐具，后来慢慢把它复杂化，加以优化提升，于是就有了各种座椅，什么太师椅、官帽椅等，有扶手的，没有扶手的，什么都有了。所以到了唐朝的时候，坐具已经普及了。如此一来，华夏的大多数人才摆脱了这张席子。一般来讲，坐在坐具上肯定要比整天盘着腿，或者是跪在席子上要舒服，所以大概自唐朝以后，除非特殊场合，或者某些农村，一般的人都已经有坐具了。

所以，今天我们能够坐在这里读这本书，多亏了我们的祖先及时地向牧业民族学习。当然也有人选择保持传统，比如朝鲜、韩国，还有日本的老一代，都还保持着原先的生活习惯。在家里，他们也是跪在席子上，或者盘腿坐在席子上的。那些和式旅馆和日本的一些餐馆，到现在还是这样。但是我们看年轻一代，大多数都已经慢慢不这样做了，从生活习惯的角度来讲，坐在坐具上肯定是一种更好的生活方式。

历史上，农业民族主动向牧业民族学习、拥有这种眼光并且能够做到的人有很多。赵武灵王只是其中一个突出的代表，是一个开端。除了上述提到的例子外，其他相互学习的例子还有很多。比如说，胡人原本是不喝茶的，茶叶都是在华夏、在汉族地区生产的。但是一旦他们喝过茶后，就再也离不开茶叶了。茶叶不仅成了他们的生活必需品，也成了一种精神的象征。如很多胡人在祭祖、祭天的重要场合，必须供茶，也就是用茶作为象征。

另外，中原民族也从胡人那里引进了马，这些马进入中原以后，已经不仅是一个坐具，或者一个工具了，它也成了一种精神的象征。比如说，不同等级的人要骑不同颜色的马。皇帝或者贵族的仪仗队，要规定使用几匹马、使用什么颜色的马，要将马匹放在什么位置，这已经成为一种象征了。但是中原地区养不好马，不得不从牧业地区不断地引进马匹。如果双方互相合作，就能形成一个良性的循环——茶马互市，中原地区拿茶叶去换牧业地区的马。如果双方兵戎相见，就会相互抵制，造成两败俱伤的局面，中原地方得不到好马了，牧业民族也喝不到茶叶了。

从历史发展来看，农业民族跟牧业民族之间当然有冲突，但是也存在着天然的相互合作、相互学习的机制。这就是赵武灵王的改革给我们留下的启示。

第六讲 “四海一”的程度：秦皇扫六合——无所不在的统一

有一句话是这样形容秦始皇的：“六国灭，四海一”，说他把四海统一了。对于秦始皇以武力实现统一、建立郡县制的重要意义，历史早就有了正确的评价。

但是“四海一”究竟“一”到什么程度、秦始皇的统一措施究竟起到了什么作用，大家或许还不是十分清楚。难道说秦始皇靠武力消灭六国，统一就能自然而然地建立起来吗？其实不然。统一必须贯穿到国家的各个方面，特别是跟国计民生相关的、有重大意义的方面。

具体包括哪些方面呢？

第一，书同文。要在文化上实现统一，那么大家书写的文字必须统一。秦始皇灭六国以后，经过他的开疆拓土，秦朝的疆域东至于海、朝鲜半岛的西北部，西至临洮（今甘肃岷县）、川西高原、云南大部分，北至大青山、阴山山脉，南至今越南的西北角。在此范围内，虽然是以华夏（诸夏）为主体的，但是同样生活着戎、胡、夷、狄、蛮，南方的三苗、百越及他们的后裔，并没有完全通用的语言。就是在诸夏内部，也有无数种方言。有些地方相距很近，却有不同的方言。有些语言之间差别很大，以致就算同在秦国范围内，许多地方相互之间是没办法通话的。古代还没有声音传播的手段，文字是人际交流最主要，甚至可以说是唯一的工具。现代人可以通过电话、手机传播信息，古代人总不见得每次都得“哇啦哇啦”地叫喊，况且叫喊声的传播距离也不远，当他们需要远距离通话时怎么办？只能用文字来沟通。所以，如果文字不能统一，或者同样的字却有不同的含义，事情就会变得相当麻烦。

举个例子。西汉初，刘邦要封心爱的儿子刘肥为齐王，想划一块大的封地给他，于是干脆下了一个命令，以方言划界，规定齐方言区统统划给齐国。由此可见，齐方言肯定跟旁边的鲁方言或其他方言不同，否则要怎么划线呢？我们知道，今天的山东存在多种方言，而且方言之间有明显的区别，何况西南地区和一些山区本身交通条件不好，地理存在阻隔，那么可想而知，方言之间的差别就更大了。

西汉末年，扬雄留下一篇著作《方言》，从中可以看到，尽管已经经过了差不多两百年的统一，国内依然存在着那么多的方言，方言跟方言之间的差异如此之大，很可能引起交流中的误解。在这种情况下，统一文字、统一书写的标准，这是非常重要的。在甲骨文里面，我们已经看到同样一个字可以有不同的写法。到了战国后期，文字已经演变为篆书和早期的隶书。

治理国家、传播社会信息、实现人际交流主要依靠文字，而在当时，诸侯国之间的书写格式并不完全一致，包括有些常用字的写法也不同。原先这些文字的流通范围只局限在一个诸侯国内部，这一问题还不是特别明显，但是现在问题放大到全国范围内了，如果不统一文字，除了影响国家内部的人际交流，最主要的是影响政令的上通下达。

所以，在秦始皇二十六年（公元前221年），也就是初并天下的那年，在分天下为三十六郡的同时，秦始皇就下了命令："一法度衡石丈尺，车同轨，书同文字"，而且规定在秦朝的统治范围内——"地东至海暨朝鲜，西至临洮、羌中，南至北向户，北据河为塞，并阴山至辽东"——必须统一度量衡[①]。因为计量单位不统一的话，征收赋税、往来贸易等方面都会遇到困难。尺子得有统一的标准，所以秦始皇把标准的量具、标准的衡具发到全国各地供人参考。文字方面也是如

① 计量长短、容积、轻重的标准的统称。

此，“书同文字”，也就是规定所有的字必须要用标准的笔画和格式，同一个字要有标准的写法，比如有的字，原来齐国的写法多一笔，楚国的写法少一笔，如今必须要统一。这样一来，大家便有了共同的交流媒介。就像朝廷颁布的标准度量衡器具一样，文字的样式也通过各地的碑文、颁发下去的各种文书得以推行。

在秦始皇三十四年（公元前 213 年）批准实施的措施中，规定了“若欲有学法令，以吏为师”，人们要学法律的话，以“吏”为规范。“吏”是什么人呢？比如一个县里，县官手下的几位专业的基层公务员、办事人就称作“吏”。儒生书写文字，也是根据官方的标准以隶为书。正因为秦朝有这样的规定，所以到了汉朝的时候，人们已经用标准的隶书来书写公文，后来在隶书的基础上又演变为楷书。尽管文字有官方的标准，但民间都喜欢写简体字，由于简体字不是官方规定的，故称为“俗字”。在正常的传播系统，比如科举考试或者公文里，是不允许使用俗字的。但是人情趋简，俗字照样在民间传播。有些人说我们的简体字破坏了传统文化，我后来就此事问过文字改革的专家，他们告诉我：没有一个简体字是我们新创造的。早在王羲之的书法里，有些字就已经使用简体写法了。国家现在规定的规范的简体字，通通都源自历代已经产生的字，在此基础上进行规范。

中国的文化没有中断、文明没有中断，其中的原因有很多，但是秦始皇规范了书写文字，这应该是一个重要的原因。由此，很多记录都使用同样的文字，有了统一的文本，不至于产生歧义和误解。国家通过标准的文字传达政令，儒生通过标准的文字传承文化、研讨学问，耆老乡绅通过标准的文字执行乡规民约，宗族的族长、宗老通过标准的文字教化、约束子弟，这样就可以做到不受方言不通的影响。我们现在的《诗经》、诸子百家、古文、汉赋、唐诗、宋词、元曲、话本、杂剧、小说、八股文、邸抄（当时的政府公报）、报纸，基本上就是依照标准的汉字传播下来的。

“书同文字”的范围早已扩大到非华夏的少数民族聚集区。标准的汉字还被用于朝廷跟地方政府，或者是所辖的部族、羁縻政区、土司之间的公文往来。有一次展览会上的展品就证明了西藏始终是中国的一部分：当时的藏族首领向中央上报，或者跟当地的地方官交流，都是用汉字来书写公文信件的。

"书同文字"还影响到周围的藩属国，比如朝鲜。朝鲜自公元六世纪起，已经脱离中原王朝了，大多数时间我们把它看成一个外国、藩属国，但是汉字始终是它的官方文字。到了世宗大王的时候，他考虑到一般民众不会念这些汉字，也不认识，于是想出来在汉字上面注字母，当时称作"训民正音"，就是让老百姓了解文字的读音。但它只是作为注音符号在民间通用，而朝鲜的历史、官方文书、传统典籍完全采用标准汉字，一直到二十世纪。又比如越南，尽管十世纪以后越南也独立了，但它一直沿用标准的汉字，也用到二十世纪。后来法国人帮助他们用拉丁字母制造了拼音，用拉丁字母拼写的越南文逐步推广，但是标准汉字依然是越南的官方文字，一直到1945年才废除。又比如琉球（今日本冲绳），琉球一直使用标准的汉字，它作为明朝、清朝的藩属国，不断地派王子、大臣到中国来学习。学什么呢？四书五经。当时的学习工具就是汉字。所以现在到琉球去可以看到当时留下来的中山国[①]的武器、匾额、对联上用的全是中国的标准汉字。琉球所有的历史典籍、文书档案，都是用汉字书写的，现在被称为《历代宝案》，大多数都保存在日本。

标准汉字还传播到海外，成为外国的参考，或者被他们采用。比如日本，它大量地借用汉字，以汉字的偏旁，构成日本的"五十音图"，即"あ、い、う、え、お、か、き、く、け、こ"等五十个字母。五十音图里的平假名、片假名，都是根据汉字的楷书或者行书的偏旁组成的。所以日本始终保有了一批能够熟练使用汉字、精通中国传统文化的学者和专业人士，把汉字作为最正式的官方文字。一直

① 十四世纪，琉球群岛上有三个国家：中山国、山南国、山北国。中山国先后攻灭北山国、南山国。明朝遣使册封，赐国号"琉球"。中山国便正式更名为琉球国，但"中山"作为琉球国的别称依旧被使用。

到近代，日本的天皇有什么重要的文告都是先拿汉字起草，写好再翻译成日文。日本的年号规定必须从中国的典籍中间找，一直到上一个年号“平成”，都是如此。现在的年号“令和”虽然出自日本的典籍，但用的也是汉字，也是根据汉字的意思来解释。所以从唐宋一直到晚清，出使日本的中国使者，或者中国到日本去的学者、高僧，即使一句日语都不懂也没有关系，大家可以借助汉字来“笔谈”；日本派到中国来的遣唐使、前来学习的高僧、进修的学者，他们一开始不会讲汉语，这也没有关系，因为他们会写汉字，经常使用这种“笔谈”的方式来交流。直到现在，日本的庆应大学还保存了一整套当年中国的杨守敬到那里去跟日本人交流、笔谈的内容。所以清朝派出去学习日本教育的使者，他们一句日本话都不懂，就是看日本的用汉文写成的资料，然后跟日本人笔谈，照样能够完成任务。

我们不妨设想一下，如果秦始皇没有采取书同文的政策，或者没有切实地执行这一政策，那么战国时候流行的使用多种不同的文字进行书写的方式就会继续流传，各地区相互之间的差距可能会越来越大，加上完全不同的读音，最终就会形成不同的文字系统。那么这种统一便会名存实亡，或许早已经分为不同的国家了。一旦被推行一种强势的外来语言，就必然会被取代。

这方面有很多例子。比如公元前六世纪，波斯帝国征服了帕米尔高原，给塔吉克人留下了波斯语系的塔吉克语，给阿富汗留下了波斯语系的普什图语，而当地的本土语言早就消亡了。两千多年过去了，时至今日当地使用的还是波斯帝国推行的波斯语。我想，当地人当初不可能是自愿接受的，但他们一旦被动接受，波斯语便一直流传到今天。而中国疆域这么辽阔，如果一开始没有一种共同的语言，没有一种共同的书写方式，没有一种共同的文字，那么造成的后果恐怕更严重了。当年美国占领菲律宾的时候，菲律宾国内有八十六种主要的语言。为了推广英语，美国干脆从国内调来几百个英语教师，结果现在英语成为菲律宾的第一官方语言和最通用的语言。

从这个角度，我们可以看到秦始皇当年强制推行“书同文字”对于中国的意义。

第二，车同轨。“车同轨”就是制订车辆的两侧车轴之间距离的统一标准，是秦始皇一系列标准化措施之一，跟统一度量衡一样，具有普遍性的重要意义。因为战国的时候，中原大多数地方不通水路，车已经成为主要的，甚至是唯一的陆路交通工具。但是各个国家原来就没有一个统一的标准，往往是根据自己国家的需求和地形地势来设计轨道，所以不同的国家，甚至一个国家的不同地区，车轨都是不同的，有的宽，有的窄。在过去，虽然车轨不统一，但是问题也不大。比如赵国自己内部统一就行了，即使赵国跟魏国的车轨不统一，对赵国的影响范围也不是很大。等到秦始皇统一六国以后，如果车辆的轨距不同，就会出现问题：修建道路的时候，是按照宽轨的标准来修，还是按照窄轨的标准来修呢？如果按照宽轨的标准修建，窄轨的车通行当然没有问题，但是难免造成浪费；如果反过来，按照窄轨的标准修建，修路费用倒是节约了，但是宽轨的车就无法通行。

秦始皇需要为整个国家做通盘考虑：所有车辆必须使用同样的车轨，相应地，所有道路也必须配置统一的标准。因为涉及的不仅是道路、桥梁、隧道，还有那些需要翻山越岭，从山中间开辟的道路，修路的成本是很高的。如果不统一，或者统一的标准不能发挥最大效应，那么造成的后果也是相当严重的。正因为秦始皇及时地推行了车同轨，所以他后来在全国修建的官道和驿道都有了统一的宽度和标准，并且为以后各朝代所沿用，使中国一直保持着全国统一的道路系统。这样的道路系统当然对经济、文化、国防和国家统一有着决定性的意义。

比如，汽车传入中国以后，各地修建的第一条公路都是利用现成的官道、驿道改建的。由于原来的官道、驿道都有统一的宽度和标准，所以利用它们来改建可供汽车通行的公路，相对来讲就比较容易。

而世界上的铁路直到现在也没有统一的标准。比如法国原来采用的是米轨，即两条钢轨距离为一米宽的铁路。现在的越南铁路，以及过去我国在滇缅线的一段铁路还是根据米轨来建造的。大多数国家采用标准轨，但也有些国家采用宽轨。比如欧洲和中国就采用了标准轨。当然，所谓的标准轨也没有真正做到统一的标准。因此，我们建设一带一路就碰到大麻烦了：一带一路的主要运输路线是从新疆进入哈萨克斯坦，经过这些“斯坦”或白俄罗斯，最后再进入欧洲，我们称之为“中欧班列”。但是前苏联采用的是宽轨，比一般的轨距要宽。那么问题来了：标准轨的火车，要怎么通过宽轨的地区呢？以前的客车是这样处理的：变轨前旅客全部下车，列车驶入变轨区后，车身由液压顶升顶起来，下面的底盘、车轮换成宽轨型号，连接线路、管道，完成后旅客重新登车。这个过程我曾经经历过两次，其中一次是 1990 年，我从北京坐火车到莫斯科去，沿途经过蒙古。蒙古采用的是苏联的轨距，所以火车抵达中国跟蒙古交界之处时需要变轨。这个过程花费了两个小时。当火车离开苏联，进入欧洲时，又要重复一遍上述过程。那里的效率比较高，旅客不需要下车，这样大概需要花费一个半小时。而一带一路的运输列车都是重车，装载的都是满满货物的集装箱，不能采用这个办法，只能全部翻装。所以我们便能看到这样一幅图景：中欧班列从中国霍尔果斯驶出，到哈萨克斯坦停下，当地的列车开到旁边，然后把货物全部卸到当地的列车上去。如果货物装在集装箱里还比较简单；如果是散货的话，也得全部卸下来。剩余的路途由当地的列车负责。如果当地没有货物需要运回中国，那我们的车便要空车回去。这样的方式成本高，耗费的时间长。一开始中欧班列车次较少，现在车次增多了，往往等了很久还没有完成卸货。当然了，无论是机器卸货还是人力卸货，都需要消耗成本，既增加负担，又影响效率。当列车离开“斯坦”进入欧洲，这一过程又得再重复一次，总共经历两次变轨，到现在还没有一个解决办法。

最近我看到一个消息：无可奈何之下，我们国家就干脆在自己的口岸提前建造宽轨轨道，先在中国境内完成卸货换车的过程。当然了，这个方案有一个前提条件：要先取得对方国家的同意。对方国家肯定要优先保证自己的利益，如果卸货换车的过程全都在中国完成，那他们国家原来从事这份工作的工人都要下岗，操作的机器也都要荒废，实际上牵涉到国家的利益。要是对方不同意，我们也没有办法。

而当年的秦始皇，已经在他的能力范围内将车轨全部统一了。

秦始皇统一的不只是文字和车轨，还统一了历法的岁首，也就是统一过年时间。秦朝以前，我们有三种历法——夏历、殷历、周历，这三种历法的岁首（正月）是不同的。夏历以农历的正月（一月初一）为岁首，殷历以十二月（十二月初一）为岁首，而周历则以十一月为岁首，也就是将十一月初一作为一年的开始。春秋战国时，各个国家采用不同的历法，如鲁国用周历，楚国用夏历。所以鲁国人过新年的时候，对于楚国人来说，距离新年还有两个月。秦始皇统一后想让全国一起过年，这不仅是节庆过年的问题，更关乎国家财政年度、国家统计：全国没有一个统一的标准怎么行？所以他就规定：全国都以夏历的十月初一为岁首。我想，这是考虑到夏历比较适合农事，春夏秋冬四季和月份仍然根据夏历来安排。但是他把岁首定在十月初一，这是因为按照当时的农历，有“七月流火”这个说法：看到大火星从西方落下去，意味着天气开始转凉了，农事基本上结束了。收成以后，将十月份作为一年的开始，这样是比较合适的。

统一了岁首，全国就有了一个统一的行政时间表和政治日程。比如当时有一项很重要的制度叫作上计——就是由县里把当地的户口数字、粮食产量和社会治安情况的统计数据（如有哪些犯罪案例）逐级上报。将十月作为岁首，一般的话就来得及统计和上报了。比如说，那时农业耕种以单季为主（现在则有双季、三季），到了八月份，秋收基本上结束了。那么八月到九月之间收集数据，十月上报，时间上大概差不多。到了后来，汉武帝做了一个规定，把岁首的时间改到了正月初一。我想，主要原因是汉朝统治的疆域更大了，岁首如果还是定在十月份的话，很多数据是来不及报上来的。所以他规定，到了十二月，所有的数据都要集中起来，在元旦朝会的时候直接上报给皇帝。从汉武帝时期开始一直到清朝末年，这两千多年间，基本上都是以正月初一作为岁首。其中只有四次例外，加在一起总共不过二十八年：王莽始建国元年至地皇四年（公元 8—24 年）、魏明帝青龙五年至景初三年（237—239 年），武则天载初元年至圣历二年（689—699 年）和唐肃宗上元二年（761 年）曾以十一月为岁首。除此之外，其他时候都定在正月初一过节。

民国时期废除了旧历，开始采用公历。农历的正月初一不能再称为新年，此后就把它叫作春节。

我们也可以设想一下：**如果一个国家没有一个统一的岁首，没有一张统一的行政时间表和政治日程，人民不在同一个时间过最重要的节日，那统一还能不能维持长久？**

当然，部分研究人类学、民俗的专家、学者有些遗憾：哎呀，要是能把各个朝代在不同时间过新年的习俗保存下来该有多好啊，我们的文化不就能更丰富了吗？也许是这样。但是我们也需要权衡一下：在统一的时间过最重要的节日，对凝聚人心、对继承传统、对维护一个大国的统一而言，益处恐怕大大超过所谓的文化多样性吧。特别是，如果没有统一的时间表，那么国家的重要数据的汇总、重要政令实施的时间、法律生效的时间，都有可能不统一了。

从这一点上来讲，我们要知道：**秦始皇的“四海一”，不仅仅是依靠武力，也不仅仅是依靠行政制度，而是依靠一系列扎扎实实的统一的标准，以及这些标准得到切实的执行，才真正奠定了我们国家的统一，真正奠定了中央集权的基础。**

第七讲　刘邦与项羽：“流氓无产者”对大秦帝国的逆袭

古时有一句话：秦失其鹿，天下共逐之。

秦朝的“鹿”丢了，大家都去追，那么这头鹿最后到底死在谁的手里，被谁得到了呢？实际上，逐鹿的结果就反映在楚汉之争的两位最有力的竞争对手——刘邦和项羽身上。

谁胜谁负，历史早有定局。

公元前202年初，西楚霸王项羽的军队被刘邦和各路诸侯的联军牢牢地包围在垓下（今安徽省灵璧县东南）。到了晚上，四面传来一片楚歌，项羽大吃一惊：莫非汉军已经把楚国攻占了？怎么汉军中会有那么多楚人？他知道大势已去，再也睡不着觉，在营帐里喝着闷酒。喝着喝着，他按捺不住内心的冲动，唱起一曲悲歌。

这曲悲歌，如果用现代的话来表达，大概就是这样的意思：

我有盖世的勇气，有撼山的伟力，可惜时机不到，连宝马也跑不动了。宝马跑不快，我奈何它不得，虞姬啊虞姬，我怎么才能对得起你！

在左右的一片哭声中，项羽泣别了他的爱姬，趁黑夜率领八百骑兵突围南奔。黎明时分，汉军发觉了，就派灌婴带领五千骑兵在后面穷追不舍。渡过淮河以后，项羽的八百随从只剩下百余人了。到阴陵（今安徽定远县西北）时，项羽迷了路，就向一位农夫问路，按照他的指点往左走，不料陷在了一片沼泽地里。于是汉军就追上他了。项羽且战且跑，到了东城（今安徽定远县东南）时，只剩下二十八位骑兵还跟着他。数千汉军骑兵追击过来，项羽自知不妙，感到老天爷实在是不保佑他，所以他对部下说："我起兵到现在八年了，亲自打了七十多仗，所向无敌，从来没败过，所以我才能称霸天下。可今天我被困在这里，是天要亡我，不是我作战的过失。现在我要决一死战，快速打三次胜仗给你们看。每次我都要突围，杀掉对方的将军，砍断他的军旗，让你们明白是天要亡我，不是我仗打得不好。"他其实到临死还不承认是自己的错，而说是天要亡他。但他的勇猛的确是世间罕见的，果然如他所说，他三次冲进汉军中间夺旗斩将。但问题是他始终摆脱不了汉军的追击，因为汉军人数实在太多，就算突围了三次，后面的汉军也前赴后继地追来。

就这样，他逃到了乌江（今安徽和县东北），江边的亭长请他上船，劝他说："江东（江南）地方千里，还有数十万民众，足以称王了。现在只有我有船，你上了我的船，后面的汉军就无法渡江了。"项羽笑着说："天要亡我，我还要渡江过去干什么呢？当初八千江东子弟跟着我过来，现在只剩下我一个人了，我怎么有脸去见江东父老呢？就算他们可怜我，继续拥戴我，我难道不会感到羞愧吗？"于是，他就把自己的这匹马送给亭长，不再骑马，拿着短刀跟汉军搏斗，又杀了数百汉军，但自己身上也已经负伤几十处。这个时候，他看见了他的熟人吕马童，说道："这不是老朋友吗？听说你们汉王用一千斤金子和一万户的封邑来买我的头，好，那就成全你吧！"说完，他就举刀自杀了。这时候，有人抢上去砍了项羽的头，其他将士为争夺他的尸体，自相残杀，死了数十人。最后，吕马童等四人各抢到一块，于是刘邦就把原来答应封的一万户分给了他们五人，一人两千户。

项羽死后，原来楚国的属地全部投降，只有他的封地鲁城（今山东曲阜）还在坚守。汉军威胁他们：你们再不投降，就要屠城。但他们还是坚持守城。最后，汉军拿了项羽的头给他们展示。城里人确信项羽已死，再无希望，这才开门投降。至此，这场楚汉之争以刘邦的完胜而告终。

从公元前206年秦王子婴出咸阳投降算起，经过了三年四个月，秦朝失去的“鹿”，终于被刘邦夺得了。

那么，刘邦是不是“高材疾足者”——本领大、跑得快呢？至少一开始，刘邦完全没有这样的资格。

刘邦成为汉朝的“高皇帝”以后，汉朝的史官给他编造了一系列的神话，即使这样也掩盖不了刘邦出身“细微”的事实。刘邦出身于一个普通的农家，他的父母连名字都没有。刘邦做了皇帝，史书上只能称他父亲为“太公”，即刘大爷；称他母亲为“刘媪”，即刘大娘。连刘邦自己都没有名字，《史记》《汉书》上说他叫刘季，其实“季”不是名字，而是指排行第四。一个皇帝，名字就是“刘老四”。刘邦的“邦”，在南朝的史书中才第一次出现，显然是后人给他补的。

而项羽出身于楚国的贵族，家里四代都是楚国的大将，他自己是名将项燕的孙子，项梁的侄子。其他参与角逐的诸侯中，章邯是秦国的大将，曾经统率数十万大军；司马欣是章邯的秘书长兼参谋长——长史；董翳是都尉；魏咎、魏豹是原魏国王族；韩王成是原韩国公子；赵王歇是原赵国王族；田儋、田市、田都、田安、田假都是原齐国王族；张耳、陈余是原魏国的名士。所以，论出身和家庭背景，他们都比刘邦有更大的号召力。

起兵前的刘邦也没什么能耐，好吃懒做，不治家业。有一次，他拉了一帮朋友到家里吃饭，他大嫂故意把锅底刮得很响，告诉他们锅里没有什么羹了。可见，连他的大嫂都很讨厌他。他喜欢喝酒，却没有钱，经常跟两个人赊账，一人姓王，一人姓武。据说，这两个人看到他喝醉了躺在那里，身上有条龙，所以经常把他的账一笔勾销。当然，这都是他当了皇帝以后的记载，死无对证，谁知道怎么回事呢，但是可以说明一点：他喝酒，且赖账。做了皇帝之后，这个事实也掩盖不了。他还好色，比如他最喜欢的、受封齐王的大儿子刘肥就是跟姘妇生的非婚生子。刘邦当了亭长以后跟同事吃吃喝喝，关系拉得不错。亭长是个什么官呢？就是基层派出所所长兼招待所所长。亭长一般都是负责城外地方的治安，工作内容包括押送犯人、抓犯人，也负责接待过往的公差。照理说，他既然做了亭长，至少应该有点本领了吧？还真没有。他要押送犯人到首都咸阳去，还没有走出县境，就已经让很多人逃跑了。他后来干脆把犯人全部放了算了。为什么呢？因为即使把剩下的犯人押送到首都咸阳，他也会获罪。而且照他这个能耐，可能还没到咸阳，全部犯人就会逃光。

有一次，外地来了一位姓吕的名人——吕公，他是刘邦所在的沛县县令的朋友。吕公来到沛县后贺客盈门，而贺客是不能空手上门的，都要准备一个红包。负责接待的萧何规定：送的礼钱不满一千的人，请在堂下就座。也就是说，送满一千的人才有资格坐到堂上来。刘邦一分钱都没有，却跑进来说：我送一万。萧何知道他没有钱，但是又不想说穿，怕自己为难，就说："刘季一向好说大话，不办正事。"但刘邦胆子大，仗着人头熟，大模大样走进堂，并且在上座坐下。你不是说一千吗？我出一万。其实他一分钱都没有出。但这居然引起了吕公的好感，说这个人与众不同，干脆就把女儿许配给他了。他的女儿就是后来的吕后。甚至刘邦的父亲都说他是无赖，可见他平时的行为连自己的父亲都看不上。

跟刘邦相比，项羽在各方面都是有优势的。项羽年轻时不愿意读书，也不愿意学剑，别人问他要学什么，他说，我要学"万人敌"，也就是能够对付万人的本领。项羽身长八尺，力能扛鼎，才气过人，武功高强，粗通兵法。他见到秦始皇的仪仗队从远处通过，竟说"他可以被取代"。同样的，刘邦在咸阳看到秦始皇的仪仗队通过时，他说："大丈夫就应该这样啊！"我们比较一下这两句话：刘邦是赞扬秦始皇，而项羽则是——我应该取而代之。从志向上来说，也是项羽的志向比刘邦的志向高得多。

从项羽的作战纪录，特别是最后在垓下之战来看，他称得上是一位勇猛的将领，当然比刘邦本领高强。项羽死的时候才三十一岁，没有留下后人，仅与虞姬的泣别见于记载，至少说明他不会像刘邦那样寻花问柳。而且在最后，儒家礼仪的发祥地——鲁城的父老居然愿意为他死守，可见项羽的人品要比刘邦好得多。

刘邦起兵的时候，好不容易在沛县征集到两三千人，而项梁、项羽叔侄在渡江的时候已经有子弟兵八千。刘邦连自己的老家丰邑都攻不下来，得到了项梁资助的五千士兵和十名将领后才取胜。项梁在时，刘邦只能听从他的调遣。项梁死后，对付秦国主力章邯的主要是项羽，刘邦没有打过什么硬仗。入关以后到了咸阳，刘邦只有十万军队，而这时项羽已拥有四十万大军。后来项羽把刘邦的军队统一收编，刘邦到汉中去就任汉王的时候，项羽只调拨给他三万士卒，沿途又跑了不少人。在楚汉之争中，刘邦是屡次失败，失败到连父母妻子都被俘虏，自己的胸口曾经中箭，几次死里逃生。

但是历史恰恰让刘邦成为最后的胜利者，却给项羽安排了一个悲剧的结局。

到底是什么原因呢？我们当然可以说，推翻秦朝的政权，重新建立统一，这是符合历史潮流的。但推翻秦朝的起义是由陈胜、吴广首先发起的，到刘邦的时候，已经有很多人参加了，项羽跟他的叔父项梁是跟刘邦同时起兵的。实际上，消灭和牵制秦军主力的并不是刘邦，没有刘邦参与，秦朝也不可能再延续。有的人说刘邦入关以后，不是废掉了秦朝的这些暴政吗？但是在其他诸侯（包括项羽）控制的地区，也没有再延续秦朝的政策。如果是由包括项羽在内的其他人完成统一，也是符合历史规律的，并不见得由他们来统一的政权就一定比刘邦建立的汉朝差。所以，秦朝的覆灭和新朝代的建立，可以说是历史的必然，但是并没有规定这个必然非得由刘邦来完成。

还有人说，项羽的失败是因为他分封诸侯，从秦始皇的郡县制和中央集权制倒退了。可是刘邦在跟项羽抗争的时候也大封诸侯，在汉朝初年，他又加封了大批同姓诸侯。有的人为刘邦辩护说，这只是权宜之计，那么为什么项羽不能也“权宜”一下呢？

以前讲究阶级，有人说因为项羽出身楚国贵族，而刘邦出身劳动人民，所以他会胜利，那就更加可笑了。刘邦的最终目标是当劳动人民还是当皇帝？他建立的汉朝与秦朝相比有什么本质的区别吗？如果一味讲阶级的话，那么陈胜、吴广，还有诸侯中的黥布、韩信、彭越、卢绾等人的出身都属于劳动人民，为什么就轮到刘邦了呢？

所以，我们可以这样说：历史提供了一种机遇，这个机遇并不是只给刘邦一个人的，却让刘邦争取到了。从这一角度看，刘邦的成功的确不是偶然的。

刘邦当了皇帝以后，曾经让列侯诸将来说说，他为什么得天下、项羽为什么失天下，要求他们直言无隐。高起和王陵就说了："陛下为人傲慢，对人没有礼貌，而项羽讲仁义，又爱护别人。但是您派人去攻城略地以后，战利品和俘虏都赏给了这些人，有利益和大家分享。而项羽嫉贤妒能，陷害有功劳的人，怀疑有本领的人，打了胜仗的人不给记功，得到土地的人不给好处，这就是他失天下的原因。"刘邦不以为然，说："你们只知其一不知其二，要说到运筹帷幄、决胜于千里之外，我不如张良；主持行政机构，管理百姓，保证供应，使粮食的运输不断绝，我不如萧何；率领百万大军，每战必胜，每攻必克，我不如韩信。这三个人都是杰出人物，我能够用他们，这才是我得天下的原因。而项羽连一个范增都不能用，所以最后败在我的手里。"

刘邦跟韩信也有过两次对话，一次是他刚刚拜韩信为大将，还没有杀回关中的时候。韩信问刘邦："你自己分析一下，你的勇敢、强悍、仁义，比得上项羽吗？"这话把刘邦问住了，他沉默了一会儿，只好承认："我不如他。"还有一次，刘邦跟韩信讨论诸将带兵的本领，刘邦就问他："像我这样的人能带多少兵呢？"韩信说："陛下不过能带十万人。"刘邦就问："那你呢？"韩信说："像我这样，多多益善，带得越多越好。"刘邦就笑了："还多多益善，那你怎么会被我抓住呢？"因为在这之前，刘邦用计假装宣布要去云梦巡游，召周围的诸侯就近朝见。韩信单独前去朝见的时候，刘邦就趁机把他抓住了。

韩信说："陛下不能带兵，但是能够带将，所以我才会被您抓住。况且您的本领是上天赋予的，不是人力可比的。"当然，后面这句话不太可信，韩信此时已经被剥夺兵权，就像俘虏一样，这个时候还能说什么呢？但前一句他的确讲出了一个道理，就是：我是带兵的，你是带将的，所以总体上我还是不如你。看来，刘邦本身还是有点自知之明的，他知道自己的本领有限，远不如项羽，所以如果想要战胜项羽，就只能重用这些杰出人物，发挥他们的作用，才能弥补自己的不足。韩信的评价虽然有溢美之处，是拍刘邦的马屁，但是拿用兵跟用将来比喻，还是比较恰当的。刘邦主要依靠的不是自己去冲锋陷阵、去跟项羽硬拼，而是依靠韩信这一批将领去战胜项羽。

但是真正的原因只有这一个吗？我们还要看一看在实际操作中，刘邦是怎么样来处理问题的。我觉得有一点很重要：**刘邦逐步明确了自己的一个大目标，为了实现这个目标，他可以不惜代价、不择手段、始终坚持。这个目标是什么呢？就是夺取政权，统一全国。**

比如说，刘邦刚起兵时，郦食其去见他。刘邦一向瞧不起读书人的，当时正让两个侍女帮他洗脚，对郦食其不理不睬。郦食其见状，便骂他道："要是你真想消灭无道的秦朝，就不应该对长者如此无礼。"刘邦一听，马上起身整理好衣服向郦食其道歉，请他上座，并采纳了他的建议，袭击陈留（今河南开封市祥符区东南），于是获得了秦朝的储备粮。这样，他下一步的军事行动才有了保证。

刘邦的军队攻到南阳郡的时候，秦朝的郡守死守着宛城（今河南南阳），这是一个地区的中心。当时楚怀王跟他们约定：谁先入关，谁就统治关中。刘邦准备绕过宛城继续西进，这时张良劝他："您虽然急于入关，但秦兵还有很多，又占据着险要。现在不如先攻下宛城，否则的话，再往西进，有一批秦军在背后袭击，另一批秦军又在前面堵截，这是很危险的。"刘邦听了他的建议，连夜返回，到黎明时就完成了对宛城的包围。南阳郡守见势不妙，派人来讲和，刘邦接受了他的投降，赢得了首先进入关中的宝贵时机。

进入咸阳后，刘邦原本打算就住在秦朝的宫殿里面，但是听了樊哙和张良的劝阻后，他就打消了念头，回到城外在霸上驻扎，把秦朝的财富、珍宝全部封存了。他又误听了别人的意见，派军队封锁武关，以便阻挡诸侯入关，独霸关中。这就激怒了项羽，项羽不仅攻破了武关，还准备发动袭击，消灭刘邦的军队。刘邦听到消息以后，立刻征求了张良的意见，并按照张良的安排，去结交项羽的另一位叔父项伯。刘邦通过项伯向项羽疏通，并且亲自到鸿门赴宴，最后在张良、项伯的协助下消解了这场灾难，死里逃生。

按照约定，刘邦先进入关中，应该做关中的统治者。关中是秦朝首都所在，是最重要的地方。不料项羽竟违背原来的协议，将刘邦分封到汉中去做汉王。刘邦气得不得了，想跟项羽拼命，这时周勃、灌婴、樊哙等也劝他动手，但是萧何把他们劝住了："我们现在兵力不如人家，百战百败，不是白白送死吗？"他就劝刘邦接受汉王的封地，以汉中、巴蜀为基地，然后重新回到关中来，进而统一天下。刘邦接受了他的建议。

萧何曾经多次推荐韩信，但是一直没有得到刘邦的重视。韩信跑了，萧何亲自追他回来，再次向刘邦推荐："您如果准备长期统治汉中，那么韩信没有什么用，跑就跑了吧；如果您真的想争天下，不用韩信就没有人可以商量，您自己打主意吧！"听后，刘邦立即同意用韩信为大将。萧何说："您一向傲慢无礼，现在拜个大将就像找个小孩子玩玩，这样不行的，怪不得韩信要走。如果您真的想拜他为大将，必须挑个黄道吉日，要斋戒、吃素，专门建一座拜将坛，举办隆重的仪式。"刘邦一一照办，这样才获得了韩信这员大将，赢得了还定三秦的胜利。

刘邦后来听信郦食其的话，曾经想立六国的后人为诸侯，连印都刻好了，但张良马上表示反对："不行的，您好不容易有了点基础，怎么又去分封呢？"接着提出了八点反对理由，刘邦听后深感有道理，于是大骂郦食其："这臭小子差一点坏了你老子的大事。"他马上把这些印全部销毁了。同样，在荥阳的时候，他被项羽的军队包围，决定采用陈平的离间计散布谣言。项羽相信了谣言，并且怀疑范增，把范增赶回家去了。

刘邦曾经犯过一次又一次的失误，他的确在很多时候没有做出正确的判断，或者说不具备做出正确判断的实力。但是，一旦刘邦的谋士，甚至是平时关系疏远的人提出一个正确的建议，他立刻就会接受。

但是，如果刘邦仅是抱有这样一种态度，而不能够坚持自己的大目标的话，恐怕最终也不会成为汉朝的开国皇帝。

第八讲　鹿死谁手：

出身细微，如何带好天赋点满的顶配团队？

在刘邦本可以得到一定的胜利成果的情况下，是如何坚持获得最终胜利的？

楚汉之争到了最后关头，刘邦和项羽经过连年的征战，彼此都没有办法取得最终的胜利。项羽已经同意以“鸿沟”划定双方的界限，并且释放了刘邦的父母妻子，刘邦也心满意足，准备退兵回关中了。这时，张良和陈平向刘邦进策，刘邦才转而追击项羽。

张良和陈平是这么跟他说的：“这样千载难逢的良机，您怎么能放弃呢？这种时候还讲什么仁义呢？”

项羽此时已经老老实实地率领部队准备回去享福了，没想到刘邦追击了上来。但刘邦还是实力不济，而兵力最强的诸侯韩信、彭越则按兵不动，汉军反过来被楚军击败，最后只能固守。这时，刘邦又接受了张良的建议，调整扩大了韩信和彭越的封地，换来他们的出兵，这样才形成了对项羽的合围。要是刘邦像项羽那样自以为是、刚愎自用，以上的每一步都可能出现失误，都会导致无可挽回的失败。从这一点上来说，就如刘邦自己总结的那样，他认为自己最后战胜项羽，是因为能够听取大家的意见。这是有一定的合理性的，但如果仅是从善如流，是统一不了天下的。

刘邦或许不愿意当众表白，以往的史书里似乎也没有充分的注意，他有一项起到关键作用的本领，那就是他在“争天下”的坚定目标下，实行相当灵活的策略，甘冒风险，能屈能伸，甚至不择手段，从来不讲究什么光明正大、说话算数，可以说是个政治无赖。但是我们不能不承认，对刘邦这样一个出身“细微”的人来说，这是唯一能够取得成功的办法。他能通过其他什么途径吗？选举、宣传、经济实力、外交手段，他统统都没有，只能在这种特殊的情况下不择手段，以一介草根之身，一个出身“细微”的人，最后得天下。

就拿他见吕公的事来说，按照他当时的家境，不要说万钱，千钱都拿不出来。如果他老老实实地按规矩办事，连厅堂都进不去，只能坐在堂下看热闹。就算他咬咬牙凑满一千钱，也不过到厅堂里当贺客。但是他凭借一句话，“我贺钱一万”，轻而易举地坐到了首席，成为吕公的嘉宾，还娶到了有身份的妻子。这个险不值得冒吗？而且也无伤大雅。就算被揭穿了，也不是什么大问题，算不上犯法。况且刘邦本来就是无赖，丢丑有什么关系呢。

又比如说，楚怀王派军队入关时，秦军还非常强大，兵强马壮的将领有的是，都比刘邦资格老。诸将都不敢争先，刘邦却接受了，还说：“好，我跟项羽比一比，看谁先入关。”说明他有胆略，不怕死。项羽提出要跟刘邦一起入关，但始终没有被批准，原因是楚怀王身边的那些顾问——“诸老”反对。他们认为项羽这个人“彪悍猾贼”，经过的地方都被他烧杀抢掠、破坏掉了，而刘邦是“宽大长者”。项羽曾在攻下襄城（今河南襄城县）的时候屠城，把人全部杀光，但是刘邦起兵的时候也曾威胁过沛县老百姓，要是不响应他，就把全县的父子都杀掉。他攻下颍阳的时候也屠过城，但他一直很重视公关，表面文章做得好，“诸老”依然对他留下了良好的印象。

刘邦最受人称道的一件事就是他入关以后的“约法三章”，其实这不过是个宣传手段。当时秦国的法令很烦苛，严刑峻法动不动就要判人死罪。刘邦的“约法三章”则很简单：第一，“杀人者死”；第二、第三，“伤人及盗抵罪”——法律只有三条了，杀人偿命，伤人抵罪，偷盗抵罪。据说当时的老百姓感恩戴德，纷纷称赞新来的王多么仁义，一下子就把秦朝的法律都废除了。但是仔细想想，这件事有那么简单吗？杀人有多少种方法？哪怕同样是杀人，也分失误杀人和故意杀人，难道没有区别吗？还有，要如何让犯人承认自己杀人呢？他不承认的话怎么办呢？哪有那么容易。伤人及偷盗要抵罪，那么把人伤到什么程度才达到抵罪的标准？他打伤了我，我也要把他打伤吗？我被砍掉一条腿，砍伤我的人也要被砍掉一条腿吗？盗窃就更麻烦了，我说盗贼偷了我十两银子，但他不承认，照样没有办法。

“约法三章”是一种宣传手段，根本没有办法执行，但是争取了人心。而且刘邦实际上也没有机会统治咸阳，所以乐得做出这种姿态。但有些事情说明刘邦的确是深谋远虑的。比如他当时进入咸阳，诸将都在抢夺、瓜分金银财宝，他却让萧何接管了秦朝的丞相府、御史府等机构收藏的法律、档案、图书、地图。那么刘邦有没有在皇宫里拿东西呢？肯定也拿了，比如后来鸿门宴的时候，他献给项羽的璧玉、送给范增的玉斗，那当然是从秦朝宫殿里拿来的。不过他没有像项羽那样明火执仗地大肆破坏或者全部搬空，这是他高明的地方。他的目标始终是得天下，珠宝之类的东西不过是物质财富，而把档案、地图、户口册拿到手，以后就能起到作用。刘邦后来每到一个地方，都可以了解到当地今昔的户口情况，不仅可以掌握资讯，并且很快就能应用。

因为有了这个目标，所以刘邦总是千方百计地为达到目标而努力。他原本想在关中称王，但是后来当不了，立马就做了一个新的解释。项羽问他：“你为什么派人守关？”他说：“哎呀，我是上了当了，我守关就是为了防止盗贼和治安事件呀，我天天盼望你来，怎么敢背叛你呢？”他当时心里是根本不想到汉中去的，但经过张良他们的劝说，他明白如果不选择韬光养晦，而是现在硬拼，马上就会被项羽灭掉的。所以他表面上很顺从地到汉中去了。沿路主要是栈道——高山悬崖上面要修路很困难，就在悬崖上打了洞，里面放上木头、石头，上面铺了木板，这就是栈道。当他到了汉中，干脆让部下把走过的路都烧了，以此来表明态度：项羽你放心，我就到汉中去，不想再回来同你争夺了。实际上，他在做另外的准备，趁项羽回去的当口出奇兵，“明修栈道，暗度陈仓”——表面上修栈道麻痹敌人，实际上绕道陈仓，已经到了秦岭北面了。

等到刘邦回师攻占关中时，他怕项羽趁他立脚未稳，回来反击，他是抵挡不住的。所以他特意让张良带信给项羽：汉王这次来，只是想取得关中作为自己的封地，这是楚怀王原本答应他的。他没有争夺更高目标的打算，待他恢复了关中以后，就会停止军事行动，绝不会向东扩张。同时，又伪造了齐国、赵国意图叛乱的信送给项羽，上面写着“齐国准备和赵国一起灭了楚国”。结果项羽真的上当了，没有对付刚刚入关的刘邦，却集中兵力进攻齐国和赵国。要是项羽在这个时候发现了刘邦的野心，及时调军队进入关中，那么刘邦根本不是项羽的对手。但是刘邦采取了这样的手段麻痹项羽，把祸水引到了齐国、赵国。

而刘邦不仅仅想得到关中，还要继续争天下。恰在此时，项羽逼着楚怀王迁都到郴州，并且在路上杀掉了楚怀王。这样一来，刘邦就找到借口了，打出了“伐无道”的旗号——你项羽杀了义帝[①]，天下人都说你无道，我要代表天下人来讨伐你。所以刘邦为义帝发丧，连续三天到义帝灵前号啕大哭，并派出使者联络各路诸侯，说：“义帝是天下共同所立的，大家一致服从，现在被项羽放逐到江南杀害了，真是大逆不道！所以我亲自为义帝发丧，全军戴孝，愿出动全部兵力追随各位，一起讨伐杀害义帝的凶手。”这样一来，明明是为自己争夺天下，变成了替义帝伸张正义了。

后来刘邦在荥阳被楚国的军队包围，没有办法逃脱。他又用了一个计谋，让部下纪信坐上汉王专用的马车，扮成汉王的模样，宣布开东门投降，自己则趁机从西门逃走了。大家不妨试想一下，项羽会不会这么做呢？绝对不会的。刘邦可不管那么多，牺牲一个部下让自己

① 项羽分封十八王之前，假意尊楚怀王为义帝，将他迁到长江以南。所谓义帝，即“不是真正的帝王”。项羽此举有两个目的：一是架空楚怀王；二是方便封王，因为楚怀王若不称帝，下面的人就不便称王。

逃出去，对他来说没什么大不了的。当项羽作战不利的时候，把刘邦的父亲作为人质，绑在一个高高的木墩子上，警告刘邦："你如果再不退兵，就把你老子烹了。"刘邦是怎么回答的呢？"我和你曾经在楚怀王面前结为兄弟，我的父亲就是你的父亲，你如果一定要把你的父亲烹了，那请你到时候分一碗肉羹给我尝尝。"话说到这个份上，项羽还有什么办法呢？他的叔叔项伯也劝他："他是为天下不顾家的，你杀了他的父亲有什么用呢？"所以项羽最终没有杀刘太公。

韩信攻灭齐国以后，借口形势复杂，说齐国需要一位代理国王，否则就统治不了，以此要求封他为"假王"。"假王"就是代理国王的意思。刘邦当时正被楚国的军队围在荥阳，见使者拿这样的信来，气得破口大骂："我被围在这里，日夜盼望你来救我，你倒想自立为王！"刚说到这里，张良、陈平在底下踩他的脚，附着耳朵对他说："别说了，现在我们处境不利，哪能阻止得了韩信自立为王呢？不如主动立了他，跟他搞好关系，要不会出乱子的。"刘邦一听，明白了，索性骂下去："大丈夫要做就做真王，做什么假王呢？"然后就派张良去封韩信为齐王，在此基础上征调他的兵力进攻楚军。韩信拿到了齐王的名号，就高高兴兴地出兵了。要是刘邦不使点花招，直截了当地拒绝了韩信，韩信肯定不会出兵相助，至多只会自立为齐王后隔岸观火，甚至可能投到项羽一边去。

要是刘邦遵守儒家的仁义道德、礼义廉耻，他就绝不可能成为以上这几次较量的胜利者，也就当不了汉朝的高皇帝了。有人说，开国皇帝十之八九都是流氓无赖，只有流氓无赖才能成功，我觉得不是没有道理。不仅刘邦如此，其他出身低微的开国皇帝莫不如此。

道理非常简单，在任何一个专制社会中，一个出身低微的人，按照正常的途径是绝对不可能进入权力中心的；而在家天下的世袭制度下，更不可能合法地当上皇帝。非正当途径无非两条：一条靠武力，一条靠阴谋。武力是必不可少的，但光有武力还不够，得武力和阴谋结合。问题是出身低微的人，在一开始不可能有很强的武力，那怎么办呢？只能主要靠阴谋。就像刘邦，他刚起兵的时候总共只有两三千人，这还得益于他当过亭长，在草莽中啸聚了几百人，还有萧何等现职的官吏帮他的忙，否则他无论如何都不可能跟任何一支当时已有的武装部队匹敌。

要是刘邦只讲仁义的话，最多达到一个争取人心的目的。而讲仁义是有条件的，即大家都讲仁义，单方面讲仁义就只能当东郭先生，下场肯定比东郭先生还惨。比如秦始皇的大儿子扶苏，他是比较讲仁义的，但他的对手——弟弟胡亥（秦二世）和赵高并不讲仁义。他们伪造了秦始皇的诏书，要求扶苏自杀。扶苏讲仁义，在父亲的命令下他只能自杀，哪怕这份诏书根本是伪造的。扶苏作为秦始皇的长子，还有讲仁义的资格；像刘邦这样的人，他有讲仁义的资格吗？等到他后来有了讲仁义的资格的时候，如果他只讲仁义，就不可能有最后的胜利。

项羽就是比较讲仁义的，他不止一次有过直接杀掉刘邦的机会，但都被他放弃了。比如说，项羽刚刚入关的时候有四十万大军，如果做好部署对刘邦发动一次袭击，刘邦是没有出路的。而且刘邦的确曾经命人守住关口，不让诸侯进去，已经给了项羽一个非常合适的借口。项羽如果这个时候去灭刘邦，肯定能够得到其他诸侯的支持。但项羽听了刘邦的解释以后就放弃了袭击，在鸿门宴上还迟迟不实施跟范增商量好的行动，等到刘邦秘密逃跑了，他也只好不了了之。这固然跟他优柔寡断的缺点有关，但主要还是像范增所批评的“不忍”，即没有完全不顾“仁义”；但是刘邦对付他，就没有那么多“仁义”了。再说，即使是为了争取人心而实行的“仁义”，也得有实行的条件。如果施行者没有掌握一定的权力，没有拥有一定的地位，那么就算他要表示仁义，都没有办法。

比如刘邦宣布“约法三章”，虽然是一种欺骗手段，或者一种宣传，但这也是有条件的——他已经进了咸阳，成了当时关中的实际统治者。如果他没进咸阳就提前宣布我要“约法三章”，谁会理睬他？

能起到什么实际作用呢？也就是说，实行仁义都是有一定的条件的，出身“细微”的人根本没有这样的条件，唯一可以找到的理论根据就是“天命”。只要有了天命，哪怕你出身再低，哪怕你手段再不光明正大，也不怕别人指责。因为天命在身的人的任何行为都是替天行道，代表天意，这就足够了。但是天命不是什么具体的东西，不是一只真正的鹿。要讲天命必须有一个条件——你是最后的胜利者。如果你失败了，就是天命让你失败的。事实证明，所谓“得天命”并不是依靠什么预言，而是对既成事实的承认，是出于事后的追认或者伪造。相反的，失败者即使原来拥有过一些得天命的迹象，也会随着他的失败的到来而荡然无存。因为失败本身就证明他受到“天之所厌”“天之所弃”，说明他丧失了天命。

就拿刘邦来说，汉朝的史官记载了很多他得天命的征兆和事迹。《史记·高祖本纪》说他妈妈怀他时，一条龙护在她身上。还有很多关于他的种种异象的记载，比如说他的相貌和一般人不同，“隆准而龙颜”，鼻子高、额骨高，还有很漂亮的胡须。最神的是他左边大腿上有不多不少七十二个黑点，谁又能证明呢？谁能看见他大腿上的这些痣，而且还去数一数究竟有多少个呢？当时是没有摄影技术的，既然他做了皇帝，随便后人怎么编就是了。要是刘邦失败了，谁还会查他的尸体上到底有没有七十二个黑点呢？

除了《史记》,《汉书》里也记载过一些关于刘邦的异常之事。一个故事是老人看相。说是刘邦当亭长的时候，因为当时家里穷，农忙的时候请假回家种田。他的夫人吕雉带着两个孩子也在地里干活。一位老人路过，问她要些吃的。吕雉给了他一点，他看了她的相说：“夫人是天下的贵人啊。”吕雉让他看两个孩子，他看了儿子后说：“夫人之所以能当贵人，就是因为有这个孩子。”看了女儿，也说是贵人。老人走后，刘邦正好从邻居家过来，吕雉就把这件事告诉了他。刘邦听吕雉说老人还没走远，赶快追了上去。老人看了他以后，说：“刚才夫人与小孩都与你相似，你的相贵不可言。”刘邦听后连声道谢："我一定不忘你的恩德。"刘邦发迹后，却再也没有见到过这位老人。这样的事是谁传出来的呢？两个孩子当时还小，传播者不是刘邦就是他的夫人吕雉。要是刘邦没做皇帝，他们编出来的这个故事，我们今天能知道吗？

第二个故事是斩白蛇，说刘邦押送的犯人中有许多人逃跑了，他干脆就把剩下的犯人都放了，然后喝足了酒走在野地上。一个随行的人在前面探路，回来报告："不好了，前面有一条大蛇挡在道上，我们赶快退回去吧！"刘邦仗着酒意说："大丈夫走路，有什么好怕的？"于是径直往前走去，拔出佩剑向蛇砍去。蛇被斩为两段，路也就通了。刚走了几步，刘邦醉意上来，就地睡着了。后面有人路过那里，看见一位老太太在黑夜里哭，便问她为什么事而哭。老太太说："有人杀了我的儿子，我为儿子而哭。"那人又问："你儿子为什么被人杀了呢？"老太太说："我的儿子是白帝子，化成一条蛇横在路上，现在被赤帝子杀了。"那人以为这老太太在胡说，想给她点厉害看看，老太太忽然不见了。他遇到刘邦，告诉了他这件事，刘邦心里很高兴："我是赤帝子，那个人是白帝子。"这件事也是同样的道理，老太太已经失踪了，连编故事的人也没有留下姓名，谁知道真相究竟如何呢？

最后一个故事记述了秦始皇到东南巡视，是因为有人告诉他"东南有天子气"，所以他才想亲自东游，用自己皇帝的身份把所谓的"天子气"压下去。刘邦听说以后，怀疑自己就是这位"天子"，于是隐居在芒、砀一带的山野间。但他的夫人吕雉经常能够找到他。刘邦便问："我刚刚走到这儿，你是怎么找到我的呢？"吕雉告诉他："我只要看天上的云在什么地方，就能知道你在什么地方。你就在云气的下方。"这又是他们夫妻之间的事，要不是刘邦做了皇帝，史书里能有记载吗？

所以，我们现在看到的所谓"天命""天意"，都是成功当上皇帝的胜利者掌握了书写历史的权力以后才产生的。在这种情况下，我们要明白，尽管我们觉得政治斗争应该是光明正大的，但是在中国古代

专制社会里，一个出身底层的人是不可能凭借光明正大，或者仁义道德的手段成为最高统治者的。

指出刘邦的无赖行径，并不是要否认他对历史的贡献。我们要知道，一个人对历史的贡献并不一定会反映在道德方面。比如说在楚汉之争的最后几个月里，刘邦和项羽已经签订了协议，约定以鸿沟为界。如果一定要讲仁义、讲政治、讲道德，那么双方都应该遵守这项协议。但是我们想想看，如果双方真的都遵守了这项协议，还有今天的中国吗？很可能就是一个楚国、一个汉国并存下来了。另一方面，即使刘邦、项羽遵守了这个协议，能保证他们的后世子孙都遵守吗？能保证双方的将领不会以之为借口，重新挑起战争吗？这样一来，中国就会陷入无休止的战争，倒不如由刘邦来完成统一。

从这一点上来看，**刘邦坚持了他重新统一中国、建立政权的最终目标，应该说是起到了积极的历史作用的。这也是刘邦最终能够在"天下共逐之"中，成为最后的胜利者的根本原因。**

第九讲　儒冠不误身：谁说百无一用是书生

杜甫有两句诗：纨绔不饿死，儒冠多误身。纨绔子弟反而饿不死，有志之士却被头上戴的那顶读书人的帽子耽误了。事实真是这样吗？**耽误人生的，到底是那顶读书人的帽子（儒冠），还是你自己呢？**

我们来看一看秦汉时期的历史人物，就可以明白这个道理了。秦汉之际是个乱世，乱世当然主要用武人。当时的显赫人物都是武人，如韩信，小军官出身；英（黥）布，“群盗”出身。

文人里最吃香的是谋士，如张良、陈平。陈平是儒生，好读书，能够“出奇计”。范增，七十岁的年纪，平时在家“好奇计”，也能够想出阴谋诡计来。第二类人物是辩士，这些人穿梭在诸侯将领中，纵横睥睨、翻云覆雨，他们往往不是当使者就是做说客，利用他们的辩才为主人效劳，达到主人的某种目的。第三种是文人中有行政管理能力的人。他们负责维持日常的行政，安定后方，征调士兵，筹集和运输粮食、物资，这些工作也需要相应的人才。史书上也留下了一些关于这些幕后工作者的记载，比如萧何，但更多的是一些无名氏。

实际上，每个军政集团都有这三类人才，刘邦有，项羽有，韩信当了大将、齐王之后应该也有。真正的读书人，如果没有这三个方面的本领，那么在战乱时的确没有他们的用武之地。而且像刘邦那样的统治者一向是轻视儒生的，不仅不重视，还侮辱他们。他曾经把读书人的帽子拿来当夜壶。所以，儒生如果想得到刘邦的重视，就不能打着儒生的牌子。

比如郦食其，他本身是个读书人，但是家贫落魄，穷到连日子都没办法过下去了，便想去投奔刘邦。如果照实说自己是读书人，他可能连见刘邦一面的资格都没有，于是让同乡去通报："我有位同乡郦生，六十多岁，身长八尺，别人说他狂，他自己却说不狂。"他去找刘邦那天，刘邦问手下的人："来的是何人呢？"手下跟他汇报："样子看起来像个大儒，穿着儒生的服装，头上戴一顶高山冠。"刘邦生气了："给我回绝他，我正忙着打天下，没有闲工夫见儒生。"结果郦食其不待通报，自己冲进去了，瞪着眼睛大骂："滚进去告诉沛公，我是高阳酒徒，不是什么儒生。"见了刘邦也不拜，就作个揖施个礼，然后质问刘邦："足下是想帮秦朝进攻诸侯，还是想率领诸侯去灭秦朝啊？"刘邦骂他"混账儒生"，说道："天下受秦朝的害那么久了，所以诸侯才联合起来去消灭它，怎么说我帮助秦朝呢？"郦食其继续问道："你如果真要结聚民众组成义军，去消灭无道的秦朝，怎么能对长者这么无礼呢？"刘邦一听，这个人看来是有本领的，马上向他道歉，请他上座。然后郦食其就训导刘邦："你集合的不过是一些乌合之众，且不满万人，用这些力量去进攻秦国是不行的，等于探老虎口。"然后就给他出主意："应该首先争取拿下陈留，因为陈留城里有好多储备的粮食，而且我跟陈留县令关系很好，你就派我去联络，让他听你的命令。如果他不听，你再去进攻，我给你做内应。"果然，刘邦用他的计策把陈留拿了下来。由此，刘邦就封郦食其为广野君，并且经常派他出使诸侯，充当说客。如果郦食其自恃儒生身份，刘邦根本不会睬他，但他声称自己有能耐充当一个辩士和说客，这才有了获得任用的机会。

另一个例子是叔孙通。叔孙通这个人学问比郦食其高，他在秦二世的时候就受到征召，做待诏博士。秦始皇在位期间把儒家的经典收集汇总到官方机构，把民间的藏书全部烧掉，不许再流传，但针对每一种重要经典，官方都设立一位博士专门做内部研究。所谓的"待诏博士”，就是还没正式给他“博士”的官职，让他候补等着吧。有一次，秦二世召见了这一批博士儒生，跟他们说：“听说楚国的戍卒造反了，各位有什么高见呢？”这些博士儒生就说：“臣子违背命令起来造反，这是不可饶恕的罪行，请陛下派军队消灭他们。”但叔孙通不同，他对秦二世说：“这些人说的都不对，如今天下合为一家，郡县的城墙都拆掉了，武器都已经销毁，明确地告诉天下老百姓，今后不再用兵了。何况上面有您这么英明的陛下，下面有完整的法律，人人尽自己的职责，四面八方同心同德，哪里还有人敢造反呢？不过是一些盗贼、小偷小摸的家伙，根本不值得在这里讨论。让军队把人抓起来办就行了嘛，何足陛下您再去忧虑？”二世大喜，再问其他儒生，有的说是造反，有的说是一批盗贼。他干脆让御史把那些认为下面造反的儒生统统关到监牢里审讯。“你们什么意思？要把这点芝麻绿豆的小事说得那么大，这是别有用心！”秦二世认为叔孙通讲得有道理，赐给他二十匹绢、一套衣服，把他封为博士。那些儒生指责叔孙通：“先生你怎么可以这样拍马屁？”叔孙通说：“你们不懂，我差一点脱不了身哪！”

叔孙通骗过了秦二世以后，就回到故乡投奔项梁了，归在项羽的部下。后来刘邦占领彭城，他又投向刘邦。刘邦兵败往西撤退，叔孙通带了他的弟子去追随。一开始他也穿着儒生的衣服，见刘邦不喜欢，他马上根据楚地的习俗换了一身短衣，然后刘邦就喜欢他了。他又把那些会打仗的盗贼推荐给刘邦，刘邦就更满意了，封他为博士。跟着他的上百位弟子私底下却在骂：“我们跟了你几年，好不容易投降归了汉朝，你不推荐我们这些人，反倒专门去推荐那些江洋大盗，你是什么意思呢？”叔孙通说：“你们这些人真糊涂，现在汉王冒着枪林弹雨争夺天下，你们能打仗吗？好好等着，我不会忘记你们的。”后来，机会来了。

公元前202年，刘邦登基做了皇帝，原来的将领、大臣公然在朝堂上喝酒争功，甚至拔出宝剑来随便砍柱子，闹得很不成体统。刘邦觉得这样下去不行，叔孙通就建议：“读书人在打天下的时候是起不了什么作用的，但是到了守成的时候，就可以派上用场了。我可以召集一批在鲁地的儒生来，和我弟子一起，为陛下您制定朝仪（上朝的仪式）。”刘邦担心会不会太难办，叔孙通就说：“五帝所用的音乐都有差别，三王不采用同样的礼制。礼仪制度是随着时代和人情的需要来制定的，所以夏、商、周礼制不同，且都有所变化。我现在广泛地采纳古礼，结合秦朝的礼仪制度，为您制定一套新的。”刘邦说：“可以，但一定要容易学，根据我能做到的程度来给我制定，不要到时候太烦琐，我都学不会。”于是叔孙通就召集了三十位原来在鲁地（曲阜一带）的儒生，加上他自己的弟子和刘邦派的一些专门来研讨的学者，总共有一百多人。当时汉朝的皇宫还没造好，刘邦就在山东一带（今定陶）匆匆忙忙地登上了帝位，临时定都在洛阳。这一百多人就在野地里排练了一个多月，刘邦看后学了一遍，认为自己能够掌握，然后就下令文武百官一起学习，规定到了十月一日元旦时（当时的元旦是十月一日）就要采用。

汉七年（公元前200年），长乐宫建成了，刘邦就命令文武百官聚集到新宫，按照制定的朝仪，正式举行一个盛大的朝会。那天天刚亮，警卫宫殿的骑兵就在庭院中整整齐齐地排成队伍，各种武器旗帜都布置好。那天的总指挥官称为“谒者”，谒者检查合格以后，将诸侯百官依次领进宫殿门。在台阶两旁有几百名郎中，“趋”（快步轻声上前），一声令下，百官鱼贯而入，功臣、列侯、诸将和武官排在西面，向东站定，丞相以下的文官排在东面，向西站定。全部列队整齐以后，殿上的典礼官接受百官的逐级报告，又用接力传声请皇帝起驾。那个时候没有扩音器，皇帝在里面怎么听见呢？就是靠外面的一批人，前一个人叫一句，后一个人跟一句，一直传到里面，这种方式叫作“接力传声”。皇帝坐着轿子离开他的住所，前面由仪仗队开道，沿途警戒。等皇帝在大殿坐定以后，典礼官就引导诸侯王以及年俸六百石以上的官员按次序一批批地跪下来磕头祝贺。官员是有级别的，六百石以上的“厅局级”官员才有资格参加。这些诸侯王和百官吓得大气都不敢喘一声，没有一个不毕恭毕敬的。朝见以后，皇帝赐酒，有资格坐在殿上的大臣都一个个低着头，俯着身子，按照地位的尊卑、官职的高低，分九次向皇帝祝酒，一品的、二品的轮下来，然后谒者下令罢酒。在饮酒的过程中，始终有御史在旁边监察，发现有不守规矩的、动作不对的、态度不端正的，马上有人把他带走，没有一个人敢喧哗失礼。

汉高祖刘邦龙颜大悦，说道：“今天我才体会到做皇帝的尊贵。”你看，做了那么长时间的皇帝，还不知道皇帝原来是那么的尊贵。所以叔孙通被封为太常，今后负责制定礼仪制度，并获赏赐五百斤黄金。这个时候，叔孙通开口说道：“这些弟子跟了我那么长时间了，应该给他们奖励。”于是，所有参与排练的人一律封为郎。他又说：“我也不要那么多奖金。”便把这些钱都分给了他的弟子。弟子赞扬道：“叔孙通先生真是圣人，他懂得什么是当务之急。”皇帝需要制定礼仪了，儒生才能派上用场；以前打仗的时候是不需要的。弟子们本来都说先生不顾我们，这个时候却说先生真是圣人。

刘邦之子——汉惠帝继位后，封叔孙通为“奉常”，规定由他来制定宗庙礼仪及其他各种礼仪制度。活人要礼仪，死人也要礼仪的，宗庙里祭祀着历代祖先。皇帝家族内部祭祀等，都是由叔孙通来制定礼仪的。

由此可见，他的儒生帽子并没有耽误他。但如果叔孙通在战争还没有平息的时候，就要去制定什么朝仪，推荐什么儒生，那就根本不会受到重视，说不定早就请他离开了。

刘邦手下也有儒生的，典型是谁呢？陆贾。他是很早就投奔刘邦的，以宾客的身份随刘邦军队出征，还出使诸侯，接触外交。因为有功劳，所以封为太中大夫。他老是跟刘邦说一些《诗经》《书经》等儒家经典里的道理，刘邦很讨厌，说道：“你老子是骑在马上得的天下，要靠这些诗书干什么呢？”陆贾就反驳他：“马上得天下，难道可以在马上治天下吗？况且商汤周武都是以臣子的身份夺取王位的，但也都是以君主的身份治理天下。文武并用，这才是他们长治久安的根本措施。以前的吴王夫差、智伯一味地讲求武力，结果都失败了。要是秦国统一天下后施行仁义，效法前代的圣人，陛下您怎么可能有机会夺取秦朝的政权呢？”刘邦听了之后觉得有道理，便说：“好，你试着为我写一点秦朝之所以失天下、我之所以得天下的原因，以及古代各国成败的经验教训。”陆贾就为他写。每写一篇就呈上去念给刘邦听。念完以后，刘邦很高兴，大家都高呼万岁。这样便完成了十二篇文章，这十二篇文章后来汇成了一本书，叫作《新语》。陆贾便是用这样的方式来影响皇帝的。

后来吕后当政，吕氏家族大权在握。右丞相陈平既为国事担心，又感到无能为力，也怕连累自己，所以经常深居简出，苦苦思索对策。这个时候陆贾也托病辞职了，但还是主动求见陈平，为他出谋划策。陆贾说：“你身为丞相，享受了三万户的俸禄，富贵已到顶点，没有什么再需要追求了。你整天忧虑，无非就是担心吕氏这些人和幼小的皇帝。”他又说：“天下太平时，主要靠相，天下危难时，主要靠将。将和相团结协调，就能够得到士人的支持和拥护，即使出现了什么变乱，政权也不会动摇。国家的安危现在就在你们两位的身上了。我跟太尉绛侯周勃比较熟悉，经常和他交谈，你何不结交周勃？这样一来，天下事就稳定了。”陈平采纳了陆贾的建议，赠送给周勃五百斤黄金，并且为他举行了一个盛大的宴会。周勃也赠送礼物答谢。这两个人公开结盟的姿态使吕氏家族不能不有所顾忌，阴谋受到挫折。事后，陈平拨给陆贾一百名奴婢、五十辆马车、五百万钱作为公关活动费用，让他广泛地结交公卿大臣。有了这些准备，吕后一死，陈平和周勃就联手清除诸吕，拥护文帝，恢复了刘氏的政权。

文帝做了皇帝以后（公元前 179 年），陆贾被封为太中大夫，奉命再次出使南越。由于吕后当政时，有关部门做出了禁止向南越出口铁器的决定，所以双方关系紧张，经常在边境发生武装冲突。南越的赵佗软硬兼施，使得福建的闽越和广西的骆越都宣布服从他了。赵佗干脆自称“南越武帝”，做起皇帝来。他采用天子的仪仗队，表示自己与汉朝平起平坐。汉文帝登基后，就以自己的继位为契机，派陆贾出使南越。在陆贾出使前，汉文帝就派人到赵佗故乡真定，修葺赵家祖坟，安排专业人员守陵，每年定期祭祀。他还把赵佗的同门堂兄弟召来，给了他们优厚的俸禄。汉文帝让陆贾带给赵佗一封信，用词很恳切，但又很有分寸，表示要恢复双方的友好关系，同时也劝赵佗放弃帝号。陆贾圆满地完成了这个使命，赵佗宣布放弃帝号，停止使用皇帝的仪仗队，恢复南越王的地位，臣服于汉朝。

这三个例子说明，**耽误人生的不是读书人的儒冠。这三个人都是读书人，都戴着读书人的帽子，但他们都找到了自己的发展道路，并且对国家、对历史做出了应有的贡献**。有的人也许觉得，制定一个仪式，加强皇帝的权威，这有什么积极意义呢？那我再举一个例子，你们就明白了。

陈胜称王以后，原来跟他一起当长工种田的伙伴去看他。他们一进到宫里，不得了，一进一进的房子，一层一层的帷帐，好大的气派，便说：“陈胜这王做得真够味啊！”这些老朋友在宫里进进出出，越来越没有规矩，有的还大谈陈胜以前有什么丑事。于是就有人向陈胜建议：“这批客人愚昧无知，老是胡说八道，影响您的威望。”结果陈胜下令把他们都杀了，吓得投奔他的故人全部跑光，之后再也没有人投奔他了。

刘邦当了皇帝，面临的局面更加严重。因为文武大臣中，既有他的亲戚朋友，比如樊哙就是他的连襟，也有患难与共的同事邻居，还有居功自傲的功臣猛将。他们好多人出身低微，有的本来就是盗贼，根本不知道什么朝廷礼仪。要是没有叔孙通及时地制定礼仪制度，假如哪个人去跟刘邦告状，刘邦说不定也会像陈胜那样把这些人都杀了，或许会因此引发叛乱，或是引发内部的权力斗争。叔孙通及时地帮他制定朝仪，把这些事情稳定下来，通过这样一种手段维护他应有的权威，使那些飞扬跋扈的人有所收敛，遵守朝廷的基本制度。总的来讲，这件事的意义相当积极。

这些看上去都是一些制定朝仪，或者写一些总结文章的工作，但实际上，正像他们当时跟刘邦所说的那样："马上得天下，不能马上治天下"，而在治天下的过程中，儒生就有充分的发挥空间，能充分地发挥作用。至于有的儒生，空戴着一个读书人的帽子，却不具备读书人应有的素质，更加看不清形势，那么他们的失败，他们的潦倒，甚至到了无法生存的地步，只能说是咎由自取。

第十讲　分封到推恩：并非一帆风顺的中央集权之路

分封到推恩指的是自西汉初年开始，从分封诸侯到基本上消灭诸侯的这一历史进程。

西汉初年为什么要分封诸侯，特别是要分封那些并不姓刘的异姓诸侯呢？其实，与其说是分封，倒不如说是承认现实。因为在分封以前，这些诸侯早已拥有强大的军队，或者已经割据了大片的土地，刘邦封他们为诸侯是不得已的。

第一个被封的是韩信。注意，这位“韩信”不是那位大将韩信，所以后来在史书上被称为“韩王信”。韩王信是韩襄王的孙子，跟着刘邦进关中、入汉中，又劝刘邦率领军队东归。刘邦返回关中以后，就许诺要封他为韩王。到了汉二年（公元前 205 年），韩王信就夺取了原属于韩国的地方，刘邦只好封他为韩王。他一直跟着刘邦作战，立下汗马功劳。

另一位韩信，也就是那位被萧何追回、登台拜将的韩信，他是刘邦回师关中的主将，立下赫赫战功。到汉四年（公元前 203 年）他攻灭齐国，就以齐国反复无常，又紧靠着楚国，需要有一位王来统治为由，要求立他为“假王”（代理王）。他提出这样的要求来，刘邦要是不封，他怎么继续跟着刘邦去跟项羽作战？刘邦也是没办法，只好封他为齐王。后来，韩信在关键时候又不肯出兵了，刘邦被项羽打得大败，退回固守。这时候，刘邦只好采取张良教他的办法，把更多的土地划给韩信，才换得了他的出兵。

刘邦封英布为淮南王也好，封张耳为赵王也罢，与其说是分封，不如说是承认现实。比如张耳，他的儿子张敖后来娶了刘邦的长女，成了刘邦的女婿。张耳死后，由刘邦的女婿张敖继续当赵王。又比如彭越，本为群盗出身的他是一员勇将，在关键的时候带着三万人归顺刘邦，然后带领这些兵占据了原属于梁国的地方。在刘邦与项羽作战最为艰苦的阶段，彭越两次攻占了梁国的地方，缴获十多万斛谷子供应汉军。为了换取他出兵会师，刘邦答应把一片土地作为酬劳分给他，于是彭越被封为梁王。后来的燕王臧荼、长沙王吴芮都是因为实际上已经占有了这些地方，刘邦也需要赏赐他们的功劳，所以才被封王。

但这七位诸侯王的封地占据了当时汉朝疆域的一大半，太行山以东、战国时候原六国的旧地中只有齐国还属于朝廷，其他最富庶的地方都在诸侯统治之下，汉朝的直辖区只有十五个郡。加上这些诸侯重兵在握，不受朝廷约束，对中央政权构成了严重的威胁。所以从分封之日起，刘邦就一直在策划如何把他们一一消灭。

第一个被开刀的就是燕王臧荼。据说臧荼当年（公元前 202 年）七月造反，刘邦亲自出征，九月就把他俘虏了。第一位异姓王就这样被取消了。实际上，早有史学家指出来：为什么刚刚全国统一的时候他要造反，他要是想造反的话，不能趁还没有统一的时候吗？所以很显然是刘邦首先拿他开刀，找了一个借口罢了。自那以后，刘邦又用各种办法，把这些诸侯王一个接一个地消灭。

刘邦把臧荼灭掉以后，他考虑到位于北方边疆的燕王属地总得有人去驻守，当时就破例封他的好朋友卢绾为燕王。卢绾跟刘邦的关系非同寻常，他们俩的父亲就是好朋友，两个人同日出生，从小亲密无间。卢绾从一开始就参加了刘邦的反秦活动，所以一等臧荼被废，刘邦就迫不及待地将燕国封给卢绾。但是后来，卢绾的政权也被取消了。

然而，到底是他们真的要谋反，还是刘邦为了消灭他们而制造出来的借口呢？比如说韩信，原本从陈（今河南淮阳）以东直到海滨的土地统统归他所有，刘邦找借口说："你是楚国人，应该封到楚地去。"就把楚地改封给韩信。不久，有人告发说："楚王韩信要谋反。"实际上是因为韩信把一位受到通缉的项羽的部将——自己的老朋友钟离昧藏起来了。钟离昧是刘邦的仇人，听说他逃到楚国，刘邦就下诏追捕。大概为了保护钟离昧，韩信每次出行都出动军队，这就成了韩信要谋反的口实。其实，韩信如果要谋反的话，刘邦当年差一点灭亡的时候他不出兵来救就是了，为什么还要等到天下已经稳定的时候？韩信老老实实地服从刘邦，封地从齐国改到了相对比较落后的楚国，还要他怎么样呢？但是这个借口被找到以后，刘邦就根据陈平的计策通知各国诸侯，说自己要到云梦（今湖北中部长江以北一带）这个地方巡游，命令他们到陈县（今河南淮阳县）会合。眼看刘邦快要到自己的国境了，韩信还是拿不定主意，发兵造反吧，自己不想造反，又没犯什么罪；去见刘邦吧，又怕被刘邦当场扣押。有人向他建议："皇帝恨的是钟离昧，你把钟离昧的头拿去献给皇帝，他就高兴了，你也就没事了。"韩信就跟钟离昧商量。钟离昧知道韩信是没有骨气的，干脆成全他，当着韩信的面自杀了。韩信就向刘邦献上钟离昧的头，以为有这个人头，刘邦肯定不会计较他，谁知道当场就被刘邦逮捕，带回了洛阳。刘邦并没有马上杀他，而是先把他的级别降下来。韩信本来的老家是淮阴，便降为淮阴侯，且把他留在长安，楚国就被取消了。这个时候，韩信已经既没有土地，又没有部队，成了一位拿俸禄的侯。

但刘邦还是要继续灭他。在刘邦带军队出征的时候，吕后说韩信要造反，理由是韩信的一位舍人（门客）的弟弟向她报告，说韩信准备伪造诏书，把一些宫中的刑徒释放出来，让他们袭击吕后和太子。要知道，这种控告是很容易的。吕后就与萧何一起商量怎么对付韩信，他们对外发布消息，说刘邦在外面打了胜仗，要求文武百官和列侯前来朝贺。萧何怕韩信不去，特地预先带信给他："你虽然有病，这样大的喜事还是应该到一下的。”韩信没有办法，只好跟着列侯进宫祝贺，刚一进宫就被埋伏的武士逮捕了，然后在长乐宫的钟室被杀死。非但杀了，韩信的尸体还被剁成肉酱，分成一小碟一小碟遍赐群臣，还传到各地。韩信的三族全部被杀。韩信有可能造反吗？绝无可能的。吕后的目的很简单，就是要把他灭掉，防止他成为刘邦的隐患。

后来，彭越、英布等诸侯王全都是用这些借口杀掉了。一开始，刘邦把彭越抓了，但觉得他也没有多少大罪，准备把他流放到四川去。彭越在路上刚好碰到吕后从外地回来，他就哀求吕后，说自己是冤枉的，希望能回故乡昌邑（今山东巨野县南）去。吕后说：“行，你跟我回去吧。”带他回去以后，吕后问刘邦：“这么一只老虎，你怎么放他走了呢？”结果就把彭越也杀了。

到最后，刘邦分封的这些异姓王里面，只剩一个长沙王吴芮。没找借口杀他，关键在于他的封地是长沙，也就是今天湖南一带，当时很荒凉，没有多少人，也没有多少资源，是个贫穷的地方。这唯一的异姓诸侯国算是保留了一段时间，其他都被一一消灭。

后世有人指责刘邦太过残酷，怎么可以这样呢？但是我们不妨反过来想，刘邦如果不消灭这些诸侯，把他们都保留下去，国家能真正统一吗？如果一个国家最主要的部分不由中央政府掌控，不由国君一个人直接统治，而是分给那么多位诸侯，其中有的势力大有的势力小，有的是刘邦真心实意分封的，也有的是他想利用一下对方的势力，作为开国皇帝，也许刘邦能够完全控制局面，但是当皇位传到了刘邦的子孙手里，他们还能不能维持这样一个局面呢？即使这些诸侯王自己不想造反，也总有人会为了自己的利益不断地煽动他们造反。因为如果他们的主人做了皇帝，他们也就能获得更大的荣华富贵。比如韩信，就不止一次有谋士来煽动他：“现在天下局势是项羽跟刘邦势均力敌，就看你了，你帮别人还不如自己来做皇帝。”这样的挑唆一直都有的。就像刘邦跟项羽之间的争夺一样，与其一直维持这样一种分裂的局面，还不如有哪一方能够完成统一。在当时的局势下，不能指望下面哪一位诸侯王，韩信也好，彭越也罢，再来实现一次以他们为主的统一。历史最好的结局，还是应该由中央政权，也就是由刘邦陆续把他们解决掉。当然，能够用和平的方式解决，能够让诸侯王保全身家性命，这是最好的。不得已的时候，他们被杀，只能够说是历史的牺牲品。

但是刘邦在消灭这些异姓王的同时，却又大封同姓王，即刘家的子弟。这是因为当时的人错误地总结了秦朝灭亡的经验教训，认为赵高把秦始皇留下来的子女全都杀掉了，所以秦朝灭亡的时候，接替秦二世帝位的子婴还是一位刚登基几十天的皇帝，是没有什么亲人的，所以宗室在必要的时候没有办法出来保卫自己的政权。所以刘邦在灭掉异姓王的同时，开始封自己的子弟为王，把这些地方封给了刘家的子孙，这样就产生了一批同姓王。

这一批同姓王中，有的是比较听话的，封国也比较小；有的到后来就成为大国，而且随着刘邦以及第二代皇帝的离去，这些同姓王岁数大、功劳大、辈分高，朝廷就制服不了他们了。比如说，刘邦一开始封自己的儿子刘肥为齐王，接下来封自己的弟弟刘交为楚王，又把淮河东南的五十二个县给了自己的同宗兄弟刘贾，封他为荆王，把北面的云中、雁门、代郡，也就是今天山西、河北北面的这些地方，共五十三个县封给了自己的哥哥刘仲，让他做代王。在废了赵王张敖（自己的女婿）以后，又把自己儿子如意封为赵王，封另一个儿子刘恒（后来的汉文帝）为代王。这样一来，除了长沙国以外，其他诸侯的地方基本上都先后封给了自己的儿子、侄子、同宗的兄弟。后来荆王刘贾被英布军队杀死了，没有人继承，刘邦又把荆国改为吴国，封自己的哥哥刘仲的儿子刘濞为吴王。到了刘邦死时，已经有九个同姓的诸侯国，再加上唯一保留下来的异姓诸侯国——姓吴的长沙国，总的面积还是超过了全国疆域的一半，直属朝廷的还是只有十五个郡，甚至比刘邦在位的时候更小了一点。

果不其然，这些同姓诸侯王同样成了祸害的根源。刘邦大概没想到，这些子弟最后跟异姓王一样会谋反叛乱。或许他想到了，但是为时已晚，他已经没有能力在死前撤销这些诸侯国了。以刘邦开国皇帝的绝对权威，加上年龄、辈分、能力、经验等各方面的压倒优势，刘邦对付这些子弟王绰绰有余。但到了他的儿子汉文帝、孙子汉景帝的时候，情况就不同了。特别是吴王刘濞，在刘邦和楚元王刘交死后，他就成了年纪最大的同姓王，他是汉文帝的堂兄，汉景帝的堂伯。汉文帝时，吴国的太子到长安去侍候皇太子下棋。吴国的太子平时很骄横，师傅们又没有教他好的规矩，他对待皇太子就像对待小兄弟一样，下棋时两个人居然吵起来了。皇太子也生气了："我是皇太子，你怎么可以这样？"拿起棋盘就砸了过去，不料把吴太子砸死了。朝廷把吴太子的棺木送回吴国，刘濞很生气，骂道："既然天下是一家人，死在长安就葬在长安，何必送回来？"于是下令把太子的棺木送回长安，从此他自己就称病不去朝拜了。汉文帝没有办法，只好赐给他拐杖等礼品，准许他因为年纪大了不来朝拜。

这些诸侯国与中央集权的朝廷之间存在着不可避免的矛盾。因为这些封国的赋税都归诸侯王所有，又不必负担中央的开支，跟直属中央的郡相比，财政负担较轻。而且汉朝的时候百姓都要服役的，郡县的百姓有的要跑到首都长安去服役，而诸侯国的百姓可以就近服役，负担较轻，所以得到百姓的拥护，这当然损害了朝廷的利益。再加上诸侯王们利用手里的财富养了一批宾客，就像以前的孟尝君那样，其中不乏失意文人、辩士说客、流氓恶棍。而一些人拨弄是非，唯恐天下不乱，所以到了文帝的时候，已经开始有诸侯王造反。比如济北王刘兴居就趁着文帝回太原的机会，准备发兵袭击荥阳，后来兵败自杀。又比如淮南王刘长入朝，他自以为是皇帝的弟弟，关系最亲，平时不守法度，文帝一次次宽恕他，但他更加肆无忌惮。有一次陪皇帝去打猎，他居然公然坐上皇帝的车子，称皇帝为"大哥"。皇帝怎么能容许这样的行为？

这样一来，到了文帝和景帝，特别是景帝的时候，中央政权意识到，如果再不对他们采取措施，朝廷就控制不住了。当时就有一些谋士，比如贾谊、晁错，为皇帝出主意削弱这些诸侯。比如齐王死后没有儿子，文帝想起贾谊的建议，便趁机把齐国分为六个小国，剩下的一郡收归朝廷，又把淮南王刘喜改封为城阳王，将淮南国一分为三，立刘长三子为淮南王、衡山王、庐江王。汉文帝通过增加诸侯国数量的办法，削弱每一个国的力量，防止他们叛乱。

到了汉景帝的时候，最容易造反、力量最强的就是吴国。御史大夫晁错向景帝提议削藩，说："您今天削藩，他会造反；不削藩，他照样造反。把他的封地削小一点，今后的灾祸也会小一点；若不削藩，时间长了，将来祸害更大。"汉景帝接受了他的建议，着手缩小诸侯王的封地，把楚王的东海郡、赵王的常山郡都削掉，收归朝廷所有；削掉了胶西王六个县，接下来肯定要轮到吴国了。在这种情况下，吴王刘濞就联合楚、胶西等国准备采取行动。正在这个时候，朝廷要削吴国会稽、豫章二郡的诏书到了，吴王就宣布起兵造反，吴国、楚国等七个诸侯国全部发动叛乱。吴王下令国内总动员："寡人已经六十二岁了，依然亲自出征。我小儿子才十四岁，也带着兵。所以吴国范围内，年龄在十四岁至六十二岁之间的人统统征召入伍。"就这样征集到二十万人。

七国叛乱来势汹汹，很多人都以为朝廷坚守不住。有人就说，这些诸侯王之所以起兵，就是因为晁错出了坏主意。吴王的口号就是要杀晁错，干脆我们自己主动把晁错杀了，免得给诸侯以口实。汉景帝听后，真的下令杀掉了晁错，但杀了他以后，诸侯根本没有退兵。这个时候汉景帝才明白这不过是个借口，只好派太尉周亚夫率领军队前去迎击。周亚夫有很好的计谋，他认为这些士兵看上去来势汹汹，其实并没有多少实力，也没有持久力。特别是他们的粮食供应是有问题的，跟不上军中所需。所以他就采取不出战的策略，壕沟挖深，城墙垒高，无论叛军怎么挑战，他就是不出兵。等到叛军粮食缺乏且因长期在外疲劳不堪的时候，他再突然出兵，用这样的方法很快就把叛乱平息了。

叛乱平息以后，要怎么对待这些诸侯国呢？也不能把他们全部消灭了。所以自汉景帝平息吴楚七国之乱起，特别是到了汉武帝的时候，朝廷采取了一系列措施扩大中央集权，扩大朝廷的权力，削弱诸侯的力量。其中一项措施就是继续将诸侯的封地分小、化小，将他们的支郡、边郡收归朝廷所有。这些封国原本拥有自行任命官吏和征收赋税的权力，现在将这项权力收归朝廷。封国的丞相改称相，由中央政府委派，负有监察诸侯王的使命，规定诸侯王不得治理民政，只能“衣租食税”，也就是说诸侯王收的租税归自己享用，但是其他行政事务不得过问。

这时的诸侯国实际上已经从传统的分封概念变成了一项待遇，但这还不够，诸侯王的儿子、孙子还有那么多，有的已经封侯了；还有那些功臣的子弟后代也都是侯，封侯对应的县叫作侯国，侯国收上来的租税俸禄是归他们自己所有的，但是同样剥夺他们参与行政事务的权力。另外，每个侯国都由朝廷委派一位侯相，负责管理侯国的行政事务。

但是这样的诸侯依然太多，所以汉武帝就一次又一次地找借口撤销侯国。比如有一次，因为朝廷规定诸侯和列侯每年要贡献一些金子作为祭祀宗庙的费用，汉武帝就派官员一个个地鉴定，然后宣布一些侯爵奉献的金子成色不足，对祖宗不敬，以此为由把他们统统撤销掉了。总而言之，找了很多借口分批撤销侯位。到了汉武帝后期，就没有剩下多少侯了，功臣后代的侯位基本全部被撤销了。那么这些诸侯国该怎么办呢？

有个叫主父偃的，他给汉武帝出了一个主意，叫作“推恩”。因为原来诸侯王是可以世袭的，比如一位诸侯王所辖有三十个县，待他死后由他的太子（一般是长子）继承王位，这三十个县便也归新王所有，就这样一代代传下去。如果找不到借口，或者他自己没有犯什么错误，那么这个诸侯国就只能一直保留着。主父偃出的主意是：现在可以把皇帝给你们的恩泽推及你们其他的儿子。这一招很高明，比如一位诸侯王本来有十个儿子，假如长子是太子，那么他可以继承王位，但其他儿子就没有什么东西可继承了。现在则让皇帝的恩泽普惠其他儿子，可以封其他儿子为侯，但是得拿你自己的土地来封。这项政策提出以后，诸侯王面对这样一种局面也没有办法，其他的儿子可能会说："皇帝让你把土地分给我们，你为什么不分呢？"一旦分下去，诸侯国就一下子缩小了。如果从原来的三十个县里拿出十个县分给其他儿子做侯国，那么等到诸侯王的世子即位以后，他的封地就只剩二十个县了。但有一条：一旦成为侯国，从此这块土地就不归诸侯王管了，而是归旁边的郡管，也就是划归朝廷管辖。像这样每推一次恩，诸侯国就缩小一次，到了第二代再推一次恩，面积就再缩小一次。比如梁国，到了西汉末年的时候大概只剩下三四个县，都"推"光了。朝廷用这个办法把诸侯国逐步缩小。西汉末年，剩下来的同姓诸侯国都成了小国，对朝廷已经没有任何威胁了。

由此可见，政治智慧可以产生很大的作用，汉武帝正是运用这样的政治智慧，才在没有通过武力、没有引发叛乱的情况下，消除了诸侯和那些长期存在的侯国对朝廷的威胁，进一步巩固了中央集权。到了东汉的时候，尽管也根据当时的惯例封了一些太子以外的亲王，但是这时的诸侯国和郡已经没有什么实质的区别了，因为行政权都归朝廷所有，都由中央政府委派的官员管理，诸侯王只是"衣租食税"，收诸侯国里的租税供自己享乐，维持这种生活，在政治上则没有什么威胁了。

我们回顾这一过程，可以很清楚地看到：尽管从汉高祖刘邦开始，汉朝在消灭这些异姓王和同姓王的过程中充满了阴谋诡计、血腥的屠杀、残酷的株连，甚至灭族，但是作为一个新建立的朝代，中央

要巩固自己的统治，防止分裂割据，这也是不得已的，在专制制度下找不到更好的办法。

所以，我们对待历史，有的时候只能是“两害相权取其轻”，看哪一种办法对国家、对历史造成的损害小一点，如此而已。这是一个比较出来的结果。

第十一讲　不教胡马度阴山：从白登之围到漠南无王庭的高燃史诗

唐诗中有这么两句：但使龙城飞将在，不教胡马度阴山。不知大家脑海中是否产生过一个疑问：胡马为什么要度阴山，怎样才能使他们不度阴山，只能靠龙城飞将李广吗？另一个疑问则是：李广是否真正使得匈奴和胡马不度阴山了呢？

实际上，汉朝跟匈奴之间的关系，或者说胡马度不度阴山，具有非常复杂的历史地理背景。

秦朝末年，由于陈胜、吴广起义爆发，随后项羽、刘邦及各方诸侯相继起兵，秦朝的军队忙于镇压，顾不得北方的边疆，匈奴趁机南侵，原先秦始皇下令迁移到新占领的边疆修长城的移民大多逃亡了。因此，秦始皇耗费了大量人力、物力筑起的万里长城根本没有办法阻挡匈奴的骑兵。此时，匈奴出现了一位强有力的领袖——冒顿单于，他继位以后率领匈奴各部东征西讨：消灭了东胡，将残余的乌桓和鲜卑赶到了大兴安岭；击败了月氏，迫使月氏从河西走廊的西部迁到了中亚；征服了北部的丁零、坚昆等部落，一直扩展到贝加尔湖一带。匈奴这个时候不仅收复了被大将蒙恬夺取的土地，而且继续南下，进入了战国时候秦、燕、赵的旧地。此时的匈奴号称拥有“控弦之士（能挽弓作战的士兵）三十万”，盛极一时。

秦汉之际，楚、汉和各诸侯忙于争夺天下，无暇北顾。等到刘邦消灭项羽，匈奴的威胁已经相当严重。汉六年（公元前201年），刘邦刚刚当上皇帝，匈奴就围攻马邑（今山西朔州），驻守那里的韩王信投降后，依仗匈奴的势力南下太原（今山西中部），攻至晋阳（今山西太原市西南）城下。刘邦没有办法，只得在汉七年（公元前200年）的冬天亲自带领大军征讨。刘邦打败了韩王信和匈奴的联军，乘胜追击。这个时候连降大雪，天寒地冻，有的士兵手指都被冻掉了。刘邦为了了解实际情况，不断派使者进入匈奴地区进行观察。冒顿单于将计就计，故意将精锐部队和肥壮的牛羊隐蔽起来，沿途只留下老弱残兵和瘦弱的牲口，所以十几位派出去的使者回来报告说匈奴不堪一击。刘邦又派一个叫刘敬的人去复查。这个人本来叫娄敬，但是因为有功劳，得刘邦赐姓“刘”。他回来之后给出的报告与其他人不同：“两国交战一般都要壮大声势，但我现在看到的都是老弱的士兵和很瘦的牲口，这肯定是敌方故意造成的假象，将精兵埋伏起来了。我以为匈奴打不得。”但此时三十万汉军已经越过了句注山（今山西代县西北恒山山脉），正在争先恐后地北上。刘邦认为刘敬是动摇军心，把他拘押到广武（今山西代县西南），自己率领骑兵到达平城（今大同市东北）。但是汉军大多数是步兵，远远落在后面，只有一小部分赶到了平城。这时冒顿单于出其不意，以大量骑兵将刘邦围困在平城东北的白登山，并切断了刘邦与后续部队的联系。汉军被困整整七天七夜，几乎弹尽粮绝。刘邦只好派人突围出去，找到单于的夫人，送给她丰厚的礼物，让她在单于面前说好话。正好韩王信的部将王黄、赵利在约定的时间没有到达，单于就怀疑他们与汉军合谋，于是在包围圈上网开一面。刘邦这才冲出包围，跟大军会合。匈奴随后也就撤退了。

但是匈奴仍然不断地骚扰边界，刘邦穷于应付，便听从刘敬的建议，实行和亲。所谓和亲就是汉朝将公主嫁给单于，并且馈赠大批的物资礼品。皇帝当然舍不得自己的亲女儿，所谓的和亲公主大多数要么是宗室的女儿，刘家的远亲，要么就是拿宫女代替，把她封为公主。后来的王昭君也是这样，她实际上就是宫女，和亲的时候封她为公主，给她一个爵位，让她代表皇帝去和亲。和亲的确在一定程度上缓和了匈奴的入侵，但是汉朝正忙于巩固内部，比如要削弱那些诸侯，加上不断有汉将叛逃，成为匈奴的帮凶，包括刘邦的老朋友卢绾，后来也带着万余部众投降了匈奴，这样一来，上谷以东（今河北北部、辽宁西部一带）就经常成为匈奴侵扰的目标。

到吕后执政时，冒顿单于自恃兵强马壮，有意挑衅，曾给吕后送来一封信，大概意思是说："我孤零零地生活在荒野地方，很想到中国游玩。陛下你是寡妇，想必很寂寞，我们大家都不快乐，何不互通有无？"这显然是调戏她。吕后大怒，召集群臣商议，准备杀匈奴使者，出兵问罪。樊哙是吕后的妹夫，也就是汉高祖刘邦的连襟，请战说："给我十万军队，我可横行匈奴。"另一位将领季布却说："樊哙应该杀头。当年三十二万汉军出征，樊哙是上将军，高祖皇帝被围在平城，樊哙不能解围。今天我们这支军队，伤的伤、病的病，都还没有恢复。老百姓还在唱着纪念平城牺牲士兵的哀歌，樊哙却在这里胡说要用十万军队去横行。他横行得了吗？这不是当面欺骗您吗？况且匈奴人本来就像禽兽一样，您听了他们的好话不必高兴，听了他们的坏话也犯不着生气。"吕后知道汉朝没有实力，只好很屈辱地派人送了一封回信："我已经上了年纪，年老气衰，头发牙齿都掉了，走路也不像样子，单于你不知道哪里听来的传闻，实际上完全不必降低身份来找我。敝国没有什么过错，应该能得到你的宽大。我奉献给你御车两辆，骏马两匹，供你使用。"冒顿单于派使者道歉，表示自己不懂中国礼仪，请求原谅，还回赠了马匹，双方也恢复了和亲。

到了汉文帝的时候，冒顿单于击败了月氏，控制了西域大部分地区，整个河西走廊都在他控制范围内，兵力更加强盛；而汉朝的经济尚在恢复，又受到内部分裂割据势力的牵制，军事上处于劣势，只能够尽可能地保持和亲。每次匈奴进攻，汉朝仅仅抵抗一下，然后就适可而止，接下来还是要和亲。匈奴有的时候增加要求，汉朝也没有办法拒绝。

尽管如此，匈奴还是不时地入侵，动不动就进攻。汉文帝十四年（公元前166年），匈奴的老上单于（冒顿单于之子）带了十四万骑兵进入萧关（今宁夏固原市原州区南），他派出的巡逻和侦察部队已经接近雍城（今陕西凤翔县南），烽火已经照甘泉（今陕西旬邑县南），逼近首都长安。汉朝军队紧急动员，这才逼退了单于。汉军只能眼睁睁看着敌人退兵，却没有办法消灭他们。匈奴也更加肆无忌惮，每年入侵边境抢劫杀人。受害最严重的云中郡（在今内蒙古呼和浩特一带）和辽东郡（在今辽河下游和辽东半岛）每年大概损失万余人口。

汉朝一方面只能继续争取与匈奴和亲，另一方面也在加强边防和警备，分别驻守军队，看到烽火就出动。到了景帝和武帝初年，汉朝还是执行和亲政策，在与匈奴的边境贸易中给予优惠，给了他们不少好处，长城沿线好多地方成为汉朝和匈奴的交易场所。自单于以下的贵族、首领都很喜欢与汉朝交往，长城之下人员来往络绎不绝。但匈奴小规模的烧杀抢掠依然不断，汉朝内部有些阴谋分子想搞叛乱，也想利用匈奴的势力。比如景帝即位后，赵王刘遂暗地里跟匈奴勾结，吴楚七国之乱的时候，赵王也企图引匈奴入境，但是叛乱很快得到平息，所以匈奴才没有行动。

到了汉武帝的时候，一方面汉武帝已经平息了内部的一些叛乱，另一方面汉朝经过约七十年的恢复，不仅经济实力强大了，人口也增加了差不多一倍，具备了反击匈奴的条件。元光二年（公元前133年），北方有一位富人，叫聂壹，他向武帝献计，想要引诱单于入塞，然后以重兵围歼。汉武帝很高兴，批准了他的计划，让他假装私自出塞走私贸易，引诱单于进来，自己在马邑城（在今山西朔州市）埋伏好部队。单于贪图财富，亲自带领十万骑兵进入武州塞（今山西左云县）。三十万汉军已经埋伏在马邑四周，准备等单于进来一举将他们消灭。在离马邑还有百余里的地方，单于看到牛羊遍布，却没有人放牧，便起了疑心。他就袭击了汉朝的一个据点，抓住了正在那里巡视的一位雁门军官。军官立即老实交代，把汉军的部署一五一十地告诉了单于。单于大惊，马上退兵，导致三十万汉军一无所获。从此匈奴就跟汉朝断了和亲，经常进攻边塞，烧杀掳掠。但与此同时，经过长期的和亲贸易，匈奴已经对汉朝的物资产生了依赖性，还是要到边关购买。汉朝也想利用贸易缓和一下局势，所以尽管冲突频发，双方的边境贸易还在继续进行。

马邑的包围战虽然没有成功，但是汉朝也没有遭受什么损失。又经过了几年的训练准备，汉朝打击匈奴的能力又进一步提升。所以，到了元光六年（公元前 129 年）的秋天，汉武帝派四位将领各自率领一万骑兵向在进行边贸的匈奴人发动袭击，并且攻入匈奴境内。从那时起，汉武帝一次又一次地主动发起了对匈奴的进攻，但是仗打得不顺手。比如第一次，这四位将领出去，除了走上谷一路的卫青获得了杀死俘虏七百人的战果外，另外几位将领中：公孙贺无功而返，公孙敖损失了七千人，李广还被匈奴俘虏，好不容易才逃脱回来。在这种情况下，匈奴也就加紧了进攻，双方经历了几次大的战争，最后汉朝才慢慢取得了优势。大家都知道名将卫青和霍去病，特别是霍去病，很年轻但是很勇猛，打了许多场胜仗，被封为冠军侯。

汉朝的势力往北推进，并在占据的地方建立了一些新郡，又修复了蒙恬所筑的长城上的关隘，基本上恢复了秦朝的边境线。同时还从内地招募了十万移民，在收复的地区新设立了一个行政区，叫作朔方郡（今内蒙古杭锦旗北）。战争就这样一直持续下来。汉朝实力逐步强大后，不断地主动进攻，在付出了巨大的损失以后，终于取得了决定性的胜利。除了在北方巩固了秦朝的边界，还夺取了河西走廊及青海的湟水流域，在那里设立了五个郡。

特别是河西走廊这一战。河西走廊是匈奴重要的畜牧基地，走廊中段的焉支山出产的颜料是匈奴妇女的化妆品，匈奴制造武器（如造箭）的材料也产自这里。所以焉支山被汉朝夺取以后，在匈奴人里引起了巨大的哀伤，他们这样唱道："亡我祁连山，使我六畜不蕃息；失我焉支山，使我妇女无颜色。"歌词大意是：你把我的祁连山夺走了，我的牲口不再增加；你把我的焉支山夺走了，我的女人脸上的化妆品都没有颜色了。汉武帝夺取河西走廊后，刚好遇上关东大水，闹了灾害，他就把七十二万灾民迁到西北和河西走廊北部边疆，河西走廊从此巩固，再也没有丢掉。

元狩四年（公元前 119 年），汉朝出动十万骑兵，由卫青、霍去病率领，分别从定襄、代郡出发远征，约定在沙漠以北会合。由于汉军接连获胜，老百姓纷纷随军出征，以便建功立业，所以私人带去的马多达十四万匹，还不包括后勤运粮食的。单于扔掉了辎重，带着精兵在沙漠北面迎战，结果被卫青率领的汉军包抄，只有几百名骑兵逃脱，部众一万九千人被杀、被俘。霍去病一路杀死、俘虏了数万匈奴人，在狼居胥山（今蒙古国肯特山）举行祭祀仪式，一直到接近瀚海（今贝加尔湖）才返回。这次战役基本上迫使匈奴远离了汉朝的土地，大漠以南不再有匈奴的王庭（单于或贵族的驻扎之地），汉朝的疆域扩展到居延泽（今内蒙古额济纳旗境内）这一带。匈奴的损失固然很大，汉朝虽然打了胜仗，但也损失了上万人和十余万匹马，于是匈奴和汉朝之间的战争停顿了多年。

汉昭帝时，匈奴跟汉朝之间再次发生战争，这一次匈奴又打了大败仗，从此一蹶不振，汉朝也因为不断的战争造成人力物力上的很大损失。实际上双方都希望能够停止相互之间的战争。

汉宣帝时，匈奴内部分裂，其中一位首领日逐王先贤掸率部众投降汉朝，匈奴内部分裂成五部分，各自都拥有一位单于，五位单于之间相互攻击。其中呼韩邪单于一再受到攻击，甚至被他的弟弟郅支单于逐出了单于庭。他的部下劝他向汉朝称臣，寻求支持。到了汉宣帝甘露元年（公元前 53 年），呼韩邪单于跟大臣们商议，但是大臣们一致反对："战死是我们的光荣，现在是我们兄弟之间的争夺，不是兄胜就是弟胜，就算战死也有威名，我们不能投降。"但是另一位首领左伊秩訾力排众议，说了一番道理。最后，呼韩邪单于决定听从他的意见，率领部众南下至汉朝的边寨附近，派儿子到长安侍奉皇帝，实际上就是充当人质，并准备到长安朝见。他这么一走，他的弟弟郅支单于也把儿子送到长安去，争先恐后地来投降了。

第二年（公元前 52 年），呼韩邪单于从五原塞进入汉朝境内，汉宣帝派专人专程迎接，沿途七个郡出动两千多骑兵列队迎送。甘露三年（公元前 51 年）的正月元旦，呼韩邪单于在甘泉宫朝见汉宣帝。汉宣帝做了特殊的安排，让他享受诸侯王以上的隆重礼仪。呼韩邪单于位居诸侯王之上，只比皇帝稍微低一点，理由是他是外国的首领，不是皇帝的臣子，"天子不臣"，实际上保持了匈奴在汉朝之外相对独立的地位。呼韩邪在长安待了一个多月就回国了，要求率领他的部众就在汉朝的边界附近作战，这样一旦遇到紧急情况，他可以就近得到汉朝的保护。汉宣帝派了一位将军率领一万六千骑兵，又征发边境数千人马，护送单于出塞，然后留在附近帮助他，并资助了他三万四千斛粮食。这是汉宣帝做出的正确决定，不接受单于的完全投降，还是要护送他回去；单于原本因为受到其他单于的进攻，力不能胜，现在有汉朝的军队保护他，又有粮食资助他，有能力自卫，不再畏惧其他单于了。这样，他就能够保留原有的生活习惯，大体上保留原有的生存空间，同时又跟汉朝建立友好的关系，得到汉朝的支持和保护，双方能够和平相处了。后来汉朝的使者出使呼韩邪的领土，呼韩邪单于跟汉朝的使者一起登上诺水（今内蒙古艾不盖河）东山，杀白马，饮血酒盟誓："从今以后，汉与匈奴合为一家，世世代代不得相互欺骗和攻击。有进入对方地盘盗窃的，也相互通报，将盗贼杀死以后，把赃物归还对方。一方受到侵略，另一方要发兵相助。谁先违背盟约，将受到老天爷的惩罚，子子孙孙都要遵守。"双方结成了同盟一样的关系。两位汉朝使者回来以后，也有公卿认为他们跟匈奴结盟是越权，降低了汉朝的地位，损害了国家的利益，应该派使者去重新祭天，解除盟约。但是汉元帝减轻了他们的罪名，只处以罚款，命令维持与匈奴之间的盟约。

到了竟宁元年（公元前 33 年），呼韩邪单于再次入朝，表示愿意当汉朝的女婿，汉元帝就把王昭君赐给他，让他带了回去。所以，自汉宣帝以后，由于汉朝跟匈奴之间实行保持和平的政策，特别是汉宣帝并未接受呼韩邪单于的投降，而是继续扶持他，使他能够在匈奴继续生存，这样就使双方真正建立了一种平等互利的关系，汉朝跟匈奴之间出现了长达六十多年的和平局面。

史书上记载，当时边境牛羊遍野，人口繁衍，城门晏闭（边界的城门本来是用来防范的，因为那时不需要再防范了，所以很晚了也不关门，大家自由地往来），三代人听不到战争的警报，百姓也不必再服兵役。

这是我们应该了解的一种历史的经验。为什么匈奴要越过阴山？实际上他们最开始也是出于生存的压力。我们知道，游牧民族生产落后，抗拒自然灾害的能力很差，一旦草原上、沙漠中出现大灾害，比如冬天大雪，气温特别低，牛羊如果都冻死了，他们怎么生存？只得去寻找新的生存空间，而且也不一定找得到。比较容易的办法就是到南面来，但是自秦朝以后修筑了长城，南面进不来了，这个时候，他们往往只能通过烧杀抢掠来满足自己的需求。这样就诱发了人身上的野蛮性和兽性，因为他们可以很轻易地通过这种手段获取资源。本来为了生存需要迁移，而现在只要进去抢一抢就能有吃有喝，还有美女，以致后来形成惯例一般，每年到了秋高马肥的时候，长城南面的麦子熟了，正好可以去抢。但凡一次抢掠成功，就解决了他们生存的大问题，所以这样的事情每年都会发生。

对于汉朝来说，可以在军事上征服匈奴，甚至可以把大部分的匈奴人杀掉或者俘虏，但是问题无法杜绝，隐患长期存在。为什么？因为长城以北不能够生产粮食，粮食要从内地运过去，成本非常高。汉朝曾数次占据蒙古高原，但每次都很快撤退回来，原因就在于占据这些地方没有意义，维护成本很高。等到汉朝军队过去，匈奴人早就赶着牛羊跑了，能统治谁去？

实际上，这是一个关乎生存空间的竞争，汉朝和匈奴双方都找不到一个合理的解决办法。就在这个时候，汉宣帝抓住了合适的时机，在匈奴人穷途末路之时，没有接受单于的投降，没有把他们当成自己的下属，而是选择扶助他们，让他们回到草原，并且派军队前去支持，同时送粮食救济他们，帮助他们在草原上重新生存、发展，且与匈奴达成了一个协议——长城之内天子有之，长城之外单于有之。双方以长城为界，互不侵犯。

所以，要使匈奴“胡马不度阴山”，仅靠武力是做不到的，关键在于如何使“胡马”在阴山以北也能够生存下去。合理的做法应该是像汉宣帝那样，做出一个正确的决策，维持双方的共同生存，达成一种和平的局面。

纵观历史，我们看到汉朝跟匈奴之间，以及后来汉族政权跟少数民族政权之间，很少能够维持住这样一种和平的局面。从这一点上来讲，能够促成“不教胡马度阴山”的和平局面，其中所包含的政治智慧更是值得我们认真思考的。

第十二讲　张骞通西域：一个冒险家的跋涉、被囚、逃亡和荣归

提起“一带一路”，马上就能使人联想起“丝绸之路”，因为“一带一路”的全称就是“丝绸之路经济带”和“二十一世纪海上丝绸之路”。不管“一带”还是“一路”，都离不开“丝绸之路”这个概念。

这个概念是什么时候产生的呢？我们在中国的古籍里是找不到这几个字的。其实，这是1877年由德国的地理学家李希霍芬命名的。李希霍芬在清朝平定太平天国后，来中国进行了一次为时三年多的地理考察，从胶州湾考察到祁连山。他回去以后，完成了著名的地理专著《中国》。在这本书里，他提出了一个概念：公元前二世纪，已经形成了一条从中国的古都——长安、洛阳通向中亚撒马尔罕的贸易路线。他认为这条路上主要的物流是丝绸，于是把它命名为“丝绸之路”，英文叫Silk Road。

那么，凭什么说这条贸易路线是公元前二世纪形成的呢？就是根据张骞通西域的时间。因此，人们一般都认为是张骞通西域开辟了这条丝绸之路。其实李希霍芬没有这个意思，一条道路的形成不等于就是由一个人开辟的。但是为什么李希霍芬把丝绸之路的形成跟张骞通西域连在一起呢？他的意思其实是说，张骞通西域在客观上形成了这条丝绸之路。而主观上，张骞通西域则是出于汉武帝交给他的军事及政治使命。

公元前139年，张骞第一次通西域时，汉武帝交给他的使命是让他联系月氏。当时的背景是：汉文帝时，匈奴打败了月氏，迫使月

氏从祁连山的西段迁到了妫水（阿姆河）流域。尽管被匈奴打败，但月氏的武力还是很强的，在妫水征服了当地的大夏，成了大夏的统治者。

汉武帝了解到上述情况后，有了一个主意——派人到那里去，招他们回到祁连山，同汉朝一起夹击匈奴。这样的话，汉朝军队在东面，月氏军队在西面，沙漠在北面，河西走廊的祁连山横在南面，海拔四千米，夏天积雪不化。如果汉朝能够找到他们作为自己的同盟，向匈奴发起东西两面夹攻，另外两面，一面是山，一面是沙漠，那匈奴就可以被彻底消灭了。汉武帝就是为了这个目的派张骞出使西域的。

但在当时，汉朝对自己领土以西的所谓“西域”完全不了解，也派不出一个愿意出使这些地方的人，汉武帝只得公开招募。张骞本来只是朝廷的一位郎官，最多相当于现在的处级官员，这样的郎官至少有几百人。但是在没有人报名的情况下，只有他愿意出使，汉武帝很高兴，就任命他为特使，让他承担这项艰巨的任务。

这项任务果然无比艰巨。张骞带了一百余人离开汉朝的国土，刚走入匈奴的地方，就被匈奴人抓住了。匈奴人听说他要到西面去联络那些人来对付自己，当然不会放他走，于是就把他扣留下来，一扣就是十年。匈奴人一直千方百计地要增加自己的人口，所以对于外面的人，无论是自己抢来的，还是主动投奔的，或者被扣留下来的，都不会杀掉，而是给予任务，让这些人赶快成家为他们生孩子。张骞也是这样，匈奴给他配了“胡妇”，让他留下来生孩子。张骞在那里成了家、有了孩子以后，匈奴人认为他不会再逃跑，便放松了对他的监控。但张骞，用我们今天的话讲，就是“牢记使命，不忘初心”，依然想着汉武帝给他的任务，他设法找到原来那位匈奴向导，带上自己的家人，在向导的引导下，历尽艰辛到了大宛。他跟大宛的国王说清利害关系，大宛国王就给他提供交通工具，派人把他送到了月氏，也就是大夏。

他在大夏待了一年，结果呢，用司马迁的话来讲就是“不得要领”。我们现在有个成语“不得要领”，原文就出自这里。意思是说，张骞待了一年下来没有得到想要的，连门都没摸到。其实原因很简单，月氏虽然跟匈奴有血海深仇，匈奴当年杀了他们的首领，还把头割下来，用头盖骨做了个酒具，但是他们要从现实考虑——现在月氏做了大夏的主人，统治的地方比在祁连山大了很多，人口也多，条件也好，社会也发达，为什么还要冒着风险再回去？他们不愿意回去。所以，尽管张骞在那里待了一年，可不得要领，只得回国。回去的时候，张骞害怕被匈奴人扣留，故意走祁连山南面，不走北面，想通过羌人的地区，不料被羌人扣下送给了匈奴。所以他又被匈奴扣留了一年多，直到匈奴内部发生争斗，他才趁机逃脱，在十三年后回到了汉朝。

尽管张骞没有完成汉武帝交给他的军事和政治使命，但他是汉朝官员中第一个深入西域、了解到西域实际情况的人。张骞在匈奴地区居留期间始终记得自己的使命，千方百计地搜集西域各方面情况，回来后向汉武帝做了详细的报告。汉武帝这才知道，原来西域并不都是蛮荒之地，而是有几十个大大小小的国家，大的国家有几十万人，小的国家只有一两百人。这些国家，有农耕的，有经商的，有游牧的，也有定居的，甚至还有很发达的城市，发展起了商业。比如有些国家将银币作为流通货币，银币上还刻有国王的头像。而在当时的中国，银子就是银子，没有将银子做成货币。西域还出产很多汉朝没有的产品，比如葡萄。西域有很多葡萄，葡萄可以酿酒，酿出的酒不仅颜色漂亮，呈鲜红色，而且无论放多长时间都不会变质。所以西域的富人如果要炫耀财富，就比谁家窖藏的葡萄酒年份久、质量高、数量多。汉武帝当然很羡慕他们有这么好的葡萄酒。张骞又告诉他，大宛国有一种“天马”。这种马不仅品质优良，跑得飞快，而且出的汗像血一样，所以叫汗血宝马。汗血宝马要专门吃一种苜蓿，这样才能长得好。张骞还告诉他，那里有一种大鸟，足有一人多高，走得飞快，生下来的蛋像个小酒坛子。这是什么鸟呢？鸵鸟。

这些见闻引起了汉武帝浓厚的兴趣。原来西域这个地方那么好，有些东西连中国都没有。所以汉武帝在又一次打败匈奴、占据河西走廊以后，派张骞第二次出使西域。这次出使的任务之一是让他招引乌孙人回来——乌孙人原本也聚居在祁连山一带，被匈奴打败后，他们不得不西迁，迁到了伊犁河流域（今新疆西部和哈萨克斯坦东部）——但是主要任务变了，汉武帝让他带上价值几千万到上亿的金币、丝绸和三百人，每人配两匹马，尽可能多地前往西域各国，把这些金币和丝绸作为礼品赏赐给当地的国王和部落的酋长，要求他们效忠汉朝，并派使者跟着张骞的团队回到长安来朝拜大汉皇帝。同时，当地如果有什么土特产也要贡献上来，如果对方态度好的话，还会进一步给予赏赐。汉武帝给张骞配了副使，张骞和他的副使遍历各国，能到的地方都到了，果然带回了一批当地使者到长安来朝见汉武帝。

汉武帝更高兴了，这么多外国人前来朝贺，说明他威名远扬，也说明汉朝的富裕和发达吸引了他们。所以，自张骞第二次出使西域回国后，汉武帝每年都派出大量的使者，大的使团几百上千人，小的使团几十上百人，时间短的一两年就能回来，时间长的六七年，跑到更远的地方去了。史书上记载了这些使团一个接一个地离开长安，使者络绎不绝的空前盛况——“使者相望于道”。

这些使团都带着丝绸上路。为什么带着丝绸呢？这就是张骞的贡献。他知道西域是没有丝绸的，要送就送西域人没有的东西，起的作用当然更大。另外，张骞根据自己出使西域的经验，知道在这样的长途运输中，只有像丝绸这样本身分量轻、价值高、经得起长途运输和长期储存的物品才是最合适的。否则带几个坛坛罐罐，又不值钱，分量又重，路上磕破了都说不定。或许有人会问，能不能带黄金呢？黄金本身储量就有限。汉朝说是有很多黄金，其实大多是成色较高的铜，没有那么多真正的黄金的。而在当时的汉朝，丝绸不是什么太贵重的物品，产量也不少，许多地方都能够生产。

我们今天的人，往往体会不到古代长途运输的困难。在没有沿途供应、没有后勤保障的情况下，使者们每次出去，首先要带的是保障自身生存、确保自己能够返回所需要的物资和粮食，甚至还要带上水。不仅要保障自己，还要保障马匹能够通过沙漠。这些保障品的重量已经占了负重的大部分，在此基础上能产生的有效运力是非常有限的。第二次出使西域的人数约三百人，每人带两匹马，实际上只有一小部分的马匹可以承载这些礼品，自然只有丝绸是最合适的。

张骞与后续的使者把大量汉朝的丝绸带到了西域，而西域大多数都是小国、穷国，自己舍不得享受。不过，西域自古以来就有不少能够承担长途贩运的商人，因为西域本身并不能出产什么商品。一个绿洲能够养活多少人？他们连维持生存都很困难，更不要说发财致富。但因为绿洲和绿洲之间距离远，中间很危险，商品贩运的利润非常高。

他们既然有经商的本领，一看到这么好的丝绸，根本不自己享受，而是把这些东西继续往西运送，最终贩运到了罗马。丝绸一进入罗马，立即处于供不应求的状态。罗马领土广阔，环地中海地区，包括北非，从埃及到摩洛哥，全是罗马的地方。中间有地中海连接，可以很方便地进行贸易运输。罗马人把买卖一直做到黑非洲。那时候，撒哈拉沙漠里有很多地方还是绿洲，黄金和象牙都会贩卖到那里。所以，丝绸到了罗马产生了强劲的需求，无论来多少都供不应求。丝绸在罗马帝国的价格一度比黄金还要贵，即所谓的“物以稀为贵”。从罗马皇帝到平民都把拥有一件丝绸的衣服，甚至一件丝绸的装饰品作为财富、身份、地位的象征，这样就驱使一批又一批的商人前赴后继，甚至不惜以生命为代价，把中国的丝绸贩运出去。丝绸之路就是这么在客观上形成的，而不是汉武帝或者张骞出于自己的目的主动开辟出来的。

在张骞出使之前，这条路究竟是怎么开辟的呢？我们不能想当然地以为，肯定是伟大的中国古代人民开辟的。其实不是这么一回事。一条如此之长且异常艰巨的丝路，如果没有明确的目的，谁会投入人力、物力去开辟呢？如果说是汉朝、秦朝或者更久远的商周二朝开辟了这条路，那么他们的目的是什么？相反的，我们找到了很多证据，证明历史上早就存在着从西方向东方的这样一种推进、扩展、贸易。

比如，中央前几年组织推进的中华文明探源工程已经取得了初步的结论：好多东西不是中国本土产的，都是由中亚、西亚输入的，比如小麦、黄牛、绵羊、马，还有青铜冶炼技术，都是从巴比伦、中亚、西亚传进来的。小麦大概在四千年前传入中国；青铜不是天然的金属，而是铜加上一定比例的锡（也有的是加铅）形成的一种合金，这种技术是巴比伦人发明的，所以现在世界上留下来的年代最久的青铜器是巴比伦的。中国青铜器的产生年代比它晚，而且传播的路线很清楚：先从西面传到新疆，然后传到黄河上游，再传到中原。这些商品的传播自然需要道路，小麦也不可能自己进来。这些证据证明，西方列国肯定要设法开辟道路，或者利用天然道路与人工道路结合，才能够把这些商品传播过来。

我们再从宏观上看一看。公元前六世纪，波斯大帝已经建成了波斯帝国，势力到达帕米尔高原。公元前四世纪，亚历山大大帝从马其顿出发统治希腊，然后征服波斯继续东扩，建成了一个横跨欧亚的帝国，它的疆域已经到达了今天阿富汗与巴基斯坦交界附近的开伯尔山口。如果不是英年早逝，他原本是要继续扩张的。

在新疆吐鲁番的阿斯塔纳古墓发现了一批保存得非常好的古尸，其中有的古尸甚至连皮肤、毛发都是完整的，一看就是欧洲的白种人，其对应的时代距今约三千年左右。由此可知，三千年前欧洲白种人已经来到新疆东部了。又比如商朝的一位王后——妇好的墓里出土了大量的玉器，这些玉器都是用和田青玉制造的。妇好死在三千二百多年以前，证明早在三千二百多年前，已经有人把产在昆仑山的玉石运到今天的河南安阳一带。真实的时间也许更早。

那么，有没有从东向西，或从中原地区往新疆、往中亚西亚传播的例子呢？到目前为止，一条证据都没有找到；而能找到证据的，传播时间都比西方到东方的传播时间晚。比如，在新疆找到的那些丝绸残片是东汉时候的，并未出土过在那之前的朝代的残片。公元前221年秦朝建立，它的疆域向西到达了今甘肃岷县。汉武帝时，到达了今天的敦煌，而张骞通西域则在那以后。

尽管现在还没有找到确切的证据，但通过上述这些例子，我们可以断定：**这条丝绸之路是自西向东开拓的，最后跟中国内部的道路汇合，是这样形成的**。还有一些证据也指向了这一结论：张骞通西域的时候没有带筑路的工人，而是带了一位匈奴向导，说明向导是认路的；而这位向导是匈奴人，则说明匈奴人已经知道汉朝以西的道路。这些道路要是不存在，他们怎么会知道呢？后来张骞离开匈奴来到大宛，也是这位向导领过去的；大宛国王把他送到月氏去，则是大宛的向导领过去的，证明这些道路他们早就知道，早就存在了。

这样说并不是贬低汉朝，也不是贬低张骞对丝绸之路的贡献。一条道路是否存在，跟它能否形成某种特色是两回事。要是没有张骞通西域，这条道路上就不会出现那么多的丝绸，也不可能被命名为“丝绸之路”。从这一点上来讲，张骞对形成丝绸之路的贡献还是不可替代的。

第十三讲　汉武帝的晚年：但使武皇心似烛，江充岂敢作江充

汉武帝做了五十四年皇帝。

在中国历代帝王里，论起做皇帝的时长，他是排在前面的。康熙做了六十一年，乾隆做了六十年，退位后实际上又做了三年太上皇。汉武帝做了五十四年，时间也不短了。

汉武帝在位期间，汉朝先后灭了东瓯、南越、闽越、朝鲜，开辟了西南夷（今四川、云南、贵州一带）。很多地方，秦朝的时候只是占领了几处据点，而汉武帝则在这些地区设立郡县，加以开发。汉武帝打败了匈奴，增加了河西走廊的四个郡，通了西域，奠定了汉朝极盛疆域的基础。他对内削弱诸侯王的势力，完全消除了割据的威胁，大大加强了中央集权。他还亲自指挥堵塞了长期泛滥的黄河决口，使黄河恢复故道。他兴修水利，扩大农田，并且修建了通向西南、西北边疆的道路。汉朝出现了开国以来最为强盛繁荣的局面，汉武帝的功业也达到了巅峰。

但是在皇帝的权力至高无上、不受到任何约束的条件下，延续几十年的帝位使汉武帝本来就存在的好大喜功、挥霍浪费、迷信鬼神、严刑酷法等缺点在他晚年的时候恶性膨胀，造成了严重的后果。

经过几十年的积累，汉朝国库中的钱财非常充足。陈年的粮食没有用完，新粮又要入库，结果陈陈相因，一些粮食腐烂而不能食用了。大量铜钱放在仓库里长久不用，串钱的绳子都烂了，这些铜钱也就散落了，没有办法再使用。然而，这些由千万农民和手工业者年复

一年积累起来的物资很快被汉武帝消耗完了。比如，一次次派使者出去，加速挖空了国库。而且无论是战争、移民，还是筑路、建城、治河，都需要大笔的开支，要动用大量的人力与物力，特别是原来粮食的生产者变成了消费者，新生产的粮食必定会减少。此外，随着战线的延长和疆域的扩展，运输的距离越来越长，成本越来越高。

汉武帝曾将关东七十二万贫民迁至西北，这些贫民一路过去需要供应吃喝，到了目的地之后的生活与生产物资都要由政府补贴。当时一个人每年大概需要消耗掉十八斛粮食，七十二万人一年就要消耗一千两百九十六万斛，而能够从关东输送到关中的粮食，最多的一年也只有六百万斛，还要被包括皇帝在内的当地人共同消耗，能够腾出多少来继续往西运输？这样下去，国库如何能不空？

另外，兴修水利本来是好事，但是一旦成了皇帝的意旨，各地便纷纷提出一些大而无当的工程。很多工程到最后，实际上就是白白地浪费掉了。非但浪费掉了，而且留下了长期没有办法消除的祸害。比如，河东（今山西西南部）太守曾经提出引汾水连接黄河，过往船只不要从三门峡那里走，而是绕到汾水，进入黄河，这样既可以增加五千顷田，每年又能增产两百万斛谷子，不是很好吗？汉武帝听后很高兴，于是投入几万人力开垦"渠田"。由于这一带的黄河经常改道，水渠开凿出来以后根本不能使用，渠田里连种子都收不回来，最后只好荒废了。

又有人建议从褒斜道运漕粮，这个计划很好，但真的实施起来问题重重。这里的水流湍急，根本没法行船，更不要说逆水行舟了。而且褒水、斜水之间有百余里的距离，是要用车转运的。表面上看来是一个很好的计划，可以把汉中盆地的谷子运到关中，实际上根本实施不了，浪费了大量的金钱。

还有人提议，说有一个很简单的办法可以彻底消灭匈奴：从黄河上游改引水道，将黄河引入匈奴地区，把他们淹死，这样一来黄河下游就不会闹水灾了，匈奴也能被消灭掉。这个时候，汉武帝总算头脑还清醒，一方面称赞这个人很了不得，提出了一个宏伟计划，但另一方面也说“河水是天意，这是不能随便更改的”，总算没有批准这项提议，否则，又是一场大的折腾。

当时全国各地一度纷纷提出一系列的水利工程计划，但最后真正做成的几乎没有。

而战争呢？一方面打了胜仗，但另一方面也耗费大量的黄金用于赏赐那些将军。比如说，元朔五年（公元前 124 年），赐给大将军卫青黄金二十余万斤，元狩四年（公元前 119 年）又赐给卫青、霍去病黄金五十万斤，一个叫栾大的骗子，一次就获得赏赐黄金十万斤。当然，这些并不是真的黄金，实际上有不少是精铜，但就算是精铜，代价也是很大的。

汉武帝对外国的客人和使者更加大方，每次都是大规模地赏赐。比如张骞带回来的那些外国使者，谁知道他们是不是真的使者，有的很可能是拉个外国人过来冒充的，汉武帝照样大量地赏赐他们。

汉武帝喜欢大兴土木，他在各地建了很多离宫别馆，还有很多大的工程。比如，他建了个“承露仙人掌”，一个铜制的巨盘，高二十丈，大七围①，说这是仙人的盘，可以承接天上掉下来的甘露，还建了个招引神仙来的“通天台”，可想而知肯定是一座相当高的建筑。还有接待各路诸侯而专门建的宾馆。后来，他又下令建“建章宫”。建章宫的前殿规模比汉朝最主要的宫殿未央宫还要高大。建章宫的北面是一个人工水池，叫作“太液池”，中间仿照他想象中仙人住的蓬莱、方丈、瀛洲等岛的模样建了几座假山，其中一个岛上还建了高二十丈的渐台。建章宫的南面有大鸟雕塑，有高五十丈的神明台和井干楼，中间用走廊互相连接。这些都要花费大量金钱的。

根据汉朝的惯例，皇帝登位以后就要开始找地方为自己修陵墓了。一般的皇帝都短命的，所以很多皇帝死的时候陵墓还没修好，要靠新皇帝继续修。而汉武帝年轻时便继了位，并且一做就是五十四

① 一围约等于两臂的环抱长度。

年。修陵墓要花多少钱呢？按照当时的规定，皇帝的私产由少府掌握，财政年收入的三分之一用来修墓。但是谁也没有想到汉武帝做皇帝的时间那么长，一开始工程是按常规规模规划的，到后来每年的陪葬品塞满地宫，再也放不下了，只好在地面上再造建筑，用以容纳新的陪葬品。所以后来的人挖汉武帝的墓，挖到西晋的时候还没挖完。到头来，修了墓也没用，反倒成为盗墓的对象。

汉武帝的挥霍浪费还跟他的迷信和虚荣心有关。比如他到泰山进行封禅大典，他求仙，求长生不老。他需要源源不断的黄金来满足这些需求。有人就说炼金术可以把沙子变成黄金，他连这样的说法都相信。既然皇帝有这样一种敬鬼重神的思想，于是一伙骗子应运而生。

第一个骗子是深泽（今河北深泽县）人李少君。他本来是深泽侯家里的医生，自称七十岁，说他能够用意念使物体改变，还能够长生不老，经常故意在居所显眼处放些金钱或者衣食。大家见他从来不治产业却这么富裕，便相信他肯定是神仙，所以争着侍奉他。有一次，李少君在武安侯田蚡的宴会上碰到一位九十多岁的老人，就对他说：“我曾经跟你的祖父在某地游玩，看到过小时候的你。”那位老人的确曾经跟着祖父去过那里。在座的人大吃一惊，他连九十多岁之人的祖父都认识，都以为他肯定有几百岁了。还有一次，李少君见到汉武帝时，看见旁边有一件旧铜器，便说是齐桓公十年时放在那里的。汉武帝一看上面的铭文，果然是齐桓公时候的东西，大家都以为他从齐桓公的时代一直活到现在，至少几百岁了，肯定是神仙。这时，他就向汉武帝建议：“您应该去祭祀灶神，这样就可以按照您的意志使物体发生改变，丹砂可以变成黄金，您用黄金制成的饮食器皿就可以延年益寿，寿命延长了才能见到海上的神仙，然后再举行封禅大典，就能像黄帝一样不死。”他告诉汉武帝：“我曾经在海上遇到过安期生，他给我吃的枣子像瓜那么大。安期生是仙人，住在蓬莱，高兴时见人，不高兴时就隐而不见。”汉武帝对他非常尊敬，亲自按照他的办法祭灶神，派人到海上见安期生，用丹砂炼黄金。后来这位仙人死了，汉武帝不相信，以为他肯定是羽化而去，仙人怎么会死？这样一来，齐、燕一带的方士就更加活跃了。

汉武帝的宠妃李夫人死后，他日夜思念。齐国地方有个叫少翁的人来见武帝，说我有办法让您再见到李夫人。到了夜里，汉武帝躲在帐子里，在远处也放了一顶帐子。果然，幽暗的灯光里，远处的帐子里出现了一个很像李夫人的美女。少翁告诉汉武帝那就是他招来的李夫人的神灵。汉武帝高兴得不得了，马上封少翁为文成将军，给他大量赏赐。少翁又说："皇上如果真想与神仙来往，除非宫殿和用具布置得像神仙用的一样，否则他们是不会来的。"汉武帝马上下令重新装修甘泉宫，画上各路神仙，连平时他坐的车上也画上云气。然而，神仙一直没来。就这样混了一年多，少翁想不出新招了，最后他找了一块帛，也就是丝绸，在上面写上一些字，然后跟饲料一起喂牛。他假装不知道，说牛肚子里有东西。汉武帝立即把牛杀了，发现果然有一块帛，上面写了一些看不懂的话。汉武帝仔细一看，明明是少翁这个家伙的笔迹，一审讯，少翁只好交代，汉武帝便杀了他。但是汉武帝要面子，这件事情就没有公开。

汉武帝在鼎湖宫病得很重的时候，医生、巫师都没有办法。有人就推荐上郡（今陕西榆林市东南）的一位巫师，称他能召神君来驱鬼治病。汉武帝就借助这位巫师把神君请到甘泉宫，问他有什么办法。巫师便传达神君的话说："你不要太担忧，等你稍微好一些，就到甘泉宫来跟我见面。"汉武帝就到甘泉宫去见他，病果然好了。后来就在甘泉宫专门建了一个"神君寿宫"。据说，神君（太一）来时有太禁、司命等随从，但是都坐在帐子里看不见，只能听到声音，跟人差不多。汉武帝要见神君，先得沐浴斋戒，然后才能进去，再把他的话记下来。神君说的话其实跟一般人没有什么区别，但汉武帝深信不疑，认为他就是仙人。

后来别人又推荐了一个人，名叫栾大。栾大跟少翁同出一门，汉武帝把少翁杀了以后一直后悔没能把他的方术弄到手，所以见了栾大龙颜大悦。栾大长得高大俊俏，又会说话，敢吹牛，说得汉武帝神魂颠倒。他说："我经常到海上去，见过安期生、羡门等人，可是我身份比较低贱，他们不相信我；他们认为胶东康王不过是诸侯，不值得把神仙的方子交给他。我的老师跟我讲，黄金是可以炼成的，黄河决口也是可以堵塞的，不死药同样可以得到，仙人可以请来。但我很害怕像文成将军那样也被您杀掉。现在方士们都害怕，不肯把方子交出来。"汉武帝忙说："文成是吃了马肝病死的，不是我杀的，先生你如果能够帮我修成方子，我还有什么舍不得给你的呢？"栾大跟他说："我老师从来不求人，是人家求他。陛下一定要请他来，就得提高使者的规格，让他当您的亲属，以宾客的礼节对待他，让使者们佩带印信，才能得到神人的传话。虽不知神人肯不肯来，但是您尊重使者才有可能请来。"汉武帝让栾大先试把方术给他看。栾大就把一副棋子放着，棋子居然自己斗起来了。汉武帝想，这个人是灵的。当时汉武帝一直担心黄河决口堵不了，黄金炼不成，就拜栾大为五利将军，给了他四颗金印，封他为侯，为他配了一所豪宅、一千名仆人，一切用品都是公费置办，甚至把卫皇后的长女嫁给他，让他做了驸马爷，又赐给他黄金十万斤。汉武帝亲自驾临他的府第，自武帝姑母以下的所有皇族成员和文武百官全都备置酒席送到他家，赠给他贵重的礼物。汉武帝又给了他一个"天道将军"的玉印，表示不把他当臣子。每当夜深人静，栾大就在家里举行仪式，可惜神仙一直没有光临，他就准备行装说要亲自去找，结果就跑掉了。

当年（公元前 113 年）六月，一位巫师在魏国留下来的厚土堆旁边发现一只鼎，比一般的鼎大得多，但上面没有文字款识。汉武帝一看是真的，就举行了一个隆重的仪式，将鼎迎到甘泉宫来，后又随汉武帝一起运至长安。路过中山时，出现一片黄云，一只鹿经过那里，被汉武帝射死，正好当了祭品。汉武帝问大臣："黄河决口，连年歉收，所以我到这里来为百姓祈福。今年没有丰收，鼎怎么会出现呢？"有关方面经过严密的论证，说这是个吉兆，应该把这个鼎抬到宗庙里祭祀，然后收藏在皇宫。齐国有个叫公孙卿的人，他跑来报告说，宝鼎出现的时刻正好与当年黄帝得宝鼎的时刻一样，黄帝得到鼎三百八十年后就升天成仙了。汉武帝听后高兴得不得了："如果我能够成仙，就把老婆孩子统统扔了，像脱鞋一样方便。"

汉武帝对这类事物相信到了极点，所以当时的人搞了一系列大规模的活动和祭祀，汉武帝把这些骗子都封为大官。五利将军栾大跑到泰山转了一圈，回来就骗汉武帝，说他在海上遇到老师了。谁知汉武帝一直派人在后面监视，知道他根本没有出海，就把他杀了。可是到了那年冬天，公孙卿又来报告说某个县城出现了仙人的足迹，看起来像野鸡一样的东西在城上来来往往。汉武帝去看了，警告他："你不会是想学文成将军和五利将军吧？"公孙卿理直气壮地回答："仙人是不求皇帝的，而是皇帝求他，所以没有充分的时间是不会来的。您现在既然相信仙人，就得有耐心等。"汉武帝又相信他了，于是下令全国各地整修道路，修缮名山里的神祠，等待仙人的到来。尽管汉武帝一次又一次地受骗，但他至死没有醒悟，所以全国各地上报的神怪奇方往往数以万计，数以千计的人如痴如醉地在那里求仙。

如果光是这些折腾，主要还是金钱的浪费。但是汉武帝到了晚年，愈发实行严刑峻法，任用酷吏，不断增加镇压手段。汉朝的法律原本是比较宽松的，到汉武帝时却增加了很多新的罪名，比如知情不报、故意放纵下属犯罪的，负有监察责任的上级要被连坐。又比如，对蓄意使用重刑、故意将无罪者判成有罪的官吏减轻了处分，因为这样的官吏太多了。同时加重对"急纵"罪的惩办，如果官员轻率地释放犯人，要对官员加重处分。这样一来，官吏宁滥不漏，谁都不敢冒着灭族的风险为囚犯申冤。法律条文增加到359章，其中判死罪的，即斩首或者腰斩的，有409条、1882项；可以比照死刑处理的案例增加到13472项。到了元狩六年（公元前117年），有个叫张汤的官员甚至创造了一个新的罪名——腹诽，肚子里面说坏话，而且居然将位居九卿的大农令（相当于农业部长）颜异判死罪，理由就是他犯了腹诽罪。这个罪名出来后，即使有一百张嘴都说不清楚。当时的国家监狱叫诏狱，狱中在押的犯人大量增加，其中二千石（正省级）以上的官员经常不下百人，各郡上报到中央的案子每年有一千多件，大的案子涉及数百人，小的案子也有数十人。为了追证据，远的要追几千里，近的也要追几百里。官吏为了逼供，动不动就用酷刑，所以到了后来，一听到官府抓人，民众不管有罪还是无罪都赶紧逃。有的案子十几年后还在追查，罪名最大的叫作"不道"，要上报到朝廷或者中央机关。所以国家监狱里关押的犯人多达六七万人，其他监狱中增加的犯人也有十余万。

在这种情况下，官员们提心吊胆，人人自危。那些酷吏胆大妄为，无所不用其极。比如，有一个叫义纵的人，汉武帝派他到定襄（今内蒙古和林格尔县西北）做太守，他到任那天就把监牢里关的重罪犯二百余人以及探监的宾客、家属二百余人全部杀光。还有一个例子是王温舒。按照当时的规定，死刑是要上报朝廷的，而王温舒做了河内（今河南武陟县西南）太守后是怎么及时取得朝廷批文的呢？他准备了五十匹快马，分段等在河内至长安途中，然后把郡中"豪猾"千余家的人抓来定为灭族或者死罪，再用这五十匹快马完成"接力赛"，两天之内取回批文，把这些人杀得一干二净。到了十二月底，按规定春季要停刑的，王温舒顿足感叹："要是冬天再增加一个月，我就能杀更多人。"就是这样一个酷吏，汉武帝听说后，说这个人有本领，马上提拔他为中尉。

所以，汉武帝时期，一些高官的位子没人敢坐，尤其是丞相这个位子。汉武帝首先任命的是李蔡，继公孙弘任丞相，五年后有罪自杀；一个叫严青翟的人继任，三年后有罪自杀；赵周继任，五年后死在监牢；石庆继任，不久病死；公孙贺继任，过了几年，也死在监牢里面；最后刘屈氂继任，一年后就被腰斩。三十一年间的六位丞相中，只有一个最老实的石庆总算善终，其他人不是被杀就是自杀。

公孙贺曾经是汉武帝当太子时的下属，是他的老部下，又娶了卫皇后的姐姐，是他的连襟。但一听说要拜自己为丞相，公孙贺跪在地上痛哭流涕，不停地磕头，坚决不肯接受相印，说："我本来是来自边远地方的一个鄙人，不过是靠鞍马骑射当了官，不是做丞相的料，您就免了我吧。"汉武帝与左右见他如此伤心，也都很感动，甚至流下了眼泪，忙叫左右将他扶起。他却趴在那里不肯起来。汉武帝没办法，起身走了。公孙贺只好接受了相印。果然不久以后，他的儿子——做太仆的公孙敬声擅自动用了一千九百万军费，被关押在监牢里。正好汉武帝下诏追捕阳陵（今陕西咸阳市东北）人朱安世——他是一位"大侠"，就是跟官府对抗的民间人士——公孙贺主动请命，如果他能够抓到朱安世，就请求汉武帝放了他的儿子。汉武帝同意了。公孙贺果然将朱安世抓到了。朱安世知道公孙贺想利用自己为他儿子赎罪，就从监狱里上书，控告公孙贺的儿子公孙敬声跟汉武帝的女儿阳石公主私通，并且给他们安了个罪名，说他们在那里装神弄鬼，以恶毒的语言诅咒汉武帝，还把木偶人埋在去往甘泉宫的路上，想加害汉武帝①。这件事犯了大忌，汉武帝下令有关部门审讯，结果公孙贺父子都死在监狱中，并被灭族，连汉武帝自己的两个女儿阳石公主和诸邑公主，还有卫青的儿子、卫皇后的外甥卫伉统统被杀。其实汉武帝自己也明白，所谓咒他早死的罪名不见得成立，所以后来公布公孙贺的罪状时，只称他贪污受贿，不顾百姓死活，擅自改变政策，加重百姓负担。至于诅咒的罪名，则是一个字都没有提。

继任公孙贺的刘屈氂呢，死得就更惨了。他是汉武帝的同父异母兄弟——中山靖王的儿子，也就是汉武帝的侄儿。公孙贺死的时候，刘屈氂还在涿郡（今河北涿州市）当太守。汉武帝把他找来，任命为左丞相，而将右丞相的位子空着，说要等更合适的人。这样的做法一方面表示他对自己的亲人的一种谦让态度，但在另一方面也可以理解为对刘屈氂的防范。刘屈氂自己却毫无察觉，他做梦也想不到，一年以后自己就步了公孙贺的后尘。当年（公元前91年）秋天，发生了

① 巫蛊是古代巫术的一种，以为用巫术诅咒及把木偶人埋地下，就可达到嫁祸于人的目的。

太子杀江充后起兵的事件，尽管刘屈氂最后指挥军队平定了叛乱，但是已经得罪了汉武帝。特别是当太子率兵进入丞相府的时候，刘屈氂逃了，连印绶都丢掉了。汉武帝大怒："事情到了这个地步，丞相为什么不发兵？"这场动乱的结果是把汉武帝的儿子和孙子都逼死了，实际上汉武帝内心悔恨不已，这个时候，当时带兵平乱的刘屈氂就成了替罪羊。

所以，到了第二年（公元前 90 年），有人举报刘屈氂的夫人跟巫师用恶毒的语言诅咒汉武帝，丞相本人跟李广利一起在祠庙祷告，想另立昌邑王为皇帝，汉武帝大怒，命有关部门彻查。随后，有关部门便报称刘屈氂夫妇犯下了大逆不道之罪。汉武帝干脆下了一道命令，将刘屈氂载在装食品的小货车上，押到东市当众腰斩，而他的夫人则被押送到华阳街斩首示众。汉武帝自己的侄儿、时任丞相刘屈氂，竟然因为这样莫名其妙的罪名被杀了。

到了汉武帝后期，社会矛盾已经相当严重，各地不断地出现暴乱，汉武帝又颁布了一个"沈命法"。什么叫"沈命法"呢？意思是："群盗"四起时，如果并未发觉，或发觉了而没有全部抓获，那么从年俸二千石（即正省级的官员）的郡太守以下到最低级的官员一律处死。这样一来，地方官干脆不上报了，上下互相欺瞒，实际上盗贼越来越多。

因为这项政策，流亡的人口虽不少，但是也不上报。在汉武帝初年，全国人口已有约三千六百万，到了末年只剩下三千两百万，人口非但没有增加，反而减少了四百万。由于人口流亡严重，再加上户口册上的虚报，等到后来汉宣帝时再重新核对户口，发现实际人口数竟比户口册上少了一半。

这样的情况在中国历史上也是不多见的。尽管汉武帝在晚年造成了这样的灾难，为什么他最后没有像秦始皇那样导致国家的覆灭呢？我们将在下一讲里比较汉武帝的晚年与秦始皇的晚年究竟有什么不同，以至于产生了不同的结果。

第十四讲　轮台罪己：汉武帝何以逃脱了秦始皇的下场

汉武帝虽然贵为天子，个人生活其实并不幸福。

他的第一位皇后陈氏是汉初功臣陈婴的曾孙女，又是汉武帝的姑妈、长公主刘嫖的女儿。汉武帝能被立为太子，这位姑妈是出过力的，所以等到汉武帝一即位，这位太子妃就被立为皇后。陈皇后仗着自己的出身、仗着长公主的权势“擅宠骄贵”，垄断了汉武帝的爱，其他人都挤不上。但她自己又不争气，十多年生不出孩子。当她听说卫子夫得到汉武帝的宠幸后，几次想陷卫子夫于死地。汉武帝大怒，元光五年（公元前 130 年），当有人揭发陈皇后在背后用巫术诅咒他的时候，他就将替陈皇后作巫术的妇女楚服等三百余人尽数杀死，陈皇后也被废入长门宫。

卫子夫本来是汉武帝的姐姐平阳公主家里的歌女，汉武帝在平阳公主家看中了她，把她带回宫里，但进宫以后就把她忘了。一年多后，汉武帝想选一些没用的宫女，让她们出宫，卫子夫就哭哭啼啼地请求将自己放走。汉武帝见她可怜，又把她留在身边。结果卫子夫为他生了三个女儿，到了元朔元年（公元前 128 年），又为他生了太子刘据。这就不得了了，卫子夫就被立为皇后。她的哥哥卫长君、弟弟卫青和外甥霍去病都得到了重用。后来霍去病立功封侯，卫青官至大司马大将军，做到了最高职位，又娶了平阳公主，卫氏家族里有五人封侯。

然而，生下太子几年后，卫皇后因容颜衰退而失宠，汉武帝又爱上了来自赵国的王夫人和来自中山的李夫人，但这两位夫人都是年纪轻轻就死了。李夫人本来是个舞女，汉武帝对她一见钟情，在她死后对她怀念不已，叫人画了她的像挂在甘泉宫，然后用法术把她的形象唤回来，但这种可望而不可即，令汉武帝更加悲伤，亲自写了一篇文章悼念她。后来，李夫人的弟弟犯了罪，哥哥李广利又投降了匈奴，最终导致李氏也被灭族。

晚年的汉武帝到河间郡（今河北献县东南）巡游，又得到了一位奇女赵氏，她天生握拳，不能伸展。汉武帝听说后，召见了她，竟将她蜷起的手伸展开了，于是封她为婕妤，大为宠幸。在汉武帝六十二岁的时候，赵婕妤怀上了他的孩子，十四个月后生下了这个孩子，也就是后来的汉昭帝。

而对汉武帝最大的打击，就是江充一手炮制的“巫蛊”冤案。

江充原来是赵王的上等门客，为了报赵太子丹杀其父兄之仇，就到长安来告御状。汉武帝将赵太子定罪处死，江充得宠，被封了官，专门负责监察首都特区的治安，以及查禁贵戚近臣的超标准享受和违法乱纪行为。当时权贵不守法纪的现象很严重，江充征得汉武帝同意，将一批违法的近臣贵戚的车马统统没收，让他们到北军报到，参加征伐匈奴，又禁止他们进宫求情。他们的子弟十分恐慌，向汉武帝请求交钱赎罪，朝廷一下子就收到了几千万罚款。汉武帝认为江充为人忠直，公正守法，所以对他言听计从。有一次，江充发现汉武帝的姐姐馆陶长公主的车队跑到驰道去了。这驰道是皇帝专用的，其他人怎么可以使用呢？江充立即上前查问。公主说是奉了太后的诏书。江充说：“既然公主奉了太后诏书，那么只有您的车可以通行，其他车马不许过。”于是将其他车马统统没收。还有一次，江充跟着汉武帝去甘泉宫，看到太子属下的马车在驰道中行驶，就把他扣下，交给主管部门处理。太子得到消息，派人向江充求情：“不是我舍不得自己的车马，而是实在不想让皇上知道后生气，怪我没有管教好属下，请江先生饶了他吧。”江充不听，照样报告汉武帝。汉武帝称赞他，“当人臣就该这个样子"，对他更加信任了。

汉武帝在甘泉宫得了病，江充想到皇帝已年老，万一皇帝死后自己被太子报复，可能要丧命的。于是，他就对汉武帝说，陛下的病是有人在用巫蛊术作祟引起的。汉武帝就命他追查。在那之前，丞相公孙贺父子，还有两位公主和卫皇后的外甥都是因为这个罪名被汉武帝杀死的。江充接到命令后，找来一个懂巫术的胡人，让他挖地三尺，寻找诅咒用的木偶人，抓到嫌疑犯就酷刑逼供。老百姓害怕，以致相互诬陷牵连，官府就以"大逆不道"定罪，一下子杀掉了几万人。汉武帝年纪大了，疑心病很重，他认为这样还不够，用巫蛊诅咒自己的人肯定就在身边，所以没有一个人敢为被牵连的人鸣不平。江充摸清了汉武帝的意图后，就告诉他："现在我们考察下来，妖气就在宫殿里面。"汉武帝信以为真，派了几名官员做江充的助手。他们先从不得宠的后宫嫔妃下手调查，再查到皇后，最后在太子的宫中挖出了木偶人。

当时汉武帝因为病重正在甘泉宫避暑，只有卫皇后和太子在长安。太子的老师——少傅石德劝太子假传汉武帝的命令逮捕江充，彻底查清他的奸诈罪行，否则自己讲不清楚，何况汉武帝在甘泉宫生死不明。他劝太子："您就不想想秦始皇的长子扶苏的事吗？"情急之下，太子顾不得仔细考虑，与皇后商量后，在征和二年（公元前91年）七月初九派人收捕江充等人。与江充在一起的韩说怀疑收捕行动有问题，拒捕被杀。江充被抓来后，太子亲自监斩，将他处死。

随后，太子宣布皇上在甘泉宫病危，奸臣企图作乱，他下令调集军队，发兵占据各个重要机构，又赦免了在中都官[①]服役的囚犯，把武库的武器拿出来发给他们，交由石德等人率领。丞相府被攻占后，丞相刘屈氂就逃走了，他火速派人到甘泉宫报告。武帝下了亲笔诏令，大意是说："你们现在抓捕造反的人，自有赏罚。应该拿牛车做

① 汉朝京师各官府的统称，它们都设置了监狱。

掩护，不要短兵相接，要多杀人，还要紧闭城门，不要让那些造反的人逃出去。”这个时候大家才明白太子伪造了汉武帝的旨意。汉武帝还从甘泉宫回到长安城西面的建章宫，亲自督战，他下令征发首都周围各县的兵力，交给刘屈氂指挥，镇压叛乱。

这样一来，形势急转直下。太子调不动兵了，只能从长安四个市上招来几万人。这支临时拼凑起来的军队不堪一击，与刘屈氂的军队在长乐宫西阙下相遇，激战五天，血流成河。见刘屈氂的援军源源不断而来，太子知道大势已去，于是出逃。他的老师石德和他的门客全部被杀，参与发兵的人统统被灭族，受牵连的官吏、士兵被流放到敦煌。汉武帝废黜了卫皇后，逼令她自杀，卫氏被灭族。太子的夫人史良娣、一子一女及家属全部被杀，只有一个还在襁褓中的孙儿，也就是汉武帝的曾孙，被监狱的官员冒死保护下来，十八年后继位为汉宣帝。

太子不知所终，汉武帝大发雷霆，臣下没有人敢说话。这时候，壶关县（今山西长治市北）的一位“三老”（当时参与基层治理的一些老人）毅然上书，指出：“现在阴阳不和则万物夭伤，父子不和则家室丧亡，所以父不父则子不子，君不君则臣不臣。”他胆子很大，揭露了江充的奸计，请求汉武帝宽恕太子，停止追捕，不要让太子长期逃亡在外。这个时候，汉武帝已经有所感悟，但是还没有采取行动。

太子和两位皇孙逃到了湖县泉鸠里（今河南灵宝市西北）的一户穷人家庭，主人靠卖草鞋得来的钱供养他们。太子想到自己有位朋友在湖县，很有钱，就让人去找他，结果走漏了消息，地方官带兵来围捕。太子自知没有办法逃脱，堵住房门上吊自杀。一个叫张富昌的士兵一脚踢开房门，和新安县（今河南渑池县东南）的令史李寿一起奔过来把绳子解开，抱下太子，但是太子早已经气绝身亡了。主人跟官兵格斗而死，两位皇孙也被杀。汉武帝知道这个消息后无比伤感，封李寿和张富昌二人为侯。

日子一长，事实证明所谓的巫蛊案完全属于冤案，汉武帝也知道太子其实是因为害怕至极，并没有什么其他意图，但他又不肯公开认错。正在这个时候，高祖庙值勤官员田千秋紧急上书为太子申冤："儿子玩了父亲的兵，应有的惩罚是打一顿板子；天子的儿子过失杀人，算得了什么大罪！我梦见一位白头老翁教我这样说的。"汉武帝立即召见他，赞扬他说："父子之间的事，别人是没有办法说话的，你却能够讲得那么清楚，这是高祖的神灵让你来教我的。你梦里看见的白头老翁就是高祖啊。"这样一来汉武帝有了借口，就封他为大鸿胪，几个月后又任命他为丞相。汉武帝将江充灭族，把之前参与追究所谓的巫蛊案的苏文押到渭水桥边活活烧死。在泉鸠里对太子动武的军官已经升官做了太守，这时也被灭族。汉武帝造了一座思子宫来表达对儿子的想念，还在湖县筑了一个归来望思台，寄托自己的哀思，为太子招魂。

可惜这一切都晚了，他的亲生儿子和孙子已经被他全部杀掉了。晚年的汉武帝其实非常孤独，毫无天伦之乐，所以对出现在身边的孩子表现出异常的喜爱。侍中金日磾是匈奴人，他的父亲是匈奴休屠王。当年休屠王的部下逼他投降汉朝。休屠王不愿意，于是被杀，他的部下就把他的夫人和儿子，也就是金日磾，作为俘虏献给汉武帝。汉武帝最开始让他去喂马，后来发现他不仅一表人才，而且办事忠诚。慢慢地，金日磾就成了汉武帝晚年最宠信的近臣。金日磾有两个儿子，经常在汉武帝身边玩耍，成为汉武帝的"弄儿"，等于是他的玩具，深得他的欢心。有一次，小儿子在背后搂住汉武帝的脖子玩，被金日磾看见。金日磾狠狠瞪了他一眼。小儿子吓得赶快放手，一边走一边哭，说："爸爸生气了。"汉武帝立即指责金日磾："你吓着了我的孩子！干吗对我的孩子发脾气？"由此可以看出，汉武帝平时没有天伦之乐，只有两个孩子陪在身边，他对这两个孩子其实是很爱的，特别宝贝他们。后来，金日磾的大儿子长大了，不守规矩，有一次在宫殿下跟宫女开玩笑，被金日磾看到了。金日磾怕以后闹出事情来，就把大儿子杀了。汉武帝大发雷霆。金日磾磕头谢罪，说自己杀儿子的本意是防止他将来长大后败坏宫廷的风气。汉武帝非常伤心，流下了眼泪。**他也是一位老人，也像普通老人一样是爱孩子的；但是他又是一位皇帝，不得不用沉重的代价来维持他至高无上的权威和不可侵犯的尊严，以致要杀死自己的妻子、儿孙，并且不能像普通的老人那样喜欢身边的孩子。**

除了太子外，王夫人为他生了刘闳，被封为齐王，但八年后就夭折了。李姬为他生了两个儿子，分别被封为燕王和广陵王。但燕王有野心，在太子死后认为该轮到自己了，上书要求从封地回长安，后来又隐匿逃亡的人，引起汉武帝的厌恶。广陵王力大无穷，却喜欢吃喝玩乐，很不成器。李夫人为他生了一个儿子，被封为昌邑王，但是只比汉武帝晚一年去世，身体大概很差。后来昌邑王的儿子刘贺被立为皇帝，二十七天后就被废掉了。近些年在南昌附近发现的海昏侯墓就是刘贺的墓，他后来被封为海昏侯。

所以，汉武帝不得不考虑立最小的儿子为继承人了。他想到吕后的教训，担心年轻的太后将来专政，再三犹豫之下，终于在这个孩子五六岁的时候找借口把他的母亲赵婕妤杀掉了。赵婕妤当然是一位无辜的妇女，成了权力斗争中的牺牲品，但从西汉的历史来看，汉武帝这样做也是一片苦心。要是汉武帝死后，年轻的太后出来弄权，很可能就会造成像吕后那样，或者像东汉外戚弄权那样的祸害。后来的北魏形成了一条很残酷的法律：凡儿子被立为太子，其母一律赐死。不能让皇帝家里出来一个太后干政。**从情感上来说，武帝是残酷的；但是从汉朝的长治久安出发，应该说他是英明的，他也不得不这样做。**

太子的死终于使汉武帝的头脑变得清醒了一些，在生命的最后三年里他采取了一些弥补措施。

最有名的一件事，就是他在征和四年（公元前 89 年）下了一道诏书，历史上叫作“轮台罪己”。在这道诏书里，他承认了一些错误，调整了国家的政策。诏书的大意是说：“尽管我们在军事上取得了不少胜利，但成本太大。为了减轻百姓的负担，我们现在需要调整政策，收缩军事上的部署，停止一些活动。”

比如，他说现在边塞管理松弛，出入没有严格禁止，边防哨所的长官为了得到皮毛兽肉，让士兵外出捕猎，士兵很辛苦，烽火传送却经常缺少，下面报上来的文书中从来看不到这些现象。他说当下最重要的是不得对百姓苛刻残暴，禁止擅自增加赋税，要努力发展农业生产，切实执行养马可以减免赋税的政策，以弥补军马的缺口，使国防力量不致于削弱。各郡国的长官都应提出增加马匹和巩固边防的具体措施，由上计吏带到朝廷来。他终于明明白白地表态，要减轻百姓的负担，发展生产，饲养更多的军马以便加强国防。

所以，尽管汉武帝将主要责任都推给了臣下，要么说臣子的申报不实，要么说自己的意图没有得到很好的贯彻，但作为一位长期独断专行、自以为是的君主，他能够多多少少承认一点自己的过失，明确了一些政策不能再实施，并且规定了切实的纠正措施，还是难能可贵的。他封田千秋为富民侯，作为“休养生息、思富养民”的象征，又任命赵过为搜粟都尉——不是叫他去搜刮，而是让他推广代田法，以提高粮食产量。尽管这些措施的实际效果并不是很大，但标志着国家的政策有了一个重要的转折，至少将原来的“苛暴”、擅自增加赋税的势头制止住了。

汉武帝自知不久于人世，想到已在身边侍候了二十多年的大臣霍光，就让人绘了一幅周公抱着成王接受诸侯朝拜的画赐给他。后元二年（公元前 87 年）的春天，汉武帝病危，霍光哭着请示他：“陛下要是有不幸，谁应该为继承人？”汉武帝说：“你没有懂我给你那幅画的意思吗？立我的小儿子，你像周公一样辅佐他。”霍光叩头推让：“我不如金日磾。”金日磾则说：“我不如霍光，而且不能让匈奴人觉得汉朝无人可用，要用我一个匈奴人，从而看不起汉朝。”于是汉武帝找来霍光、金日磾、上官桀和桑弘羊，让他们四人接受遗诏辅助少主。第二天，汉武帝过世，八岁的太子继位，即为汉昭帝。

司马光在《资治通鉴》中做过评论，说汉武帝的晚年与秦始皇几乎没有什么区别，但是汉朝没有灭亡，而且在昭帝、宣帝时能够完成中兴，原因就在于汉武帝“能遵先王之道，知所统守，受忠直之言，恶人欺蔽，好贤不倦，诛赏严明，晚而改过，顾托得人”，意思是他最后终于能够遵守先王之道了，改正自己的过错，并且将后事“顾托得人”。

前面这些优点并不明显，而且有所夸大，因为汉武帝的改过不过三年时间，国内的严重危机并没有消除，但关键的一条是：他托付对人了，对身后事提前做出了正确的安排，在这一点上的确比秦始皇高明得多。

秦始皇把长子扶苏派到边疆去，对继承人没有做出明确的规定，却带上小儿子胡亥去巡游。而且他忌讳别人说到他的死，所以没人敢请示他身后事怎么办。当他病重的时候，只是下了诏书让扶苏到咸阳来参加葬礼，至于参加葬礼之后要干什么则没有明确。如此一来，赵高跟胡亥勾结伪造诏书，陷害扶苏，最后篡位。

而汉武帝就不同了。他知道自己快不行了，于是提前安排，先画了一幅画启发霍光，暗示霍光今后学周公的样子辅佐自己的小儿子。临终的时候更是明确交代皇位归属，这样其他想要夺权的儿子便没有了机会。他还提前把小儿子的母亲赐死，断绝了小儿子将来继位后出现太后干政弄权的可能。这一点跟秦始皇比起来，的确有天壤之别。要是汉武帝也讳言死，霍光怎么敢问他死后由谁来继承？

两相比较就可以看出，尽管汉武帝晚年的许多做法甚至比秦始皇还要过分，但是最后汉朝没有出现像秦始皇那样亡国的局面。实际上，汉武帝死后，他的儿子燕王刘旦就声称自己收到的诏书规格不对，首都肯定出现了动乱，立即派心腹到长安活动，又串联其他宗室，谎称自己受了汉武帝遗诏。如果汉武帝没有做出明确的安排，一场宗室之间争权夺利的斗争就很可能发生。

霍光跟金日磾并不是朝廷中级别和资历最高的官员，此前也没有什么太大的功绩，而且金日磾还是匈奴休屠王的儿子。但是他们两个人在汉武帝身边服侍多年，汉武帝了解他们的人品和能力。事实证明，汉武帝托付得人，使汉朝得以延续和中兴。继位的汉昭帝只有八岁，执行什么政策主要是靠霍光等大臣决定和维持。汉昭帝死后，霍光又毅然废掉刚立的昌邑王，另立宣帝，这也体现了汉武帝的遗愿，使昭帝时的休养生息政策得以继续执行。

可以说，汉武帝晚年的这些转变尽管时间较短，但是避免了汉朝和他个人的悲剧，显示了汉武帝雄才大略的一面，使他已经黯淡的晚年重新发出了一些光彩。

第十五讲　王莽其人：豪门孤儿如何当了新朝皇帝

我们谈起汉朝的历史，往往只谈西汉、东汉，忽略了两汉中间还有一个短命的王朝——王莽建立的新朝，一般称为新莽。

王莽因此成为一名千古争议的人物。但是，大多数人都对他持否定态度，尤其认为王莽是个典型的伪君子，为了权力不择手段。那么，王莽究竟是个怎样的人呢？我们不妨看一看历史事实。

王莽出生在一个煊赫的家庭，当时他的姑母王政君已经被元帝立为皇后。王政君之子成帝继位后，王莽的伯父王凤被封为大司马、大将军、领尚书事，执掌朝廷大权。河平二年（公元前 27 年），王莽的五位叔伯在同一天封侯，这样的事情是汉朝历史上所少有的。王家先后有九人封侯，五人担任大司马，可以说是西汉一代最显贵的家族。但是王莽本人很不幸，他的父亲死得早，还没轮到封侯，他自然也没有侯位可以继承；哥哥也在年轻的时候就死了，留下孤儿寡母。但这倒使王莽从小养成了与他富贵的堂兄弟们不同的习惯，他谦恭好学，向沛郡学者陈参学习《礼经》的时候非常勤奋，生活俭朴，跟普通的读书人没有什么差别。平时侍奉母亲和寡嫂，抚养侄儿，都是规规矩矩。对待社会上的名流学者和家中各位叔伯，也都是格外彬彬有礼。

阳朔三年（公元前 22 年），王莽的伯父王凤病重。王莽悉心侍奉，王凤每次用的药他都先亲自尝过，成月不脱衣服睡觉，整天蓬头垢面。王凤深为感动，临终前托太后和汉成帝一定要照顾好王莽，因此王莽被封为黄门郎，不久又升为射声校尉，从此踏上了仕途。

几年后，王莽的名气越来越大，名士们都在皇帝面前赞扬他。他的叔父、成都侯王商上书，表示愿意将自己的封邑分出来封给他。永始元年（公元前 16 年），王莽被封为新都侯，升任骑都尉、光禄大夫、侍中。侍中这份工作是要到宫里值勤的，他每次总是小心谨慎，官越大他越是谦虚。他广交高级官员，赡养救济名士，家里不留余财，连自己的车马、衣服都拿出来分给宾客。如此一来，在位的官员不断推荐他，在野的人士纷纷传播他的佳话，王莽的名声逐渐地超过了他的叔叔伯伯。

王莽将自己的侄儿、他已经死去的哥哥留下来的儿子王光送到博士门下读书，每次休假回家，他都要带上羊和酒，赶着车去慰劳王光的老师，连王光的同学都能获得他送的礼物，老人们纷纷感叹从来没见过这样的事。他的儿子王宇年纪比王光还大，但他一定要先等王光结了婚才肯给王宇操办婚事，因为他首先要保证他哥哥这一支能够传宗接代。办喜事那天贺客盈门，忽然仆人来报告："太夫人不舒服，要吃药了。"王莽马上起身入内，一次宴会中断了好几回。有一次，王莽私下里买了个奴婢，兄弟辈正等着看热闹，以为这次他总算要讨小老婆了。结果呢，王莽把她送给了后将军朱博，他说："朱博没有儿子，我听说这位姑娘能生儿子。"

王莽的叔父、曲阳侯王根担任大司马已经很多年了，因为一直有病，几次要求退休。王莽的表兄、太后的外甥淳于长位列九卿之首，正部级的官员中他排在前面，资历比王莽要深，按照惯例应该由他来继承大司马的位子。王凤病重的时候，淳于长也在旁边日夜侍奉，得到了王凤临终前的推荐而被成帝任用。成帝想立自己的宠妃赵飞燕为皇后，但太后嫌她出身低微，经过淳于长的多次疏通，成帝终于如愿以偿。成帝当然很感激淳于长，封他为定陵侯，大加信用，使其贵倾公卿。淳于长忘乎所以，大肆收受地方官的贿赂，妻妾成群，生活侈靡。

淳于长有一位妾名叫许孊，是寡居的侯爵夫人，她的姐姐是成帝已废掉的许皇后。许氏想求皇帝给她复位，于是送给淳于长大批宫中用品和财物。淳于长骗她说有办法让成帝立她为左皇后，通过许孊不断给她写调情的信。这件事让王莽打听得一清二楚，就利用探病的机会报告给王根，还说："淳于长见您久病，好不高兴，自以为现在应该代您辅政了，已经给不少人封官许愿。"王根大怒，要他赶快向太后报告。太后气得让成帝立即免掉淳于长的官，送回侯国。不久，王莽的另一位叔父、红阳侯王立在成帝面前替淳于长说话，引起了成帝的怀疑。原来王立以为是淳于长在背后说坏话，导致自己没能当上大司马，他曾经在成帝面前表现出对淳于长的痛恨，但是在接受了淳于长通过儿子王融送来的大批珍宝后，他就改变了态度。成帝让有关部门调查，准备逮捕王融，王立让王融自杀灭口，使得成帝更加怀疑他们有阴谋，于是将淳于长关押在洛阳的诏狱[①]里反复讯问，查清了他大逆不道的罪行，在狱中将他处死。王立被勒令退休"就国"，即回到自己的封地。王莽主动揭发自己的表兄，大义灭亲，顺理成章地继王根和其他三位叔伯之后当了大司马。当时他只有三十八岁，便已担任朝廷最大的文官了。

王莽执政后更加克己奉公，聘任贤良担任下属，皇帝给的赏赐和自己的俸禄都分给了士人，自己的生活极其节俭。他的母亲病了，公卿列侯都派夫人登门问候。到了王家看见一位穿着布衣短裙的女士出来迎接，这批贵妇人以为她只是个仆人，一问方知是王莽的夫人，都吃了一惊。

正当王莽声誉日隆时，成帝驾崩，太子继位，也就是哀帝。成帝自己没有儿子，太子立的是侄儿、定陶王刘欣。哀帝继位后，他的母家就成了新的外戚，按照惯例应受到封赏和重用，所以被尊为"太皇太后"的王太后就命令王莽"就第"，即辞职回家给新的外戚让路。王莽立即上书，称自己年老有病要求退休，其实根本不老也不病。刚

① 汉代奉皇帝诏令拘禁犯人之监狱，也用称奉皇帝命令审理的案件。

刚继位的哀帝不同意，太皇太后也就顺水推舟让王莽复职了。不久，高昌侯董宏上书，援用《春秋》“母以子贵”的理论，认为应该给哀帝的生母丁姬上尊号，但他举了秦庄襄王生母和养母都称太后的例子，被王莽和其他人抓住把柄，联合控告他居然用被灭亡的秦国比喻当朝，是“大不道”。这个时候新皇帝羽毛未丰，只好将董宏免为庶人。哀帝的祖母傅太后大怒，逼着哀帝给自己上尊号。正好未央宫举行宴会，典礼官在太皇太后的位置旁边为傅太后挂起了帷帐。王莽检查的时候发现了，指责典礼官：“定陶太后是藩王的妾，怎么可以和太皇太后这样的至尊享受同样的待遇？”便下令撤掉，重新安排座位。傅太后一气之下没有赴宴，恨透了王莽。王莽知道形势对自己不利，再一次请求退休，在祖母和母亲的压力下，哀帝只好恩准他罢官“就第”，回到自己的侯国去。

一年以后，傅太后被尊为太皇太后，丁姬被尊为帝太后，与原来的太皇太后和皇太后（成帝赵皇后）地位相同，丁、傅两家能够封侯的都封侯了，能当官的都当官了，成了暴发户。王家却受到沉重打击，比如曲阳侯王根被迫辞职回老家，成都侯王况被贬为庶人，遣送回乡，历年来由王家推荐的官员统统革职。有关部门又追究王莽阻止给傅太后、丁太后上尊号一事，称其“亏损孝道”，罪行严重，认为本应判处死刑，再从宽也应贬为庶人。总算哀帝看在太皇太后的分上，保留了他的侯爵。

王莽回到了自己的侯国——新都侯国（今河南唐河县西南），之后一直闭门不出，对地方官恭恭敬敬，丝毫没有侯爷的架子。他的儿子王获杀了一名奴婢，被他痛骂一顿，逼令自杀。三年间，官员们为王莽鸣冤的上书数以百计。元寿元年（公元前 2 年）发生了日食，这被看成上天对皇帝的警告，贤良[①]周护和宋崇等人在答复哀帝的询问

① 汉代的选官制度为察举制，其规定：由公卿、列侯、刺史及郡国守相等推举人才，由朝廷考核后任以官职。始于汉文帝，至武帝时形成较为完备的制度，主要有岁举和诏举。岁举一年一次，由刺史、郡国守相察举孝廉及秀（茂）才等。诏举则时间、对象、员额等均由诏令规定，科目有贤良方正、文学、明经等，对策合格者授以官职。

时极力颂扬王莽的功德，为他受到的错误待遇申冤，哀帝便以侍奉太皇太后的名义征召王莽回首都。

一年多后，二十五岁的哀帝病死，当时傅太后、丁太后已死，哀帝又没有儿子，于是太皇太后就以最高的辈分来到未央宫，没收了皇帝的玺绶，急召王莽进宫。哀帝是个同性恋，他的伙伴董贤原本担任大司马，在哀帝死后立即被免职，并被责令自杀。王莽被任命为大司马，他建议迎九岁的中山王继承成帝的皇位，也就是后来的汉平帝。王莽之所以要立小孩子做皇帝，是为了方便他这个外戚把持朝政。

三公之一的大司徒孔光是孔子的后代，三朝元老，很得人心。王莽对他毕恭毕敬，优礼有加，提拔他的女婿甄邯当了侍中、奉车都尉。王莽想办什么事，就拟成奏章交给甄邯，让他转交给孔光。孔光一向怕王莽，不敢不以自己的名义上报，然后王莽再请太皇太后照准。红阳侯王立是太皇太后的亲弟弟、王莽的叔父，王莽怕他在太皇太后面前说自己的坏话，让自己不能随心所欲，便让孔光出面，上书追究他当初接受淳于长贿赂的罪行，要求把他撤职"就国"。太皇太后不听，王莽就说："现在汉家衰落，连续几代没有儿子继承，太皇太后独自代幼子执政，令人畏惧，尽力公正办事做天下的榜样还来不及，怎么可以为了私恩而不接受大臣的建议，让大臣们离心呢？这样的话，今后必定要出乱子的。不妨暂时让他回到侯国去，以后再召回来也可以。"太皇太后不得已，只好听从。

王莽很快就收罗、组织起了一个得心应手的班底，王舜、王邑、甄丰、甄邯、平晏、刘歆等人各有各的分工，顺理成章地把所有该掌握的部门全都掌管了。从此，王莽在实施自己的计划时更加得心应手。

当年（公元前 1 年）年底，有关方面报告说益州塞外（今云南或缅甸）的少数民族献来一头白雉，引起了朝野的轰动。因为根据古籍的记载，周公摄政的时候，越裳氏为他的德行所感动，不远千里送来一头白雉，也就是白色野鸡。而王莽刚刚执政就出现了这样的奇迹，其意义非常重大，所以在元始元年（公元1年）的正月，太皇太后根据王莽的建议，下诏把这头白雉作为宗庙里的供品供给祖宗。大臣们向太皇太后提出，王莽“定策安宗庙”的功绩跟当年的霍光一样，应该享受与霍光相同的封赏。太皇太后虽然已经七十二岁了，头脑倒是很清楚，她问公卿们：“大司马真的有那么大的功劳吗？还是说，因为他是我的亲戚，你们才特别抬高他？”群臣纷纷称颂王莽的功德跟周公没有什么不同，这才使老天爷降下这样的吉兆——一头白雉，所以应该封他为安汉公，取“安定汉朝”之意，还要扩大封邑，这样才可以“上应古制，下准行事（惯例），以顺人心”。

王莽得知后上书表示，他是与孔光、王舜、甄丰、甄邯共同定策的，如果要表扬和奖励，希望只奖励他们四人，以后再考虑他，并且不顾太皇太后多次的命令，坚决推辞。左右就向太皇太后建议：还是不要强迫他，先封了孔光等人，他才会答应的。四人受封后，王莽还是不肯出来，群臣又建议：王莽虽然极其谦让，还是要予以表彰，而且及时加赏才能证明朝廷重视大功，不能让百官和百姓失望。于是太皇太后下诏：王莽增加封邑到二万八千户，封为太傅，给予“安汉公”的称号，以萧何故居作为他的官邸。王莽深感惶恐，不得已才接受了“安汉公”的称号，但退回了增加的土地和民户，表示要等到百姓都达到小康水平以后再说。群臣也坚持原则，不同意王莽退还。太皇太后便又下诏：接受王莽的辞让，但将他的俸禄、办公人员和赏赐再增加一倍，什么时候百姓达到小康了，大司空、大司徒再负责上报。可是王莽连这一点也不接受，建议首先考虑封诸侯王和开国以来的功臣的子孙，然后再封在职的官员，增加宗庙的礼乐，使百姓和鳏寡孤独都得到好处。

最后，朝廷只好下令：全国成年男子每人增加一级爵位（当时的老百姓也可以有爵位的，高一级爵位可以享受不少优惠）；二百石以上级别的官吏，不管是否试用期满，全部转正；封东平王、中山王，并将汉宣帝曾孙三十六人统统封为列侯；将太仆王恽等二十五人及右将军孙建等统统封为关内侯；平帝从中山国到长安途经各地的大小官吏都有赏。没有儿子的诸侯王、公、列侯、关内侯可以立孙子为继承人。公、列侯的继承人犯了罪，如果要判“耐”刑（剃去头发及服劳役）以上的都应先经过上级批准。刘家宗室中因为有罪而被开除出族的，可以恢复；宗室担任官吏，可以补为四百石以上级别的官员；全国二千石以上的官员（相当于正省级），如果年老退休，可以终身领取原俸禄的三分之一；派官员到朝廷直属地区巡视，凡上一年多收的赋税一律予以赔偿，凡不妨碍哀帝陵园中建筑物的老百姓的坟墓一律不迁走；天下的官吏、百姓不必再自行置备服兵役所需要的物资，从此都由公家包揽。

这样一来，全国上下没有人不感谢王莽，但他认为自己做得还不够，又向太皇太后进言：“由于以前丁、傅两家外戚奢侈挥霍，很多老百姓吃不饱饭，太皇太后您应该带头穿粗布衣服，降低伙食标准，为天下做榜样。”他表示自己愿意捐一百万钱、三十顷田，交给大司农（负责农业的官员）救济平民。此举一出，百官纷纷响应，连太皇太后也省下自己的贴己钱——归她收租的十个县，交给大司农来管理。一到发生自然灾害，王莽就开始吃素。元始二年（公元 2 年）全国大旱，又发生蝗灾，受灾最严重的青州百姓流亡。在王莽的带头下，二百三十名官员献出了自己的土地、住宅救济灾民，灾区普遍减收租税，灾民得到充分的抚恤。安定郡的皇家园林呼池苑被撤销，改为安民县，用以安置灾民。长安城中为灾民建了二百所住宅。

元始三年（公元 3 年），王莽提出，皇帝继位已经三年了，应该吸取前几位皇帝没有儿子的教训，及时选立皇后。有关部门上报了一份候选人的名单，王家女子有好几位在名单中。王莽就向太皇太后报告：“我没有德行，女儿才能低，不适合和其他女子一起列为候选人。”太皇太后以为王莽是诚心诚意这样说的，便下诏：“王家女儿都是我的外家，不要挑选。”消息传出后，每天都有上千的百姓、学生、基层的官吏到宫门外上书，一致请求以王莽的女儿为“天下母”，要立她为皇后。王莽派部下去劝阻，但是上书的人越来越多，太皇太后不得已，只好同意公卿的请求，组织人员对王莽的女儿进行了认真的考察，取得的结论是完全合适。太皇太后最后派大司徒、大司空到宗庙向祖宗报告，占卜吉凶。占卜的结果是四个字："康强""逢吉"。既然占卜的结果也是如此，便按照祖宗的指示正式确定王莽的女儿当皇后。

有关部门提出，古代天子要封皇后的父亲百里的封地，所以应该将新野县的二万五千六百顷土地封给王莽，使他的封地凑满百里。这项提议被王莽谢绝。按照惯例，皇后的聘金是黄金二万斤、钱二亿。王莽只接受四千万钱，并将其中的三千三百万分给入选的其他十一位女子。群臣又认为，这么一来皇后的聘金跟妃子差不多，并不合适。太皇太后便又追加了二千三百万，合起来共计三千万。王莽依然觉得聘金过多，又将其中的一千万分给王家九族中的穷人。全国官民深受感动，先后有四十八万七千五百七十二人上书，诸侯、王公、列侯、宗室见了太皇太后就叩头，一致要求增加对王莽的赏赐。一批人起草了一份长篇奏章，全面歌颂王莽的功德，引经据典要求皇帝效法周成王，给予王莽像周公一样的奖赏。

正在此时，却发生了吕宽事件。

吕宽事件的背景是：王莽立了平帝以后，以防止出现像丁、傅两家那样危害国家的外戚为由，仅封平帝的生母为中山孝王太后，他的两位舅舅卫宝和卫玄为关内侯，而且让他们留在中山国（国都即今河北定州市），不能到首都长安来。王莽的儿子王宇害怕平帝长大后会怨恨他，于是私底下派人去跟皇帝的舅舅卫宝联系，让平帝的母亲上书要求来首都，结果被王莽拒绝了。王宇就跟他的老师吴章、内弟吕宽商量。吴章认为王莽听不进别人的意见，但是他迷信鬼神，可以制造一些怪现象吓一吓他，然后再跟他讲道理，让他把权力交给卫氏。王宇觉得有道理，便让吕宽在半夜将血涂在王府的门上，想不到被门卫发现了。王宇就被王莽送进监牢，被逼喝毒药自杀。这个时候王宇的妻子已经怀孕，也被关押起来，等她生了孩子以后再处死。王莽奏明太皇太后，将卫氏灭族，又对吕宽穷追猛打，将各地在背后说自己坏话的豪强杀掉了好几百，其他王莽认为与此事有关的人，包括敬武公主、梁王刘立、红阳侯王立（王莽的叔父）、平阿侯王仁（王莽的堂兄）等人都被逼令自杀。王莽为了教育子孙吸取他儿子王宇的教训，亲自写了八篇文章，要求正式发表，让天下官吏背诵。凡是背出来的，可以登记取得候选资格，享受跟背出《孝经》同样的待遇。吕宽事件就这样化险为夷。

元始四年（公元 4 年），王莽的女儿被正式立为皇后。一批官员上书，鉴于王莽兼有伊尹和周公的作用，应该将两个人的称号“阿衡”和“太宰”合起来，称王莽为“宰衡”。八千多名百姓上书赞同，于是确定王莽使用这一称号。封他的母亲为功显君，两个儿子为列侯，皇后的聘礼再增加三千七百万，凑满一亿。王莽又是磕头又是哭，坚决推辞，后来干脆称病不出了。太皇太后没有办法，最后由孔光等提议，将王莽的封邑、称号、母亲功显君的爵位都规定为不世袭，并且专门派大司徒、大司空代表太皇太后传达让王莽立即到职的诏书，规定尚书不接受王莽的辞让奏章。王莽没有办法，这才接受下来，但还是从补发的钱中拿出一千万分别赠送给太皇太后身边的侍从。这时，太保王舜等人报告，说蜀郡的老百姓路建等人本来在打民事官司，听说王莽如此谦让，不要爵位、金钱，感到很惭愧，主动撤销了诉讼。历史上周文王的道德曾经使虞、芮两个小国主动放弃了土地争夺，那么路建等人的做法表明，王莽的德行已经超过了周文王。朝廷便下令将这一典型事例在全国普遍宣传。

为了复兴儒家的传统，王莽奏请按照古代的制度兴建明堂、辟雍、灵台，还要为学者们提供一万套住宅，网罗到天下学者和有特殊本领的数千人来到长安。学生和百姓积极性很高，纷纷投入义务劳动，十万人突击，二十天就全部建成了。元始五年（公元 5 年），诸侯王、列侯、宗室子弟上千人在新建的明堂举行了祭祀大典。

王莽执政不到五年就取得了如此巨大的成就，文武百官共九百零二人联名上书，请求给王莽“加九锡”，即采用与天子相似的仪仗，享受仅次于皇帝而高于任何诸侯的待遇。这时，朝廷派到各地了解风土人情的八位风俗使回到长安，带回各地歌颂王莽的民歌三万字。王莽奏请按照条例，做到“市无二贾”（市场上不讨价还价）、“官无狱讼”（衙门里没有打官司的）、“邑无盗贼”（城里没有盗贼）、“野无饥民”（农村中没有饥民）、“道不拾遗”、“男女异路”（男人女人分别走在路的两边）、“犯者象刑”（犯罪的人不必处理了，以他的画像示众，羞辱一下即可），仿佛天下已经回到了上古的太平盛世。

当年（公元5年）年底，十四岁的汉平帝生病了，王莽写了一道策文，模仿周公为他祈祷，请求自己代他去死。王莽将策文藏在一个柜子里面，放在前殿要群臣为他保密。但是平帝还是死了，当时元帝这一支已经没有后代了，宣帝的曾孙辈还有五位诸侯王、四十八位列侯，王莽嫌他们都已成年，就说：“兄弟不能继承。”因为平帝是宣帝的曾孙，这些人都是兄弟辈。最后王莽从汉宣帝的玄孙一代中挑选了一个只有两岁的小孩子刘婴——估计就是没有名字的刘家的婴儿。

当月，武功县长孟通在一口井里挖到一块白石，上面有几个朱红色的字：“告安汉公莽为皇帝”。大臣们都说这是天意，上天要让王莽代理皇帝的事务，这样王莽就当了“摄皇帝”，刘婴被立为皇太子，称为“孺子”。我们都知道有摄政王，但王莽不是摄政王，而是摄皇帝，即代理皇帝。

王莽要当皇帝的企图已经很明显，刘家宗室有人开始反抗。但是他们拉不起队伍，只有一百多人进攻宛城（今河南南阳市宛城区），连城门都没有攻入就失败了。第二年（公元7年）九月，东郡太守翟义起兵，立了一个刘家的后代——严乡侯刘信为天子，通告全国。他到达山阳（今山东西南一带）的时候已经有十几万人。长安以西二十三个县的“盗贼”赵明等人也起来造反，聚集了十余万人。王莽很恐惧，饭也吃不下，日夜抱着孺子在宗庙里祷告，又模仿《大诰》

写了一篇文章，说自己代理这个位子是临时的，将来一定会把皇位还给孺子。他调动大军镇压，最终打败了翟义的部队。翟义在逃亡途中被捕杀。赵明等人本来就是乌合之众，叛乱不到一个月就平息了。

待王莽扫清了这些障碍，全国各地纷纷报告各种符命祥瑞。比如有人报告说，齐郡的一位亭长晚上做了好几次梦，有人告诉他："我是天公的使者，天公让我告诉你，'摄皇帝要当真的了'，如果不信，你可以到亭里去看看，亭里会新出现一口井。"亭长早上起来，果然看到一口新的井，深达一百尺。巴郡报告说发现了一头石牛，扶风郡雍县报告发现了一块有字的石头。这些东西都送到首都长安，放在前殿展览。王莽和王舜等人前去看时，突然刮起大风，一片昏暗。等到风定后，石头前面出现了一个铜符和一幅帛图，上面写着"天告帝符，献者封侯，承天命，用神令"。那就是老天爷告诉你，谁献了这些东西便要封他为侯，你要接受上天的任命，用神仙给你的命令。在长安游学的梓潼（今四川梓潼县）人哀章干脆做了一个铜匮，外面贴上两张标签，匮子里面放的纸上写着王莽是真天子，太皇太后要遵天命，还将王莽的八位大臣和他胡编的王兴、王盛，以及自己共十一人的名字写了上去。到了黄昏时分，哀章穿上黄衣，捧着匮子到汉高祖庙，将它交给值班的官员。得到报告后，王莽立即到汉高祖庙将这个铜匮迎到未央宫的前殿，正式接受了帝位，演完了登上帝位的最后一场戏。

但是，王莽不久就失败了。

我们究竟要怎么看待王莽其人？他失败的原因又是什么呢？

第十六讲　王莽为什么身败名裂：理想主义的反噬？

王莽在短短几年内当上了皇帝，不久却身败名裂，这到底是什么原因呢？

从阳朔三年（公元前22年）步入仕途，到当上新朝的皇帝，王莽花了三十一年的时间。这三十一年间没有什么反对王莽的具体事实，只是王莽后来设立西海郡，让成千上万的罪犯迁到那里去的时候，才开始出现了民愤、民怨。此事发生在元始五年（公元5年），也就是说，在那之前长达二十七年的时间里，王莽没有遇到来自民间的阻力，到这时候才开始出现不满。如果我们认真分析西汉末年的条件，就不难发现，王莽的成功不是偶然的。

汉宣帝晚年已开始重用宦官和外戚，汉元帝时也是宦官掌权，反对他们的正直官员或被杀，或被贬。汉成帝即位后杀了石显，但太后王政君控制了成帝，外戚王氏的势力迅速膨胀，兄弟子侄把持朝政，为所欲为。当时京兆尹——首都特区的长官王章建议成帝罢王凤的官，太后亲自干预，成帝只得反过来将王章下狱处死，从此公卿对王凤侧目而视，成帝也无可奈何。哀帝继位后贬黜王氏，但新的外戚傅氏、丁氏的作为比王氏有过之而无不及。更糟糕的是，哀帝竟封自己的同性恋伙伴董贤为大司马，让他执掌朝政，甚至表示要将帝位让给他。

中国传统文化中所讲的同性恋有"断袖之癖"，这一典故就发生在哀帝与董贤身上。他们两个人晚上睡在同一张床上，早上醒来，哀帝要起来了，董贤还在睡。哀帝的衣袖被董贤压住了，怕把他吵醒，哀帝就拿一把小刀子把自己的衣袖割断了。这一典故在古代经常用以代替同性恋的行为。那个时代本来就是不接受同性恋的，可哀帝居然为自己的同性恋伙伴做这样的事，甚至还想把皇位也传给他。丞相王嘉加以规劝，引起哀帝的不悦。哀帝又假托傅太后遗诏，增加董贤和其他外戚的封邑。王嘉把诏书退了回去，再一次进谏。哀帝大怒，借口他有其他过失，要大臣议罪，把他抓到诏狱。按照当时的惯例，现职丞相如果接到这样的命令，必须服毒自杀。王嘉不愿意死得不明不白，就在狱中绝食自杀。

元帝之后的几十年间，特别是到了成帝的时候，外戚轮流执政，忠正能干的大臣不是被杀就是被排斥，留下的不是谄媚奉承，就是明哲保身。政治腐败，皇室滥加封赏，外戚宠臣穷奢极欲，比如董贤在短短几年里积聚的家产竟达到四十三亿。朝廷如此，地方上更加黑暗，地方官只要能够巴结上外戚、宠臣，就能肆无忌惮地搜刮盘剥百姓。成帝、哀帝的时候，流亡的百姓已经达到百万以上，在发生灾害的年份，流离失所、死于沟壑的百姓更是不计其数。贫富差距悬殊，奴婢跟牛马放在一起买卖，对农民的实际剥削量已经达到收成的一半，全家辛勤劳作却连自己都养不活，这样的社会怎么能够长久呢？

从高层到平民百姓，对现实已经普遍不满，对前途已经丧失信心，都希望出现某种积极的变革，却一直不见其人，以致无所寄托。在这种情况下，王莽的出现给大家带来了希望。

在政界贪赃枉法成风、外戚聚敛财富一个比一个厉害的社会，王莽非但不贪，还一次次把自己的钱财、土地、获得的赏赐分给下属和贫民，甚至连俸禄都拿出来救济别人，自己生活清苦，夫人穿得像仆人，这些都是《汉书》承认的事实。要知道，《汉书》是把王莽列为大奸臣的，却不得不承认，王莽没有被发现有表面吃素、背后喝人参汤之类的行为，也没有公开将钱财散发、私底下又去搜刮回来的做法。要是有这些事，东汉的史官肯定都要记下来的。

在当时，一般奴婢的地位跟牛马差不多，王莽这么一个贵戚高官的儿子杀死一个奴婢，这样的事实在是小事一桩，而王莽竟然逼他自杀。百姓和奴婢们听到这样的消息，怎么能不感激他、称颂他？而且王莽的儿子的确自杀了，并没有藏起来或者送到外国去。至于王莽揭发另一位外戚淳于长，虽然不能保证他没有个人野心，但所揭发的都是事实，事后也没有任何人出来翻案。相反，王莽孝顺母亲、赡养寡嫂、抚育侄儿、对人谦恭，这些都是货真价实的。要是由其他外戚执政，难道会比他更好吗？

王莽的这些行为，就是在一个国泰民安的时代也够得上典范了，何况是处在一个腐烂透顶的社会和一群禽兽般的贵族中间？要说这是作假，如果政治家都愿意付出如此大的代价来作假，政治一定会清明很多，道德水平也一定会提高很多，这种"作假"有什么不好？

王莽的多数举措是深入人心的，他的建议曾使贵族、官吏以至天下百姓人人受益，当然皆大欢喜，得益的人又那么多，当然会普遍感激。王莽救济灾民的具体措施，包括他自己和太后带头捐资，在长安为灾民建房等，尽管未必都能够落实，但总能起到一定作用。他在长安为学者建住宅，从全国各地征集几千有本领的人和各类学者，知识分子肯定也感恩戴德。要知道，其中大多数人本来绝不会有施展自己才能的机会，甚至连生活都成问题。

所以，当时把王莽当圣人、周公、救世主是完全正常的。对王莽的称颂虽然有宣传和夸大的成分，但是在他取代汉朝以前，多数人还是出于诚意的，否则光靠几个人造舆论是造不出那么大的声势来的。如果说王莽所做的一切都是为了当皇帝，是为了新朝取代汉朝，那么他已经付出了足够高的代价。除了他不姓刘以外，其他条件都比汉成帝、汉哀帝、汉平帝强。至于说他制造符谶、造出祥瑞，这些并不是王莽的发明，以前的汉高祖、后来的汉光武帝，哪个不是这么做的？他们那一套不也都是假造出来的吗？

一句话，如果王莽最后成功了，我们今天看到的历史就会完全不

一样，他就是新朝的太祖高皇帝，为他写的“本纪”的内容肯定要比刘秀、曹操、曹丕更丰富，也会比刘邦更动人。可是，他失败了。

那么，王莽究竟因为什么败得那么快呢？如果只是为了夺取政权，当皇帝，那他不是没有成功的可能。而且他已经非常平稳地取得了汉朝的最高权力，又顺利地当上了新朝的皇帝。问题是王莽不但想当皇帝，还想当改革家，当圣君，这就脱离了实际的目标，注定了他的悲剧下场。

一般人都认为王莽是“托古改制”，认为他的目的是要借古代的制度来篡权，他借的“古”只是一个幌子。但是我认为，王莽就是错在真心诚意地要改制、要复古，他把儒家经典中描述的古代社会当作可以实现的目标。如果王莽的复古只是为了篡权，那么他篡权以后就可以不要复古了，可事实是当了皇帝以后，他反而更加强烈地推行全面复古。

王莽曾经使社会各阶层、各类身份的人都得到实际利益，因而赢得了广泛的支持。但问题是，在社会财富没有增加的情况下，这样的政策是持续不了的，只能加快国库的枯竭和财政的崩溃。比如他让几百名列侯、退休官员终身可以领退休金、给学者造住宅、扩大选官范围、取消官吏和民众自备服兵役的物资、建设公共建筑等，哪一样不需要钱？而且都是经常性的开支。就是国家财政正常的情况下，也不可能一下增加那么多，何况财政已经千疮百孔，如何承担得了？这些利益诱发了大家对王莽的改革过高的期望，一旦事与愿违，这些支持者马上就会变成反对者。试想，各地潦倒的知识分子接到去首都当教授且赠予住宅的通知时，该有多么的兴高采烈，把王莽比作再世周公、当代圣君。但是不久就开始欠薪水了，以前答应的住宅始终停留在图纸上，既没有学生来学，也没有事好干，而新的教授还在不断前来报到。这个时候，他们还会继续支持王莽吗？都会把他当成骗子。知识分子如此，其他阶层也是如此。到这时，他们就会反过来怀念曾经咒骂的汉朝，怀念那实际上并不幸福的过去，于是形成所谓“人心思汉”的舆论。而在汉朝时受的苦，他们都忘记了。

在社会财富不可能无限增加的状况下，想要同时讨好社会各阶层、各利益集团是绝对办不到的。王莽想在不触犯贵族、豪强、官僚利益的前提下，让百姓、贫民，甚至奴婢的生活得到改善，完全是痴心妄想。到时不但没有钱，而且使矛盾更加尖锐。增加王侯官员的俸禄和供养学者的开支，势必减少农民的土地，提高百姓的赋税；而要缓解土地矛盾，减轻百姓的负担，只有削减朝廷开支，裁减贵族官僚，限制他们的土地占有量。两者是矛盾的，不可能同时做到。所以，想得天下的人其实心里都应该明白，自己要依靠谁、打击谁，王莽却不明白。

他实施改革走上了另一个极端，为了达到尽善尽美，不惜得罪所有人。比如，当时社会矛盾的焦点是土地和奴婢问题，王莽一上台就宣布了一项政策：将天下的田都改名“王田”，全部收归国有，奴婢都改为“私属”，不许买卖。每一个不足八口男子的家庭，使用的田不得超过一井，超过的部分必须分给九族邻里，原来没有田的人可以根据制度接受田地。胆敢对这项制度说坏话的人、违反法律造谣惑众的人都要押送到边疆去。

如此，大地主豪强当然反对，因为他们占有的田地远不止一井，要他们把多余的田地分出来，等于割他们的肉。他们占有的奴婢大多数都是用于农业生产的，现在土地都要上交了，这些奴婢怎么办，白养在那里吗？而奴婢又不许买卖，岂不是逼着他们白白送掉吗？所以，这项政策本身绝对得不到地主的拥护。而小地主，包括刚刚够得上自给标准的人也不满意，因为这些人多少也要减少一些土地，更主要的是原来实际上已经私有的土地现在变成公田了，如果将来家庭人口减少了，这土地不还得交出去吗？由于既没有可行性，又没有切实的强制措施，于是地主豪强多余的土地没有交出来，政府也没有足够的土地分给应该受田的无地、少地的农民。本来这批农民应该是最拥护这项政策的，结果说好要分给自己的土地成了一纸空文，这下子农民也不满意了。侥幸分到土地的人心里也不踏实，因为这是“王田”，也就是公田，不属于自己，今天说给我种，说不定哪天就要收回。至于那些奴婢，改为“私属”不会给他们带来任何利益，禁止买卖表面上是尊重他们，其实没有改变他们的身份，相反，由于买卖改在暗中进行，或者有些主人原有的土地减少了，那么他们的处境只会更坏。实际上，官僚地主的土地和奴婢的买卖并没有停止，因而被处罚的人不计其数，更引起了他们的反对。三年后，王莽不得不让步，于是土地和奴婢的买卖恢复合法化，原来的业主肯定要收回自己已经交公的土地，这样一来，王莽就将唯一拥护这项政策的受益者也得罪了。

为了限制商人对农民的过度盘剥、制止高利贷、控制物价、改善财政，王莽又实行了一项“五均六筦”政策。所谓五均，就是在首都和大城市，如长安、洛阳、邯郸、临淄、宛、成都等，设立五均司市师，每个城设交易丞五人、钱府丞一人。什么意思呢？就是成立市场管理所，让这些人来管理市场。工商各业要到市里来申报经营，由钱府按时征税。每个季度的中月由司市官评定本地的物价，叫作市平。物价如果高于市平，司市官要照市平出售；低于市平则听民买卖，也就是限价。像五谷布帛这些生活必需品如果滞销了，则由司市官按照本价收购。老百姓因为祭祀或者丧葬没有钱了，可以到钱府借贷，不收利息，但是规定要在十天或者三个月之内归还。因为生产需要也可以贷款，年利不超过十分之一。所谓六筦，就是国家对盐、铁、酒、铸钱、五均赊贷实行统制，不许私人经营，控制全国资源，对采集的人征税。

这些制度看似非常合理，出发点也对，如果真能实行，百姓和政府双方都能得益。但五均的前提是政府必须掌握相当数量的商品和货币，并且有强有力的管理手段，而实际上两者都没有，所以王莽只能依靠富商大贾来推行，反而给了他们搜刮老百姓的机会，形成危害更大的官商垄断性经营。由国家对盐、铁等实行统购统销，早已被实践证明是行不通的，再一次实施当然不会有好结果。由国家控制这些资源，实际上是给主管的官员增加了财源。总之，国家没有增加收入，百姓却加重了负担，正当的商人和手工业主也受到打击。

王莽什么都要改，对货币也要改革。开始时只是为了复古，仿照周朝的子母钱，之后又不顾五铢钱从汉武帝时候开始已经生产了二百八十亿万的现实，盲目地推行花色繁多却没有信用的各种新货币。受到百姓抵制后，他又以严格的法律强行推广，规定谁再用五铢钱，就要跟反对井田制的人受同样的处罚，流放边疆。为了限制盗铸货币，他规定一个人铸钱，五家连坐，全部没入为奴婢，以致后来没为官奴的人"以十万数"。为了提高自己颁布的"布钱"的地位，王莽规定官民出入都得带上，否则旅馆不得接待食宿，关门和渡口可以拘留他们。连公卿出入宫门的时候，也要拿出所带的布钱。布钱成了新的通行证以后，它本身的流通价值就不复存在了，谁还舍得用掉呢？

王莽无论什么事情都一定要按照古制，无论什么事情都提出过高的目标，想要造就一个圣君统治下的社会。本来边境已经很安定了，但是王莽认为要明确"夷夏之辨"，华夏跟蛮夷要有所区别，所以他对边疆少数民族采取一系列错误政策，比如让羌人主动献出青海湖一带的土地，设立一个西海郡，以便与国内已有的东海郡、北海郡（国）、南海郡合起来凑成"四海"。这个地方本来是荒地，为了使它像一个郡，就必须强制移民，为此增加了五十条法令，人为地制造出成千上万的罪犯，满足王莽建立一个西海郡的移民要求。

本来自汉宣帝时起，匈奴与汉朝已经和睦相处了，可是王莽觉得"匈奴"这个名称是抬高他们，要他们改成"恭奴"（恭恭敬敬的奴婢）、"降奴"。本来匈奴的首领称号叫"单于"，他说不行，这个字不好，要改成"善于"，你们要做善良的人。"高句丽"，他说怎么能叫"高"呢，要改名为"下句丽"。这么一改当然引起了这些少数民族首领的不满。王莽又轻率地动用武力，不仅导致边境冲突，还使几十万军队长期陷于边疆无法脱身，耗费了大量的人力物力，也造成北方边疆人民深重的苦难。后来，反抗王莽的武装首先从北部边疆爆发，不是偶然的。

王莽泥古不化，连地名也要复古，于是在全国范围内掀起“改名运动”，无论是地名、官名，还是建筑物名称，统统要改。他还任意调整行政区划和行政部门的职权。改一次已经够折腾了，他却一改再改，有的地方一年改了五次地名，最后又改回原来的。官吏和百姓根本记不住，所以每次颁发诏书和公文，都要在新的地名后面括注旧地名，有的甚至括注了好几个。这样当然影响工作效率，造成浪费，更主要的是造成官民心理上的厌恶。

王莽上台以前，刻意当道德典范，为此他付出了极大的代价，散尽家产，逼死儿子，让家属过苦日子，自己随时要做到谦恭有礼。这样不妨碍别人，也不损害其他人的利益，所以能赢得一片赞誉。但他执政以后还要这样子，情况就很麻烦了。他从自己的逻辑出发，提出不切实际的、高于法律规定的要求，比如“市无二贾（价），官无狱讼，邑无盗贼，野无饥民，道不拾遗”，这些是根本做不到的，只能自欺欺人。另外，他当了皇帝，就迫使臣下效仿自己的行为，但这样高的要求大多数人是受不了的，除了少数人能以两面手段应付他以外，多数人会对他敬而远之，离心离德。比如，每次他为救济灾民带头捐资，大臣们只好响应，其实谁乐意这样做呢？

天时对王莽也是不利的，那段时间天灾严重增加。当然，虽不知所谓的天灾增加到底是后世史官的夸张说辞还是事实如此，但是不管怎么样，此时的任何小灾害碰上这样的形势都会酿成大祸。

所以，到了地皇四年（公元23年），响应更始政权的起义军打进了长安，一直攻到宫门。第三天天明时，王莽在王揖等人的护卫下逃到了渐台，这个时候公卿大夫、宦官、随从还有千余人。守城的王邑日夜搏斗，部下死伤略尽，也退到了渐台。王邑的儿子、侍中王睦想脱掉官服逃命，王邑把他喝住，父子俩一起守着王莽。最后将士全部战死，其他随员都在台上被杀。商人杜吴杀了王莽后还不知道他的身份，取下了他身上的绶带。校尉公宾看到了，忙问是从谁身上拿下来的，得知尸体还在后，他立即冲进房间里砍下了王莽的头。王莽的尸体随即被争夺的士兵肢解，拿去庆功取赏了。几天后，王莽的头被挂在南阳宛县市上。这里是当时的更始帝的驻地，也是西汉宗室的重要基地。当地百姓纷纷往他头上扔石子，有的甚至割下他的舌头吃掉了。

王莽彻底失败了，但在他山穷水尽、必死无疑的时候，竟然还有千余人自愿与他同归于尽，或许能给他一丝安慰，也向后人透露出一点真实的信息。

那么，王莽究竟为什么会失败？当时一位汉朝宗室说了这样一句话："王莽要是不当皇帝，不就成了当代的霍光吗？"

王莽到底错在哪里呢？这个问题留给大家自己思考。

第十七讲　谁主神器（一）：无论如何要坚持“君臣大义”

“谁主神器”，神器指的即是皇帝掌握的权力。

公元 25 年的农历八月五日，汉光武帝刘秀在鄗县（今河北柏乡县北）临时搭起的一个土坛上宣布即皇帝位，建元建武，将鄗县改名高邑县，这个地方以后也改称为千秋亭五成陌，成为东汉一个重要的历史纪念地。

不过在当时，除了刘秀的少数谋臣和大将以外，大概很少有人会相信，他会在十几年后一统天下，恢复汉朝，并使它延续了近二百年。

因为当时的更始帝刘玄还是名义上的“天下共主”，而称帝前的刘秀不过是他的下属。更始政权一度控制了全国的大部分地区。在刘秀称帝前后存在的割据政权可谓多如牛毛，称帝称王的也不在少数，比如王莽在庐江的一位地方官，叫李宪的，他先是自称淮南王，后来自立为天子。邯郸的算命先生王郎自称汉成帝的儿子，起兵称帝。公孙述已经占有了汉中、巴郡，称蜀王，不久也称天子。宗室梁王刘永在睢阳（今河南商丘）称帝，据有周围的一片土地。张步占据了今山东大部，称齐王。赤眉军立宗室刘盆子为帝，不久攻占长安，取代了更始政权。隗嚣占有天水、陇西等郡（今甘肃陇中、陇南），称西州上将军。窦融割据了河西走廊，称河西大将军。卢芳在三水（今甘肃陇东北部和宁夏中部）自称上将军、西平王，后来被匈奴立为皇帝。渔阳太守彭宠攻下了蓟城（今北京），自称燕王。南阳（今河南南部）

一带的秦丰称为楚黎王，还有在汉中称武安王后进入南阳的延岑等。称帝前，刘秀虽然已经灭了王郎和河北各部，但他实际控制的地区不过是今天的河北大部和一些相邻地区，既不是兵力最强，也不是占地最多的政权。

刘秀的优势似乎只有一点——他是西汉的宗室。不过，这一优势实在也微不足道，因为更始帝刘玄、刘盆子、刘永等人也都是汉朝的宗室。而且刘秀与皇室的关系实际上已经很远了，他是刘邦的第九代孙子，从第六代长沙定王刘发以下就一代不如一代，他的父亲刘钦只做过一个小小的县令，而且在他九岁的时候就已经死了。西汉末年的宗室人口超过十万，像刘秀这样有宗室关系的人车载斗量，何止万千，他不过是十万分之一。

当然了，刘秀称帝的时候还有理论根据。据说图谶里有这么几句话："刘秀发兵捕不道，四夷云集龙斗野，四七之际火为主"；还有的说，"刘秀发兵捕不道，卯金修德为天子"——说明这是天意。但是熟悉这套玩意的人都知道是怎么一回事，这些东西谁知道是从哪儿来的。而且其他割据者几乎每一位都有一套差不多的图谶，图谶是人造的，也是人解释的，如果实在没有，成功了以后还可以补。

那么，刘秀最后获得胜利究竟是什么原因呢？我认为，这是因为他从一开始就确定了统一天下的目标。如果没有这个目标，他最后是不可能成功的。

在刘秀为要不要称帝而犹豫不决的时候，部将耿纯找他说了一番话，使他下了决心："我们天下的士大夫离开亲戚，放弃土地，跟着您出来打仗，当然都希望能够攀龙鳞、附凤翼，实现自己的志愿。现在功业将定，天人相应，而您还这样犹豫不决，不正号位，我恐怕士大夫都要绝望了，有的想回老家了，有的想另外找主人了。等到人心一散，就再难恢复。所以，您不能违背大家的愿望。"耿纯本人就是率领"宗亲子弟"占据县城后投奔刘秀的，他所表达的正是这批攀龙附凤者的心态。他们之所以不惜冒风险追随刘秀，当然希望他能够

"正号位"。刘秀堂堂正正做了皇帝、统一天下，他们这些人才有美好的前途。如果刘秀老是不愿意称帝，不打出统一天下的旗号来，他们当然会"望绝计穷"，想要改换门庭了。所以刘秀能够把包括后来的"云台二十八将"在内的杰出人士都网罗在手下，一方面固然有他过人的长处，但是对这批人最大的吸引力就是为开国皇帝建功立业的机遇。

称帝以后，刘秀并不是一帆风顺的，他的对手也不都是草莽乌合之辈，但即使在目标一时无法实现的情况下，在对手一时无法消灭的情况下，或者不得不暂时容忍的情况下，刘秀始终没有降低目标，而是坚持了"君臣大义"——不管怎么样，我是君，你必须做臣，这个目标他是很坚定的。

在刘秀的众多对手中，威胁最大的是西北的窦融、隗嚣，还有西南的公孙述。因为东面、北面的那些平原地区政权容易剿灭，而西北、西南地方，如对手利用当地的地理条件割据为王的话就很难消灭。更令刘秀担忧的是，三人要是联合起来，不仅整个西北和西南不再为他所有，而且关中也会腹背受敌，鹿死谁手就是未定之天。所以，为了集中有限的力量消灭中原的割据势力，刘秀对他们极力地拉拢抚慰，争取他们的支持和服从。但是，对最终的统一目标，刘秀是毫不让步的。

与刘秀相反，这三人虽然拥兵自重，具有举足轻重的地位，却从来没有一统天下的雄心。但这三人的结局并不相同，窦融主动放弃割据，归顺刘秀，成为汉朝的功臣贵戚；隗嚣、公孙述既不敢与刘秀一争高下，却妄想长期割据自保，最终国破家亡，身败名裂。

窦融是西汉外戚窦太后的后代，由于他的高祖父当过酒泉的张掖太守，叔祖父曾经当过护羌校尉，堂弟又担任过武威太守，所以他在河西走廊这一带有很大的影响力。他自己曾在王莽的手下做过强弩将军司马，因军功被封了一个建武男——"公侯伯子男"，男是最低等级的贵族。他的妹妹做了大司空王邑的小老婆，因此他在长安的时候经常出入贵戚，结交的都是周围的豪杰，势力不小。他受到王莽的太师王匡的赏识，随军东征，参加过昆阳之战。在汉军逼近长安的紧急关头被拜为波水将军，领兵防卫新丰。但是王莽覆灭以后，他立即改投了更始政权的大司马赵萌，被任命为钜鹿太守。

窦融尽管左右逢源，却深知“天下安危未可知”，所以不愿意到关东是非之地去当郡太守，他天天缠着赵萌要辞职，要求改派到河西——他的老根据地去，并最终说服赵萌为他上奏，由更始帝任为张掖属国都尉，相当于郡太守。他立即举家西迁，在河西广交豪杰，笼络羌族的首领，培植和扩大了自己的政治基础。当更始政权解体时，窦融联合酒泉太守梁统、金城太守厍钧、张掖都尉史苞、酒泉都尉竺曾、敦煌都尉辛彤，推举自己暂时行使“河西五郡大将军”的职权，成为河西的首领。剩下武威太守马期和张掖太守任仲孤立无援，只好挂冠而去。这样一来，河西五郡便完全归窦融控制。由于河西之地免受战火之苦，再加上来自安定、北地、上郡（今甘肃东部、宁夏和陕西西部）的难民纷纷涌入，为窦融补充了大量的人力。

当时河西和刘秀之间还隔着隗嚣。隗嚣宣布服从刘秀，采用建武年号，并以刘秀的名义授予窦融将军印绶。但是隗嚣实际上希望保持割据的局面，所以就派了一位辩士张玄到河西来游说：“更始帝事业已成，却这么快就覆灭了，这是刘氏一姓不能再复兴的结果。现在你轻易投了主子，成为他的部属，一旦受他统治，自己就丧失了权柄，今后悔之无及。”他煽动道：“你和我隗嚣，还有公孙述，我们联合起来，高可以像六国时相互竞争，低的话也可以像南越王赵佗一样割据一方。”不过窦融的头脑还是清醒的，他没有陶醉于这些美梦，而是审时度势，在建武五年，又派特使向刘秀奉书、献马，表示效忠。

刘秀听说河西没有受到战乱的破坏，人力物力充足，早就想招抚窦融了。他如果招抚了窦融，就会对隗嚣、公孙述形成巨大的压力，所以见到窦融的特使来了，自然是大喜过望。但刘秀知道情况很复杂，胜负未定，特别是隗嚣与公孙述都不会就此罢休，所以在封窦融为凉州牧时，还给他写了一封盖了玺印的信。刘秀直截了当地点破形势：“今天益州有公孙述，天水有隗嚣，他们正互相攻打。现在全看将军你怎么想了，你的选择是举足轻重的。”刘秀把话点穿了，说现在的时机是“王者迭兴，千载一会”，要他在支持隗嚣或公孙述造成“三分鼎足，连衡合从”，还是追随自己“立桓、文，辅微国”中及时做出明确选择。刘秀欲擒故纵，承认天下未定，我跟你之间并不是互相吞并的国家，又指出窦融身边必定有人劝他效法秦末的南越王赵佗割据一方，最后声明“王者有分土，无分民，自适己事而已”，就是说他将来可以给有功的人“分土”，封他们为王，但绝不同意“分民”，听任国家分裂。刘秀不容许不同政权并存，让窦融自己考虑清楚。

这封玺书传到河西引起很大的震动，大家都以为刘秀已经洞悉了隗嚣派张玄前来游说一事。窦融立即上书表明自己的立场：“我虽然没有知识，但还是知道利害关系的，怎么可能去背叛旧日的真正主人，而去侍奉那些奸伪小人呢？怎么会放弃已经形成的基础，去争取没有希望的利益呢？”为了表示自己的忠诚，他派亲兄弟窦友随使者朝见刘秀，这等于把亲兄弟交给刘秀做人质了。

隗嚣公开与汉朝决裂后，窦融写信给隗嚣加以谴责和规劝，后来又在自己统治的五郡秣马厉兵，上疏朝廷询问什么时候出兵攻打隗嚣。这个时候刘秀更进一步，将记录外戚世系的“外属图”和《史记》中的《五宗世家》《外戚世家》《魏其侯（窦婴）列传》赐予窦融，正式承认窦融的汉朝外戚身份，又派人到扶风祭扫窦融父亲的墓，并且不断地赏赐珍宝。刘秀对窦融的格外优待得到了回报，在汉朝与隗嚣的军事对峙中，窦融始终站在汉朝一边，使隗嚣两面受敌。

建武八年（公元 32 年），刘秀亲自西征，窦融率领五郡太守、羌族、小月氏等几万步骑兵、五千辆辎重车与汉军会师，并以周全的礼仪朝见刘秀。平定隗嚣以后，刘秀封窦融为安丰侯，破格划给他四个县作为封邑（一般最多封一个县），并且遍封他的兄弟和部属。在刘秀东归的时候，还让他们全部返回河西驻地。

窦融反倒对自己长期拥兵在外深感不安，几次上书请求派人来取代。刘秀回答说："我跟将军的关系就像左右手，你一再谦让，难道不理解我的心意吗？好好管理军民，不要擅离职守。"

四年以后，汉军攻克公孙述最后的据点——成都，窦融与五郡太守才接到要他们"奏事京师"的诏令。一到洛阳城门，窦融马上把凉州牧、张掖属国和安丰侯的印绶统统上缴。刘秀退还了只代表俸禄的侯印，同意窦融辞去这两个集军政大权于一身的职位，另封他为冀州牧，但不久又调任他为朝廷级别最高，但是没有实权的"三公"之一的大司空。从此窦融安享殊遇，窦氏一家出了"一公、两侯、三（娶）公主（成为驸马）、四二千石""自祖及孙，官府邸第相望京邑，奴婢以千数"，在东汉的外戚与功臣中位居第一。

窦融真不愧为识天命的典范，既然不具备争天下的能力，就老老实实归顺，小心谨慎地效忠皇帝。刘秀也没有亏待他，虽然在平定天下以后就把他召到身边解除了军政实权，但优礼有加，并没有像后世一些开国皇帝那样非要将降王置于死地而后快。继位的汉明帝对他们窦家也不薄，即使在窦氏子弟骄纵不法的时候，也使窦融以七十八岁的高龄善终。

自东汉以后，河西曾经多次成为割据政权的基地，并且几度脱离中原王朝。窦融的选择使东汉的版图没有缺少河西，也使得河西和中原的百姓都免受战乱之苦，他的结局可以说是"善有善报"。

至于其他的两位，情况可就不同了。

第十八讲　谁主神器（二）：坚定的目标，艰难的中兴

在刘秀的三个对手中，窦融是最识时务，结局也最风光的，但是其他两人就不同了。

隗嚣在起兵后的相当长一段时间里也是“识天命”的。他在天水被众人推举为反抗王莽政权的“上将军”时，就听从军师方望的建议，打起恢复汉朝的旗号，隆重地祭祀汉高祖、汉文帝、汉武帝，并且与三十一位将领歃血为盟，说要“允承天道，兴辅刘宗”，发誓如果不这样做，则“明神殛之”。接着，他向全国发出声讨王莽滔天罪行的檄文，并且使用“汉复”作为年号，表达“兴灭继绝”的宗旨。这样就很快组织起十万大军，在王莽被杀后控制了整个凉州（相当今甘肃全省和相邻的宁夏、陕西、青海部分地区）。

当更始政权征召隗嚣去长安的时候，他的谋士方望反复劝阻无效，于是留下一封意味深长的信走了。显然方望原来的建议不过是一种手段，目的还是想辅佐隗嚣得天下，谁知隗嚣当了真，真的要去恢复汉室，那么方望自然会失望而去。到长安后，曾经与隗嚣结盟的他的叔父隗崔、隗义想逃回天水，隗嚣怕受到连累，大义灭亲跑去告发，使两位叔父被杀，他自己因忠诚而被更始帝晋升为御史大夫。刘秀称帝后，隗嚣劝更始帝将政权交给刘秀的叔父刘良，而在诸将策划挟持更始帝东归的时候他也有参与，更始帝觉察后他才不得不逃回天水，自称西州上将军。

隗嚣一向谦恭爱士，倾身结交布衣。更始政权覆灭后，长安一

带的耆老和士大夫纷纷投奔他，他因此网罗了大批人才，一时“名震西州，闻于山东”。这个时候刘秀的势力还没有到达关中，而隗嚣不仅控制了西北，而且最有条件就近占据首都长安，但他的确没有取代汉朝的打算。建武二年（公元 26 年），刘秀的大将邓禹进攻赤眉军，屯兵云阳（今陕西淳化县西北），当其将领冯愔叛变时，隗嚣还配合汉军平定了叛乱。当赤眉军离开长安西进的时候，隗嚣又派兵将其击溃，并一再追击。邓禹代表刘秀任命隗嚣为西州大将军，让他管辖凉州和朔方（今陕北、宁夏大部和内蒙古南部）二州。第二年（公元 27 年），隗嚣派人到洛阳向刘秀上书，刘秀也待他以特殊规格，给予“敌国”的礼遇，把他当成一方诸侯，称隗嚣的字而不称名，表示不敢将他当成自己的臣下。隗嚣又配合汉将冯异击败了与公孙述有来往、进犯关中的朱鲔部众数万人。接到报告后，刘秀亲笔写了一封信给隗嚣。在这封信中，刘秀以周文王三分天下有其二，还照样“服事”殷朝的话来赞扬隗嚣，赞扬他“扶倾救危”，说要不是有他的帮助，咸阳早已为他人占据了，所以希望在公孙述侵犯汉中、关中的时候，“愿因将军兵马，旗鼓相当”。如果隗嚣真的能够和自己配合，刘秀今后必将“计功割地”，也就是根据他的功劳，分一片土地让他享受俸禄，还跟他约定，今后要互相直接写信，以免被旁人挑拨离间。

此时公孙述已经称帝，他几次从汉中出兵，给隗嚣送来了大司空、扶安王的印绶。隗嚣自以为跟公孙述是平起平坐的，怎么能够向他称臣呢？于是就把公孙述的使者杀了，又发兵攻击他的军队，使他无法北出。刘秀知道自己的部将来歙、马援是隗嚣的旧友，几次让他们与隗嚣通讯，趁机劝他入朝。隗嚣谦让再三，说自己没有功德，等到天下太平了就会退休回家。建武五年（公元 29 年），刘秀又派来歙劝隗嚣把儿子送到朝廷来。隗嚣得知河北的彭宠和关东的刘永这时都已被灭，形势所迫下，只好派长子隗恂随来歙去了洛阳——这是表示效忠之意，把儿子交给刘秀做人质。但隗嚣的部将王元、王捷认为“天下成败未可知”，不必一心一意服从汉朝，因为南面还有公孙述，北面则有卢芳及其他王公十数人，既然天下未定，而我天水本身士马最强，如果控制住了周围，就可以恢复秦国的旧业，然后守住函谷关，养精蓄锐，等待四方的变化，即使成不了王业，也能当个割据一方的霸主。

隗嚣心里头是赞成他们的策略的，所以表面上送儿子给刘秀当人质，实际上还是想继续割据。驻守关中的汉朝将领几次上书刘秀，认为平定公孙述的条件已经成熟。刘秀将这些信转给隗嚣，让他出兵讨伐公孙述以证明自己对汉朝的忠诚。这种手段当然狠毒，让隗嚣与公孙述火拼，自己却不调兵配合。隗嚣如果真的用兵，必定会与公孙述两败俱伤；要是不愿出兵，就证明他并没有真正效忠。隗嚣的反应是派个长史去强调关中实力空虚，北面又有卢芳的威胁，现在还不宜去进攻公孙述。这就让刘秀识破了他只不过是在观望，“欲持两端，不愿天下统一”的本性，于是降低了原来给他的高规格礼遇，跟他明确了“我是君，你是臣”的关系。

其实，至此隗嚣败局已定。既然他没有能力去抵抗刘秀，又不愿意真正归顺，怎么还能有什么好下场呢？所以刘秀便向他表明态度：你要么就拿出实际行动来，要么就主动归顺，不能够老是这么拖延。

建武六年（公元 30 年），关东完全平定，但是连年的征战也使汉军疲于奔命。鉴于隗嚣已经送来长子作为人质，而公孙述一时也构不成威胁，刘秀还是希望和平解决两地的割据，要诸将暂时“置之度外”，并且多次派人送信，向两人“告示祸福”，说明形势，要他们做出选择。由于隗嚣手下那批秘书文才出众，每次上奏的文书都成为士大夫传诵的名作，刘秀在对隗嚣的用词和语气上都特别小心。但有两件偶发的事件，使刘秀争取隗嚣的政策一时受挫：一是隗嚣派出的特使周游在经过汉将冯异防区的时候被冤家所杀；二是刘秀派铫期赐给隗嚣的珍宝在路上被偷了。

平心而论，隗嚣没有干过任何对不起刘秀的事，即使他想割据自保，也只限于自己的辖境，没有侵占过汉朝一寸土地。他没有听从刘秀出兵征讨公孙述的命令，无非是为了保存实力，也不愿意失去公孙述这个潜在的盟友，但是并没有联合公孙述对抗的意图。刘秀其实也明白隗嚣是一位忠厚长者，但是统一的进程不能因此而一再拖延，所以亲自指挥，进驻长安，派了七位将军绕道陇坻（今六盘山南段）征伐公孙述。他先派来歙带着诏书向隗嚣说明形势。隗嚣怀疑汉军以假道为名，趁机对自己不利，就调动军队据守陇坻，砍伐树木堵塞道路，而且企图杀害来歙，但被来歙逃脱了。汉军进攻到陇坻，被隗嚣军队打得大败。隗嚣乘势侵入关中，但被汉军打了回来。

到了这个地步，隗嚣居然还想玩弄手段。他给刘秀上疏谢罪说："我的部下得知您的大军突然到达，惊恐之间急于自保，我无法禁止。虽然部队打了大胜仗，我还是不敢废臣子之礼节，所以亲自把他们追了回来。事到如今，我的命运都在朝廷手里，要杀要办，悉听尊便。但是如能蒙恩给我洗心革面的机会，我就算死了也不朽了。"有关方面指出隗嚣傲慢无礼，要求杀了他的儿子。刘秀不忍心，又派来歙到接近陇坻的汧县传达诏书。诏书上写着："隗嚣是个文官，应该懂道理，所以我再一次赐给你一封信。话说深了似乎不太客气，说简单了又怕解决不了问题。如果你现在真的愿意投降，就请再将隗恂的弟弟送来，那还能够保全你的爵禄，后福无穷。我快四十岁了，带兵十年，很讨厌那些虚情假意。如果不愿意，你就不必答复了。"隗嚣知道刘秀已经看破了真相，只好派使者向公孙述称臣。走到这一步，他跟刘秀的关系彻底决裂了。

建武七年（公元 31 年），公孙述封隗嚣为朔宁王，又派兵声援。但此时的隗嚣已经没有任何优势可言，他两次进攻汉军都无功而返。刘秀又发动新的政治攻势，通过来歙策反了隗嚣的大将王遵。王遵立即受到刘秀的重用。建武八年（公元 32 年），刘秀亲自率军进军陇坻。王遵被委任代表皇帝留守长安，他没有辜负刘秀的重托，成功地策反了隗嚣的另一位大将牛邯，并且导致其他十三位大将、十六座县城和十余万人投降。隗嚣土崩瓦解，逃到西城（今甘肃天水市西南）

依靠杨广，另两位部将困守在上邽（今甘肃天水市）。这时刘秀再次招降，保证隗嚣父子的安全，并按照汉高祖当年对田横的许诺告诉隗嚣："你只要肯投降，那么'大者王，小者侯'。"即可以给你封王、封侯。但隗嚣还是不愿意，刘秀就杀了他的儿子隗恂，留下军队长期包围西城。

一个多月后杨广病死，隗嚣山穷水尽，垂危之际，忠于他的部将王捷登上被围的戎丘（今甘肃清水县北）城，对着汉军高呼："我为隗王坚守的心至死不变，请你们赶快回去吧！我现在就用自杀来证明。"就这样当场自刎。这些残兵败将居然坚守了几个月，终于盼来了入蜀求援的王元、行巡、周宗带来的五千救兵。他们拼死奋战，冲入西城，将隗嚣接回冀县（今甘谷县东）。汉军的粮食吃完后只好退兵，安定、北地、天水、陇西四郡脱离汉朝掌握，重新归属隗嚣。

然而，经过连年的战乱，这一带已是哀鸿遍野，连隗嚣也吃不饱饭了。建武九年（公元33年）春，又病又饿的隗嚣只好亲自出城找杂粮吃，最后在悲愤中死去。使这位"长者"稍感安慰的是，王元、周宗等部将继续效忠，立他的少子隗纯为王，一直坚守到建武十年（公元34年）才被汉军攻克，集体投降。不过，这样的结局其实早已注定，拖延的后果无非增加了更多无辜生灵的牺牲。

刘秀的另一位对手公孙述倒是一开始就想当皇帝的。他本来就是王莽任命的蜀郡太守，当时的官名是"导江卒正"。王莽覆灭后，他就占据益州，自称蜀王。据说他的梦中有人对他说："八厶子系，十二为期。"醒来后他跟妻子说："命倒是很贵的，可惜国运太短怎么办？"他的妻子学问不错，说："孔夫子不是讲，'朝闻道，夕死可矣'，何况你还可以做十二年皇帝。"据说还有龙在他的大堂上现身，夜晚大放光芒。为了印证这些预言，公孙述在自己的手掌上刺了三个字："公孙帝"。在刘秀称帝前的两个月，公孙述已经自立为天子，建元龙兴，颜色定为白色——汉朝使用红色，他认为白克红。

公孙述当时的地盘大致相当于今天的四川、重庆、贵州、云南和秦岭以南的陕西，地方不小。更始帝败后，关中投奔公孙述的人数以万计，使他的部队扩大到几十万人。他在汉中积聚粮食，在南郑建宫殿，造了十层高的大船，还预先刻好了全国各地地方官的印章。可是他的军队太不争气，两次出师关中都以失败告终，从三峡顺流而下的军队也攻占不了荆州的属县。

战场上不能取胜，公孙述就搞起了意识形态。他本来就对符命图谶很感兴趣，又引经据典，从理论上证明他得天命的必然性。他认为，孔子作《春秋》时定了鲁国十二位公，又定了汉朝有十二位皇帝，到汉平帝时气数已尽，一姓不可能再受命。他又根据图谶的书断定，按照五德的顺序，应该是黄承赤、白继黄，既然王莽的黄德已取代过汉朝的赤德，现在该由他的白德取代王莽的黄德，这才符合正常的次序，而他手上的“公孙帝”三字和府中出现的龙证明他已经得了天命。于是他将这些内容写成宣传资料向中原散发，成了刘秀的心腹之患，因为刘秀同样很重视图谶这一套宣传。

所以刘秀亲自给公孙述写信，指出他对这一图谶的解释是错的，“公孙”应该是指汉宣帝，命中注定要代汉的是“当涂高”，难道你是当涂高出世吗？至于手掌有字这一套，都是王莽玩的把戏，你学他干什么呢？但是另一方面，刘秀对他的处境表示理解：“你不是我的乱臣贼子，仓促之时人人都想做君主罢了，没有什么好责备你的。你已经年老，妻子、儿子却都还弱小，应该早点为自己定计，这样才可以无忧。”然后刘秀又发出警告：“天下神器，不可力争。”“天下神器”指的是皇帝的宝座，意即皇帝的权力是不可以靠暴力来争夺的，要看天命，而天命在我这里。最后，他劝公孙述“宜留三思”。下面的署名是“公孙皇帝”，因为刘秀自己也信这一套，意思是“公孙皇帝”是我不是你。

刘秀的统一目标是坚定的，谁要是阻碍统一，他不惜以武力清除。公孙述既然不愿投降，就没有任何犹豫的余地。偏偏公孙述满足于关起门来称王，一次次丧失与刘秀争夺天下的时机，那就只能坐待刘秀在消灭了其他割据势力后对他的最后一击。公孙述曾听从荆邯的建议，准备出动大军，分水陆两路向东、向北出击，但在弟弟公孙光和本地人的反对下收回成命。

建武十一年（公元35年），汉军节节胜利，长驱直入，前锋到达武阳（今四川彭山）。刘秀致信公孙述劝降，又重申宽大和保证。公孙述看后不无触动，将书信给亲信常少和张隆看，他们都劝他投降。公孙述却说："哪有投降的天子？"从此左右再也不敢说话了。

面对大军压境，公孙述想到了暗杀的办法，先是派人刺杀了来歙，之后又派人刺杀了岑彭。建武十二年（公元36年），汉军杀了公孙述的弟弟和女婿，残部一片恐慌，日夜叛逃，连灭族的处罚也制止不了。刘秀还想争取公孙述投降，又下了一道诏书，表示可以不追究暗杀来歙、岑彭的罪行，只要自行投降，还能保证家族的安全。如果再执迷不悟，就等于将肉放在虎口，何苦落得这样悲惨的下场呢？末尾说："我的将帅都疲劳了，大家都想回家，并不想长久屯在那里。我在诏书里对你说的这些话，不可能再有了。"意思是，这是最后通牒。但是公孙述拒不投降，断了最后一线生路。

九月，吴汉率汉军进逼成都，公孙述用重金募集了五千敢死队，由延岑率领迎战，又出奇兵包抄了吴汉的后路。汉军大败，吴汉掉在河里，拉着马尾巴才脱险。但局部的胜利挽救不了失败的大势，到了十一月，汉军攻到了成都城北的咸门，公孙述找人算命，翻占卜书，上面有四个字："虏死城下"，即强盗要死在城底下。他以为会应验在吴汉身上，于是亲自率兵出城作战，结果被汉军刺穿胸部，掉下马来，当晚死亡。第二天延岑投降，吴汉入城，将公孙述的妻儿、族人全部杀光。延岑虽已投降，但也被灭族。公孙述的头被割下来送往洛阳示众，吴汉纵兵大掠，一把火烧了公孙述的宫殿，成都一片残破。

建武十三年（公元37年）正月，吴汉率领凯旋的汉军顺长江而下。四月，刘秀在洛阳宫中接受群臣的朝贺，其中就有大司空窦融，却没有本来也可以在场的隗嚣和公孙述——如果他们当初愿意投降，至少能封个“违命侯”。这个时候卢芳已经逃到匈奴，所有的割据势力都已经被消灭，刘秀最终完成了统一大业，实现了汉朝的中兴。

所谓“秦失其鹿，天下共逐之，高材者先得”，王莽失鹿后，经过十多年的共逐，刘秀得了天下。这并不是因为他姓刘，而是由于他属于“高材”，特别是他有坚定的统一目标。正如公孙述的谋士荆邯所说：“兵者，帝王之大器，古今所不能废也。”**刘秀的统一离不开武力，但同时他又采取了种种灵活的手段，争取以和平的方式降服对手，可谓仁至义尽，在古代的帝王中是少有的。**

从道义上来讲，隗嚣、公孙述与刘秀之争不存在正义与非正义的区别，要是他们有能力，又能把握时机，由他们来统一并非没有可能。但从统一与分裂的角度看，刘秀致力于统一，而隗嚣、公孙述既抵制刘秀的统一，自己又不愿意统一，或者不具备统一的能力，所以他们的灭亡是必然的，只能说是咎由自取，只是可怜了无数的冤魂白骨。反之，如果刘秀容许这种局面存在下去，不仅东汉政权不能巩固，战争不会断绝，而且汉朝的疆域或许从此就要分裂为不同的国家，也许就没有今天的中国了。这段历史的经验教训，同样是值得我们深思的。

第十九讲　士人的困境：桓灵之世的“儒林外史”

东汉桓帝延熹九年（166年），河内郡（今河南武陟县西南）人张成的弟子牢脩向皇帝上书，控告司隶校尉（首都特区长官）李膺等人资助国家最高学府——太学中的学生与访问学者，结交各地的士人，相互串联，结成“部党”，诽谤朝廷，破坏社会风尚。皇帝震怒，下令各地逮捕这批“党人”，并将他们的罪行布告天下，全民共讨之。案子送到“三府”审理。“三府”就是太尉、司徒、司空这三位朝廷最高官员。然而，太尉陈蕃拒绝署名受理，并且上疏为他们辩护。

皇帝更加生气，将李膺、范滂等关押到由宦官主管的黄门北寺监狱里刑讯逼供，又以推荐任用人员不当为由免了陈蕃的官。党人的供词牵连到陈寔等二百余人，也一律逮捕，其中有的人已经逃亡了，朝廷派往各地追捕办案的官员络绎不绝。这是中国历史上第一次对知识分子的大规模政治迫害。

此事的起因与汉桓帝不无关系。桓帝在当皇帝之前是蠡吾（今河北博野县西南）侯，当过甘陵国（国都在今山东临清市东北，辖今山东、河北交界处数县）的周福（字仲进）的学生，等到他即位以后就提拔周福做了内阁尚书（内阁常务官员），而甘陵同郡人房植（字伯武）担任河南尹（首都所在郡的长官），在朝廷颇有声望。于是当地人编了两句民谣：“天下规矩房伯武，因师获印周仲进。”意思是房伯武不愧为天下的榜样，而周仲进的官印不过是靠当老师才拿到的。房、周二人的幕僚、门客、学生相互讥讽、制造舆论，又各自拉帮结派，逐渐势不两立，形成甘陵的南部与北部两派，开始被称为“党人”。

后来，汝南郡（今河南平舆县北）的太守宗资信用功曹（即秘书长）范滂（字孟博），而南阳郡（今河南南阳市宛城区）的太守成瑨委任功曹岑晊（字公孝），这二郡中也流传出这样的民谣：“汝南太守范孟博，南阳宗资主画诺。南阳太守成功孝，弘农成瑨但坐啸。”用现代人的话讲，就是真正的汝南太守是范孟博，南阳人宗资只管签字画圈；南阳真正的太守是岑公孝，弘农人成瑨只要坐着嚷嚷就行了。

当时的太学有学生和访问学者三万余人，其中郭泰（字林宗）、贾彪（字伟节）名气最大，他们和李膺（字元礼）、陈蕃（字仲举）、王畅（字叔茂）等人互相赞誉提携，太学中又传出了几句话：“天下楷模李元礼，不畏强御陈仲举，天下俊秀王叔茂。”此外还有渤海（今河北南皮县东北）人公族进阶、扶风（今陕西兴平市西南）人魏其卿，都爱发表直率的意见和深刻的议论，揭露豪强时不留情面。朝廷的高官也怕他们的批评，吓得到他们家去的时候连车都不敢坐。这些士人相互标榜或者相互攻击，形成的舆论风气对当时的社会产生了很大的影响。

事件的导火线是几年前李膺杀了张成的儿子。张成有打卦算命的本事，平时以此广交宦官，连汉桓帝都信他几分。据说张成打卦推算出皇帝将要大赦，就让他的儿子先去杀人。当时李膺正好担任河南尹，就把张成的儿子收捕了。不久果然颁布了赦令，张成的儿子在被赦免的范围。李膺更加气愤：“你算下来知道会被赦免就故意杀人吗？”竟然把他定罪杀了。所以，张成的弟子们就跑去诬告李膺等人结党。

由于太尉陈蕃碰了钉子，朝廷百官没有人再敢为党人说话。新息县（今河南新息县西南）的县长贾彪到洛阳活动，说服了尚书霍谞、城门校尉（首都卫戍司令）窦武于第二年的六月上书为党人鸣冤。窦武以皇帝的老丈人的身份指责“皇帝所行，不合天意”，同时表示自己要因病辞职。当时连年水旱灾害严重，据说中原地区的百姓饿死了差不多一半，有的人家甚至绝户，南匈奴、鲜卑、乌桓同时起兵反叛，各地盗贼蜂起。三十六岁的桓帝虽然已于上一年立了窦武的女儿为自己的第三位皇后，但是一直没有儿子，因而对天意有所顾忌，加上李膺他们的供词里牵涉到不少宦官子弟，宦官们害怕受到牵连，所以就劝汉桓帝顺从天意，加以赦免。于是桓帝宣布大赦天下，将党人们统统释放回乡，但是终身管制，他们的名字都由朝廷记录在案，有了案底。

但是党人们从此声名大噪，范滂等人刚要离开洛阳的时候，汝南、南阳二郡的士大夫迎接他们的车已经有好几千辆。此后各地的士人更是推波助澜，互相标榜，给天下的名士定了各种称号：最高等级的三人是窦武、刘淑、陈蕃，他们被称为“三君”，就是三位宗师；李膺等八人被称为“八俊”，就是士人的精英；郭泰等八人称为“八顾”，就是能够用自己的德行引导别人的人；张俭等八人称为“八及”，就是能够指导别人向领袖们学习的人；度尚等八人称为“八厨”，意思是能够用自己的钱财救济他人的人。

当年冬，汉桓帝去世，因他没有儿子，由老丈人窦武主持迎立解渎亭侯刘宏继位，就是后来的汉灵帝。窦武有了这样的功劳，再加上他重要的地位，因此被封为大将军，总揽朝政。陈蕃出任太傅，录尚书事（首相）。窦武与陈蕃策划清除曹节、王甫等长期弄权、祸国殃民的宦官，任命“八顾”之一的尹勋为尚书令，刘儒为侍中，冯述为屯骑校尉（禁卫军司令），又下令征召被禁锢的党人李膺等人进京，并请“八俊”之一的荀翌、陈寔担任幕僚，共同制定计划。

天下士人都知道他们的意图，纷纷准备效力。第二年（建宁元年，168 年），陈蕃敦促窦武采取行动，但是窦武一味地依靠他的女儿窦太后，而窦太后却处于曹节、王甫等宦官的包围之中，不愿意下手。一直等到八月份，窦武才对宦官党羽开刀，准备收捕曹节等人。但因计划泄露，曹节、王甫抢先行动，占据皇宫，劫持了十三岁的灵帝和窦太后，以他们的名义下诏逮捕窦武。窦武召集部队对抗，失败后自杀。陈蕃、刘儒、冯述等人均被杀，刘淑、尹勋等人在狱中自杀，他们没有被杀的家属都被发配到日南郡（今越南中部）或者其他边疆。这是对党人的沉重打击，不仅“三君”（三个领袖）全部身亡，政治势力被扫荡殆尽，还招来了宦官们的疯狂报复。

建宁二年（169年），在中常侍（皇帝身边的机要官员，多由宦官担任）侯览的指使下，山阳郡（今山东金乡县西北）人朱并首先发难，上书控告张俭与同乡二十四人结成死党，“图危社稷”，阴谋颠覆国家。曹节[①]也授意有关部门上报，将牵连到的一大批“钩党者”，包括虞放、杜密、李膺、朱寓、范滂等百余名中高级官员统统逮捕法办。十四岁的灵帝还不懂“钩党”是什么意思，曹节跟他解释说：“‘钩党’就是党人。”灵帝又问：“党人干了什么坏事，非要杀他们不可？”曹节回答：“他们结成一伙，干不轨的事。”小皇帝还是弄不明白：“不轨又怎么样？”曹节说：“那就是要推翻你，自己做皇帝。”灵帝这才准奏。结果，被捕的党人全部非刑即死，家属流放边疆，其余的党人有的在此前已经死了，有的闻风逃亡。一些人趁机泄私愤，将仇家都列为党人，地方官也因为要迎合朝廷的意图而搞扩大化，以致于和党人没有关系的人也遭到横祸，被杀、被关和被迫逃亡的有六七百人，受牵连的人更是不计其数。

熹平五年（176年），永昌郡（今云南保山市东北）的太守曹鸾上书为党人鸣冤，言辞相当激烈。灵帝大怒，立即命令当地用囚车把他押解进京，在监狱里活活打死，又下令各地清查党人的学生、下属和他们的父子兄弟，凡是当官的一律免职管制，处罚的范围扩大到他们的五服之内。光和二年（179年），上禄县（今甘肃西和县东南）的县长和海提出：按照礼法，同一个曾祖父的堂兄弟如果已经分居，那就属于疏族，所以党人株连五服之内是不妥当的，灵帝这才将追究

① 曹节此时担任大长秋，即皇后宫内的主管官员。

的范围限于三代之内。

中平元年（184 年），张角为首的黄巾起义爆发，中常侍吕强就向灵帝进言：“党锢的时间太长了，人们的怨气很大，如果一直不予宽大赦免，这些人和张角合谋，叛乱会越闹越大的，到时候就后悔不及了。”灵帝有些害怕，就对党人实行大赦，将原来被流放的家属放回故乡。**这场历时二十多年的政治迫害运动至此结束，但是东汉王朝的最终崩溃也为期不远了。**

这场党锢案当然是冤假错案，实际上党人根本就没有结什么党，更不是现代意义上的政党，甚至并没有结成什么团体，最多不过是一群意气相投的士人组成的非常松散的同盟。正因为如此，他们没有共同的政治纲领，也没有周密的行动计划，而对政治迫害所采取的态度也是因人而异的。要说他们“图谋社稷”更是冤哉枉也，且不要说他们巴不得为皇帝尽忠效劳，他们要杀的也只是一批作恶多端的宦官，就是对来自皇帝的迫害也无不是逆来顺受，至多只是逃避，却从来没有做过任何反抗。

不过平心而论，党人们并不是没有责任，要是他们的态度不是那么偏激，行为不是那么极端，策略不是那么幼稚的话，损失绝不会那么大，结果更可能接近他们自己的目标。

党人们的确都是学者、士人，用今天的话来说，都是知识分子，其中不少人的主要事业是读经游学，设帐授徒，即教学生。党人们的集体活动也只是互相标榜、品评人物，发表一些“危言深论”。但他们自己既不是闭门读书、埋头著述的纯粹学人，也不是优游林下、清心寡欲的出世高士，其中大多数人都是在职或者离任的官员，从最高一级的大将军、太傅、太尉，中央各部门和郡一级的行政长官，到幕僚、县长，其余则是“家世衣冠”的乡绅和待价而沽的士人。党祸的起因表面上是宦官对反对他们的士人的报复，实际上是东汉权力斗争的一部分。党人们的领袖之一窦武，就是一度权倾朝野、掌握拥立新君大权的外戚，而支持窦武与宦官较量，并参与其中的就是这批党人。

这就导致了东汉的一个或偶然或必然的特殊现象——从和帝开始几乎都是幼主继位，母后临朝，外戚当权。和帝十岁即位，窦太后临朝，她的哥哥、皇帝的舅舅窦宪执政。元兴元年（105年），27岁的和帝去世，他的儿子刘隆（殇帝）还不满一岁，即位后由邓太后临朝，太后的哥哥邓骘执政。第二年八月小皇帝死了，邓太后又跟邓骘一起立了和帝的侄儿、十三岁的刘祐（安帝）为帝，继续由邓太后临朝。延光四年（125年），三十二岁的汉安帝死了，废太子刘保已十一岁，但因为他是宫女所生，没有即位的资格。而皇后阎氏为了能够长期掌权，也想立个小孩子，所以与她的哥哥阎显一起迎立了章帝的孙子——北乡侯刘懿（少帝）。刘懿即位时的年岁不详，但肯定是幼儿。这样一来阎后当仁不让当了太后，并且以太后身份临朝，她哥哥阎显再次执政。几个月后小皇帝就死了，孙程等十八人密谋拥立废太子刘保（顺帝），阎显被杀，阎太后被幽禁起来。建康元年（144年），这位顺帝也死了，他的儿子刘炳（冲帝）只有两岁，即位后梁太后临朝，她的哥哥梁冀就当了大将军，执掌朝政。第二年（145年）正月，汉冲帝死，梁冀不顾大臣们立长的建议，立了八岁的刘缵（质帝）为帝，梁太后继续临朝，梁冀也继续执政。一年多后，质帝中毒死，梁冀又立了十五岁的刘志（桓帝）为帝，梁太后仍继续临朝，梁冀也仍继续担任大将军执政。等到十一岁的汉灵帝即位，窦太后临朝，窦太后的父亲，也就是党人领袖之一的窦武执政。唯一的例外只有汉顺帝，他虽然也是十一岁即位，却是由宦官们拥立的。阎太后失势，阎显被杀，顺帝的母亲已死，因而没有太后临朝。但是七年以后立了梁皇后，外戚梁氏的势力迅速膨胀。所以自汉顺帝死后，梁太后三次临朝，管了三个皇帝，总共有十九年之久。

东汉为什么会连续出现这样的局面呢？一方面是由于皇帝死的时候还没有儿子或者儿子太小，而另一方面，太后和外戚都想继续掌权，故意选幼主继位。等到皇帝长大了，当然不愿意做傀儡，就要设法摆脱太后和外戚（自己的舅舅、外公等）的控制。但是外戚大权在握，小皇帝身边没有可信的人，也没有办法跟朝廷的文武百官联系，只能够依靠身边的宦官发动宫廷政变。比如汉和帝十四岁时与宦官策划，清除了外戚窦氏。汉安帝二十八岁时邓太后死了，他方能亲政，同年就利用宦官废黜了外戚邓氏。汉桓帝亲政以后，梁冀继续执掌大权，桓帝就跟宦官联合起来灭了梁氏。宦官为了达到控制皇帝、巩固权力的目的，也主动掌握时机打击外戚，比如拥立汉顺帝、杀掉外戚阎显就是一个例子。

在权力斗争的恶性循环中，士人们往往站在外戚一边。这固然是因为士人不屑与宦官为伍——既然瞧不起这些太监，自然不可能跟他们站在一起，但是更主要的是士人们都想实现自己的抱负，干一番事业，那样的话就得做官。外戚是掌握朝政的，士人投靠他们才有希望。而宦官的正式职务大多属于内廷，也就是太后的官、皇后的官、宫殿里的官，按照正常的渠道不与士人发生直接联系。加上外戚为了巩固自己的权力，一般都会极力拉拢士人，所以除了梁冀过于飞扬跋扈，诛杀李固、杜乔等大臣和士人外，其他外戚与士人的关系都比宦官与士人的关系更加密切。

但问题是，外戚跟宦官并没有本质上的区别，宦官未必个个都坏，外戚也不见得个个比宦官强。比如和帝时主谋杀窦宪的郑众，发明造纸术的蔡伦，参与灭邓氏的十九名宦官中的良贺，汉灵帝时为解救党人而说话的吕强和丁肃等人，都有令人称道的事迹，不愧为宦官中的佼佼者。特别是吕强，是他主动推动了党锢案的解除。而外戚中尽管不乏正人君子或者有文治武功之人，但是大多数人都过不了迷恋权势和以权势谋利这两关。

就拿党人们立为领袖的窦武来说，他实际执政只有九个月，史料中并没有留下什么劣迹，但仔细分析就不见得如此。桓帝死后，选择新君的决定权就操在他手中，据《后汉书·窦武传》记载，他召见了河间国（今河北献县东南）的刘儵，询问他："你们国的王子侯中有谁贤能？”刘儵说是刘宏。窦武就这样立了十二岁的刘宏为帝（灵帝）。以后的事实证明，刘宏根本不贤，而且和他母亲一样爱钱贪财，这在帝后里是绝无仅有的，很少有皇帝像他那样直接要钱的。即使河间国一支没有贤能，也不至于一定要找灵帝。窦武轻率地选择灵帝，肯定是想找一个便于控制的孩子。而凭借这一功劳，他心安理得地增加食邑，子侄升官封侯。所以，后来陈蕃称赞窦武“忠以卫国”时，王甫反驳说：“他有什么功劳？兄弟三人，一门三个侯，而且公然把后宫的宫女娶回去整天享乐，旬月之间积累的财富超过一亿。”看来不是无中生有。要是窦武执政的时间不是九个月而是九年，结果又会如何呢？这样的人做党人的领袖，领导党人与宦官斗争，即使取得胜利，恐怕对国家也不会有多少好处。

照理说，在与宦官的较量中，窦武和党人是占压倒性优势的：党人占有朝廷的文武要职，控制首都地区的军队和禁卫军；宦官弄权多年，作恶多端，积怨很深，党人则能得到舆论的支持；皇帝就是窦家所立的，对窦武有好感，又来自地方上（外藩），与宦官没有历史渊源。但结果却是党人惨败，这只能证明他们无能。

从当年（168 年）初开始，窦武与陈蕃就做了人事部署，要诛杀曹节、王甫的舆论已经造得“天下俊雄”都知道了，可是直到五月份才找了两名中常侍开刀，又拖到八月才准备逮捕曹节和王甫。在这样的对手面前，即使不出现窦武奏章被泄漏的偶然事件，宦官们也已经有充分对抗的机会，难怪他们一夜之间就能够反败为胜。窦武迟迟不动手的原因是他过于重视女儿窦太后的作用，非要等到她同意才动手，偏偏这位女主在曹节、王甫的奉承下，对他们十分信任，一直不批准对他们法办。可以想象，即使窦武的奏章送到了太后的手里，他也未必能够立即采取行动。窦武既没有将太后与宦官隔离开来，又没有对小皇帝和太后实行保护，结果让宦官轻易地劫持，成了他们假传圣旨的工具。最令人不可思议的是，在上了逮捕曹节等人的奏章后，窦武居然安心地回家休假了，而由党人指挥的禁卫军事先居然毫无准备，临时召集起来的数千军人不堪一击。

这一系列的错误当然不是窦武一个人的责任，但恰恰暴露了党人致命的弱点：志大才疏，言行脱节，都是言论的巨人，行动的矮子。他们追求的与其说是政治斗争的胜利，还不如说是个人价值的体现。

就拿党人的另一位领袖、这次行动的具体策划者陈蕃来说，他疾恶如仇、直言极谏、临危不惧、不计私利，不愧是道德的典范，但政治技巧和斗争策略却乏善可陈。陈蕃少年时候有一件事被传为佳话，正好说明他从小就存在片面性。他十五岁时一个人住一间房，他父亲的朋友来看他，发现屋里又脏又乱，就问："客人来了，小朋友为什么不打扫一下？"他是怎么回答的呢？"大丈夫处世，当扫除天下，区区一个房间管它干吗？"其实，扫除天下与打扫房间是不矛盾的，能打扫屋子的人未必不能打扫天下。很不幸，陈蕃这样的人在党人中不在少数。

那么，我们就需要思考一个问题：这批党人究竟想做什么？他们为什么会犯这些低级的错误？他们为什么最后都落得了这样的下场？

第二十讲　党人的两难：当名士还是当烈士

党人在这场政治斗争中不仅缺少经验，而且没有一个明确的目标，自然就不会产生他们预期的效果。

比如他们平时疾恶如仇，如果只是见于言论，再过分也不至于产生太大的后果，但有不少人是实权在握的官员，当然就要付诸行动了。但他们的行动又往往缺乏理智，或者违反当时的法律，所以不仅无谓地激化了矛盾，而且授人以柄。比如李膺，明明皇帝的赦令已经下来了，为了杀张成的儿子，竟公然违背赦令。又如岑晊，为了给太守成瑨立威，拿不法富商张汎开刀，在赦令下达后不仅杀了张汎本人，还将他的“宗族宾客”二百余人全部杀光。再如贾彪，当县长时为了制止穷人虐杀婴儿，就规定对杀婴者和杀人犯一样定罪，可在当时穷人家杀婴是没有办法，有的养不活，有的是出于长久的男尊女卑观念，想要制止这种行为本身没有错，但他的规定未免过于极端。还比如窦武，他在奏章里不仅建议杀掉曹节、王甫，还计划将宦官一网打尽。诸如此类，都已经超出了理性的限度，将中间势力完全推向了敌方，当然也会使自己置于绝境。联系到一些党人的矫揉造作，我们不能不怀疑有些极端的做法本身就是为了哗众取宠。

党人的名士架子往往在互相标榜中越摆越大，并且认为是理所当然的，甚至到了官场政坛还如此。比如范滂，他出任陈蕃的下属，按照公务礼节晋见，陈蕃没有加以制止，范滂竟然非常愤慨，马上扔掉官笏辞职了。陈蕃向他道歉，也没有使他回心转意。范滂连陈蕃这样的被自己捧为党人领袖的人都没有办法共事，并且只是为了毫无道理、微不足道的原因，又怎么能够实现自己“澄清天下”的大志呢？其他党人也往往在官方征召的时候多次推辞，摆足架子，实际上最后大多还是当了官，或者当了官以后动不动挂冠而走。显然他们考虑更多的还是自己的声望，而不是社会的需要和他人的利益。正因为如此，在朝廷追查党人之时，张俭依靠自己的名望在逃亡过程中“望门投止”，让素不相识的人为他提供救援，造成了“宗亲并皆殄灭，郡县为之残破”的严重后果，最后他自己心安理得地逃到塞外避过风险，晚年还“不得已”（其实是心甘情愿）地接受曹操的征召，以八十四岁的高龄寿终正寝，却害了几十上百人因受他牵连而被杀。

在这场斗争中，党人的另一位领袖、跟李膺齐名且备受称赞的郭泰（字林宗）却安然无恙，并能继续闭门教授上千弟子，看起来好像是个奇迹，其实倒很说明问题。郭泰这个人虽然“名震京师”，但他认为汉朝已到了“天之所废，不可支也”的程度，于是拒绝出仕。他有自己的见解，但是不发表耸人听闻的言论，也不对宦官作无谓的刺激。窦武等人被杀以后，他在野外恸哭，表达自己的极度悲哀，却没有公开与朝廷对抗。他在奖掖士人时，也不排斥有错误缺点的人。可见，清浊善恶并不像多数党人所说的那么绝对，对宦官和邪恶势力也不必每一件事都对着干，更没有必要作无谓的挑战。李膺等人的供词中曾经牵涉到不少宦官子弟，引起他们的恐慌，说明宦官们也不是不想巴结党人，如果像郭泰那样处理得当的话，至少可以起到一些分化作用。可惜党人中像郭泰那样的人实在太少了。

党锢案前后的事实，说明至少在一千八百年前就已经存在权力与舆论、政治与道德的对立和分离。像郭泰这样的一介布衣回乡的时候，在黄河边上送行的士大夫的车辆多达几千辆，只有李膺有资格和他坐同一条渡船，其他人只能像仰望神仙那样远远地看着。被朝廷罢官、逮捕或杀害的官员和士人会赢得舆论的广泛同情和支持，受迫害越重，声望越高。被释放的党人尽管还在管制期间，还是受到上千士大夫的欢送。对于已被朝廷通缉的党人，一批人不惜弃官，不顾满门抄斩株连宗族的后果也要加以保护。

也就是说，政治权力可以剥夺士人的官职、财产、自由以至生命，可以对他们肆意侮辱或施加刑法，却无法左右舆论，更不能改变士人们的信仰。士人以至社会对是非善恶的评判已经不是简单地屈从于政治权力，而是根据自己或本阶层的标准。这就显示了古代知识分子人格的尊严、道德的感召力和对自身价值的追求，与那种政治权力可以完全控制舆论，政治标准就等于道德评判的社会相比，无疑是一种进步。但这种进步的作用很有限，因为在封建专制体制之下，知识分子永远没有办法解决两个矛盾：保持独立人格与服从皇权，实现自身价值与参与政治。

自从秦始皇建立君主集权的专制体制，并为汉朝进一步巩固，又有了董仲舒等人的“天人合一”的理论，皇帝和皇权已经成了天意的体现，至高无上，神圣不可侵犯。诽谤皇帝就等于谋反大逆，是够得上杀头、腰斩、族诛的罪行。汉武帝的时候还增加了一条“腹诽”，肚子里说坏话可以定罪，那就更是天网恢恢、疏而不漏了。再能言善辩的知识分子也无法证明自己肚子里没有说过皇帝的坏话。批评皇帝的唯一根据是“天意”，比如有什么地震、灾害来了，可以看作是老天爷对皇帝的警告，这时候可以批评皇帝。但是具有讽刺意义的是，判断皇帝的作为是否符合天意，往往在于皇帝是否愿意接受批评，他要是接受就是天意，他要是不接受，反过来说你不合天意。所以党人也好，其他士人也罢，无论他们有多高的声望、多大的影响、多大的胆量，批评或评价的对象是不能包括皇帝在内的。所以，对善恶是非、合法非法、忠奸贤愚的评判，一旦由皇帝来表态，知识分子就不能、也不敢再有议论了，因为不仅法律不容许，就是发展了的儒家理论中也找不出这样做的根据。

面对邪恶势力的倒行逆施，正直的士人会义无反顾地斗争，甚至可以将个人的荣辱生死置之度外，因为他们相信这是奸臣所为，皇帝只不过是受到了蒙骗。但是一旦证明这真是皇帝的旨意，或者皇帝亲自做了裁决，即使这是皇帝在被欺骗或劫持下做出的决定，士人们就失去了抵抗的余地。也许有人依然保持自己的思想，但不可能再有言论或行动，这样还有什么独立人格可言？

在党人中，范滂的死是最光明磊落的。在第一次被捕时，他与同案被押到黄门北寺的监狱，狱吏让犯人祭皋陶。范滂带头拒绝："皋陶是贤人，也是古代的直臣。他要是知道我无罪，必定会代我向天申诉的。如果我真的有罪，祭他又有什么用呢？"狱吏要对他们进行拷打，他见同案的人大多体弱有病，就要求从他开始，与同郡的袁忠争着挨打。第二次逮捕党人的诏书下达时，地方官督邮吴导来到县里，抱着诏书在宾馆里闭门痛哭。范滂知道后，说肯定是为自己而来的，就主动到县监狱投案。县令郭揖大吃一惊，连自己的官印都扔了，准备跟他一起逃跑，说："天下那么大，先生为什么要到这里来？"范滂说："我死了，这祸害才能停止，怎么敢以我的罪来连累你，又让老母亲流离失所呢？"他既没有像张俭那样不顾别人的死活，千方百计地逃亡，牵连那么多人；也不像有些人那样自杀，而是从容地诀别亲人，拒绝别人的营救，主动投案接受一切刑罚。

表面看来，在独立人格与皇权发生冲突时，范滂已经无条件地服从皇权，心平如镜，视死如归。但他的内心真的是这样吗？实际上，他对儿子的遗言里透露了内心激烈的冲突和深切的悲哀："我想让你作恶，但恶事不该做；我想让你行善，但我就是行善的下场。"

这不仅是范滂个人的悲剧。古往今来，有多少知识分子最后不得不面对这样永远无法两全的痛苦抉择。作为知识分子，多少是有点知识的，这是他们的幸运，也是他们的不幸。因为有了知识，就想有运用的机会，就不会满足于有饭吃、有衣穿、有妻室儿女，这就是所谓的要实现自身价值。但是，汉代的知识分子能学的、能干的事情实在少得可怜。除了天文、历法以外，其他的科学技术几乎都是“医卜星相”和“百工”的贱业，法律、政治、管理大多是官吏的专利，琴棋书画之类对大多数人而言只是业余的爱好，知识分子能够做的只有读书和做官。

在皇权垄断一切的社会，要实现自身的价值，除了做官没有其他途径。可做了官就只能服从法律和上司，绝对逃避不开现实政治。疾恶如仇会有党人那样的下场；洁身自好或许能够做到，但会因此而一事无成；同流合污又有违初衷，而且不齿于士林；急流勇退倒也干脆，但原来的理想也随之化为泡影。

不过对绝大多数知识分子来说，更大的不幸是他们连做这种选择的机会都没有。东汉后期全国人口估计有五六千万，县以上的贵族和官员的定额是十万人，其中相当大一部分是世袭或者变相世袭的，所以留给士人竞争的职位更少。然而，光太学生就有三万，全国的知识分子估计有几十万。隋唐以后，读书人还能够考科举，多少有一个公平竞争的机会，但东汉是实行荐举制的，士人得由地方官逐级推荐，或者由地方官聘任，或者由朝廷直接征召，必须要在学问和品行两方面都有知名度。对大多数出身平民，或者家境贫寒的士人来说，要靠学问出众而成名难乎其难，而在品行上达到“孝廉”或者名士的水平倒相对容易一些，投靠名士、推波助澜、扬清激恶、党同伐异、臧否人物，更不失为一条捷径。

比如，会稽阳羡（今江苏宜兴市）有个叫许武的，他自己已被举荐为孝廉——孝廉就是行为端正、因品行好而出名的人。但他的两个弟弟没有什么特长，为了让他们成名，许武就想出了一个办法。他向两个弟弟提出分家，把家产分为三份，自己拿了最肥的田、最大的住宅、最得力的奴婢，而两个弟弟分到的都比他差了不少。这下子舆论哗然，众人一致赞扬他弟弟克己谦让，批评许武身为孝廉却如此贪婪。他的弟弟许晏、许普因此获得了地方上的推荐。等到两位弟弟成为孝廉后，许武把宗族、亲戚都请来，哭着告诉大家：“我当哥哥的不成器，先占了名声和地位。两个弟弟年长了，却还轮不到荣华富贵，所以我提出分家，自己揽有恶名。现在我替他们管理的财产已经增值三倍，当众全部分给弟弟，我一点也不留。”他因此受到全郡的赞扬，名声大振，以后果然得到推荐做了官，官至长乐少府，这已经是正厅以上的官了。这样的曲线求名已经到了不择手段的地步。按照正常的途径，这两位弟弟是绝对不可能当上孝廉的。而那些世家大族的子弟，就算再卑鄙无耻、愚昧无知，也照样能够得到举荐，甚至位至公卿。所以东汉时候有一首民谣：“举秀才，不知书；察孝廉，父别居；寒素清白浊如泥，高第良将怯如鸡。”这类名实严重不符、完全矛盾的现象发生在东汉末年，这和党人们风流显赫于一时一样，都不是偶然的。

生在乱世的知识分子有更多建功立业的机会，多多少少有选择主子的自由，成功了就是王侯将相，失败了也是咎由自取，至少有机会践行自己的愿望。但是生活在太平时期的士人实在是很难找到自己的出路，所以我们就不难理解，历史上为什么有些人不惜个人受辱，也要去完成自己的使命，因为他们除此之外别无他法。比如司马迁，他之所以选择忍受腐刑的奇耻大辱，而不是一死了之，就是为了完成《史记》；东汉末年的蔡邕在董卓的威逼下出来当官，但在董卓被杀后他居然流露出对董卓的同情，原因就在于董卓对他的尊重，并且为他编撰汉史提供了条件。所以蔡邕临死的时候哀求王允，愿意接受在脸上刺字、砍去脚这样的刑罚，只求留他一命，让他编完汉史。他之所以接受董卓的任命，更大的目的不是为了荣华富贵，而是希望完成编汉史的目标，可惜终究做不到。

另外，也有一些人不惜以自己的生命，甚至全家和亲友的生命作为实现自身价值的代价。比如党锢案中不乏自投罗网的人，还有的人根本没有被列入党人的名单，竟主动要求补进去。他们当然知道这样做的后果，但在精神上却找到了满意的归宿。

我们今天的知识分子也许无法理解这样一种情况，但这是千百年前的事实。《后汉书·党锢列传》可以作为知识分子在特殊境遇下面对两难选择的一篇实录，呈现了精神追求和现实之间的巨大矛盾，以致最后的结果完全超出了他们自己的预料。

希望这段历史故事可以引起大家的深思。

第二十一讲

汉魏禅让：闹剧演成正剧

什么是禅让呢？

相传上古之时，唐尧将天下传给了虞舜，这就是儒家津津乐道的“唐虞故事”。据说舜又将天下传于夏禹，又有了一个“虞夏故事”。但禹死了以后，他原定的继承人益却没有继位。禹的儿子启得了天下，其原因有两种说法：一种说法是益主动让给了启，还有一种说法是启杀了益，自己继位了。无论如何，禅让的故事到此结束，因为从启开始就都传位给自己的儿子，实行“家天下”了。

今天的历史学家完全能够用人类社会的发展规律来解释这一类禅让现象产生和消失的原因，但是当初的儒家却认为禅让是千古盛事，也是天下为公的典范。可惜当皇帝的都讲究现实，尽管喜欢臣下将自己比为尧舜，但却没有人愿意像尧舜那样传位于外人，连生前就传位于太子、自己当太上皇的人也屈指可数，其中真正出于自愿的可能只有乾隆皇帝一人，但实际上，他这位太上皇照样执掌着大权，一直到他死的前一天。

另一方面，想接受禅让的人不少。对于那些实权在握的权臣、军阀来说，要废除傀儡皇帝自然不费吹灰之力，但想要自己当皇帝、建新朝，却还有一道障碍。因为废了皇帝，甚至把他杀了，也必须在皇族里另立新君，否则就逃脱不了篡位或弑君的恶名，不仅缺乏合法性，而且可能引起敌对势力的反抗，被政敌找到借口。但是如果让皇帝自愿退位，自己再假惺惺地推却一番，那么“篡夺”就成了“禅让”，傀儡皇帝和操纵者都成了尧舜一般的圣君，所以“唐虞故事”实在是不可少的。

最早演出禅让的是魏文帝曹丕，他取代了汉朝。后来的西晋、宋、齐、梁、陈、北齐、北周、隋朝和五代的梁都是用这个办法取代前朝的。比如五代时候的郭威，他取代后汉的时候傀儡皇帝已经被杀了，只能由太后扮演禅让的主角。宋太祖赵匡胤取代后周是在一个早上完成的，但是也少不了以周恭帝的名义下一道禅位的诏书。或许因为“唐虞故事”年代久远，后面的人想效仿都说不清是如何进行的，而曹丕代汉的过程却在《三国志》里记载得非常详细，操作起来也非常容易，所以“汉魏故事”就成为后世禅让的代名词和样板。那么，这个样板究竟是怎么样出来的呢？我们不妨将这一过程详细地讲一讲。

自从建安元年（196 年）曹操将汉献帝迎到许昌，汉朝就已经名存实亡。但曹操采取“挟天子以令诸侯”的办法，始终没有取而代之。不过，到了建安二十二年（217 年），曹操已经被“封”为魏王了，第二年（218 年）汉献帝又“命令”他可以使用天子的仪仗，此时曹操离当真皇帝仅有一步之遥。然而，建安二十五年（220 年）曹操病死，所以接受禅让的手续只能由他的儿子、继承魏王的曹丕来完成了。

这个禅让故事很完整。首先，一系列的祥瑞——吉祥的征兆出现了，并且都是从曹操的故乡谯县（今安徽亳州）开始的。据说早在熹平五年（176 年），黄龙就曾出现过。时任太史令单飏预言这里“后当有王者兴”，五十年内黄龙会再次出现。当时有个叫殷登的人记下了他的话，隔了四十五年以后，果然又出现了黄龙。殷登作为见证人宣布单飏的话应验了。那么接下来的吉兆就更多了。四月，饶安县上报看到了白雉，也就是白色的野鸡。以后这类报告不断，到了八月间，石邑报称凤凰出现了。

六月二十六日，曹丕率大军南征。其实当时没有什么军事上的需要，他也不是真的想进攻孙权，所谓南征只是为禅让做些铺垫和准备而已。七月二十日，军队到达曹丕的老家谯县，他在城东宴请当地父老和全军，并下令免除谯县两年的赋税。就像这样转了一圈后，曹丕回到了离首都许（今河南许昌市东）不远的颍阴县曲蠡（今许昌市一带），军队停了下来，没有马上进入首都。

这个时候，左中郎将李伏上书，公布了他保守多年的秘密，证明近年来出现的一系列祥瑞正应验在曹丕身上。李伏本来是张鲁的部下，他说当年在汉中就听说汉帝要将魏国封给曹操，大家都以为必定会封曹操为魏王。可是当时姜合却说："肯定封魏公，现在还不便称王，要等定天下，而定天下要靠魏公子桓（曹丕字子桓），这是神的意思，符谶上写得非常明白。"张鲁就问姜合有什么根据，姜合说这是孔子的《玉版》上的话。《玉版》编的都是图谶一类的东西。姜合又说："这是皇帝的历数，就是一百代以后的事也能够预知。"一个多月以后，果然有人送来写着这些字的小册子。姜合以后归顺曹氏，但是病死在邺城。李伏说："我已将此事告诉了很多熟悉的人，但考虑到时机还没成熟，不敢公开。您继王位以后一次次出现祥瑞，每次庆贺的时候我都想说明真相，但怕人家说我是讨好您，况且我原是张鲁的部下，归顺你们的时间不是很长，说错了罪更大，所以一直忍耐着。而现在这么多的祥瑞一起呈现，天意已经非常明白，我的心情无比激动，所以要向您报告。"

曹丕一方面把李伏报告的内容公布于众，另一方面又说自己德薄，实在不敢当，这是"先王至德通于神明"的结果，将之归功于他的父亲曹操。当然，这只是一个开始。接下来，刘廙、辛毗、刘晔等一大批大臣上书，引经据典地证明李伏的预言是正确的，讲了一大套道理："从东汉末年的大乱到现在已有二十多年了，总算老天爷有灵，使您这位圣人诞生来解救苦难，而且通过符谶的方式预告，以显示天命所在。您继位不到一年，天上地下出现那么多的祥瑞，四面八方的老百姓争先恐后地归顺，自古以来的典籍上从来没有记载过这样的空前盛况，我们怎么能不欢欣鼓舞呢?”曹丕又拒绝了，说：“有些事似是而非，比如一头健壮的小牛看起来像老虎，实际上不是老虎。”曹丕命令有关官员把他的这些话向百官宣告，表示自己的德行是不够的。

眼看舆论造得差不多了，这个时候要拿天文来说话了。太史丞许芝在十月初九正式公布了魏要代汉的谶纬。

他首先根据最权威的《易传》里面的话，“圣人受命而王，黄龙以戊己日见”，说最近一次发现黄龙就是七月初四这一天，应该是帝王受天命的最明确的征兆了。此外，这个时间出现的蝗虫、麒麟也是符合《易传》中记载的典型的祥瑞。他又引证了大量有关著作及名人的言论，证明汉朝气数已尽，魏代汉是早已安排好的天命。他引用的一些话像猜哑谜一样，比如说已故的白马县的县令李云说过“许昌气见于当涂高，当涂高者当昌于许”等等。“当涂高”什么意思呢?就是挡着道路的一座高大的建筑物，像“魏阙”，暗含一个“魏”字。还有“蒙孙”，指汉代的第二十四代皇帝，或者说指不是以嫡嗣身份继位的皇室后代。汉献帝非皇后所生，又是汉朝的第二十四代皇帝，汉朝注定要亡在他手里。还有更好笑的，像猜谜一样：“日载东，绝火光，不横一，圣聪明。四百之外，易姓而亡。”什么意思呢?按汉隶的写法，曹操和曹丕的“曹”字，上半部正是东字缺下半部（火字），下半部是个日字，符合“日载东，缺火光”；而“不”字下面加一横，不就是曹丕的“丕”吗?这就说明继承汉朝四百年天下的只能是曹丕了。“鬼在山，女禾连，王天下。”这个鬼跟山，再加一个禾，不就是姓魏的“魏”吗?这更证明魏王要得天下。这些东西大家都明白，想造就能造出来很多。

这位太史认为，历史上圣人出现时的祥瑞不过一两样，而曹丕继王位后的祥瑞简直不胜枚举，黄龙、凤凰、麒麟、白虎、甘露、醴泉、异兽都出来了，是自古以来最美好的。而岁星已经出现在大梁——正是魏国的范围，与当年周武王伐纣、汉高祖入咸阳时出现的星象是完全一样的，那么他作为史官，将如此重大的图谶和天象上报是应尽的责任。

谁知曹丕居然断然拒绝，他说："当年周文王占了三分之二的天下，却依然向殷朝称臣，得到孔子的赞扬。周公实际上行使了君主的职权，完成使命后还是将之归还给成王，备受《书经》的称颂。我的德行远不如这两位圣人，怎么能够忘记'高山仰止'的道理呢？"然后又谦虚一番，说："我的德行太薄了，地位太鄙了。"他讲了一套说辞，总而言之断然拒绝了。

可是大臣们似乎根本不理会曹丕的态度，接下来又有如辛毗、刘晔、傅巽、卫臻、桓阶等一大批官员联合上书继续劝进，引经据典说明天下形势，证明天意不可抗拒，请求曹丕"急天下之公义""宣令外内，布告州郡"，出自公心，使全国人民都知道上天的旨意和自己的谦让态度。

曹丕下令道："让天下人了解我的心意是对的，至于其他的话我怎么敢当呢？最近东征时经过的郡县和屯田，百姓面有饥色，有的人连短衣都没有一件是好的，这都是我的责任，所以上有愧于这么多的祥瑞，下对不起百姓。这说明我的德行连当一个统治一方的王都不够，怎么还能当皇帝呢？你们应该停止这类建议，不要加重我的过失，使我不至于死后给世上的君子笑话。"你看这话说得多诚恳。

十月十一日，曹丕向百官公布了这些话，但是依然没有使大臣们的热情降温。督军御史中丞司马懿等人再次上书，认为"天地之灵，历数之运，去就之符，惟德所在"，汉家失德由来已久，而曹丕继位以来的"至德"已经广被上下，天人感应，是历史上从未有过的。"有作为的大人，事前做的事不违天意，事后做的事遵从天时。现在全国都在期望着您，上天在保佑您，神都在为您出力，天下的十分之九已经归顺于您，远远超过当年周文王的三分之二。您要是再不接受，实在是过分谦让了，我们真的于心不安。"

曹丕的答复依然很明确，他说："世界上最缺少的是德义，最富余的是随大流说的假话，常人的性情就是不重视所缺少的，喜欢本来就富余的。”然后又表明自己的志向：“岩石可以被击碎但不失坚硬，丹砂直到被磨尽也保持红色。丹、石这样的小东西尚且能够坚持自己的品质，何况我多少算一个士人，又受过君子的教育呢?”然后又反复说自己不如古代的圣贤，最后表示要学习圣贤的品德。“常言道，‘三军可夺帅，匹夫不可夺志’，我这样的志向是可以夺走的吗?”讲得如此斩钉截铁，好像没有回旋的余地了。但戏还得继续演下去，这个时候就需要傀儡皇帝——汉献帝登场了。

两天后，汉献帝正式向魏王曹丕下了禅位的诏书，并派兼御史大夫、太常张音作为专使奉上皇帝的玉玺、绶带。这时，又有一批官员立即上书，说“天命弗可得而辞，兆民之望弗可得违”，即天命不能推辞，全国人民的强烈愿望不可违背，请求召集文武大臣，公布诏书，顺应天命，并且马上着手制定禅让的礼仪。曹丕下令：“只能够商议不该接受的理由，现在正在军旅之间，等回去后再正式答复。”尚书令等人立即再次上书：“汉高祖接受天命时就在军旅之中，为了不畏惧天命，不敢拖延，就在驻地举行即位仪式。现在您接受禅位的诏书，应该召集百官，集合全军上下，使大家都知道天命。军营中地方狭小，可以在附近平地上建坛，布置举行仪式的场所。我们已经擅自讨论过，决定了礼仪，太史官已经选定了黄道吉日。”曹丕还是说：“我实在不敢当，其他事没有什么好谈的。”

侍中刘廙、尚书卫臻等人又一次上奏，讲了一大番道理：“您必须接受历数的安排，顺应灵符，及时即位。根据太史丞许芝的意见，本月十七日就是个黄道吉日，可以在这一天接受禅位。已经安排布置了禅场，其他情况我们另行奏请。”曹丕却批评道：“你们怎么可以随便搞这些东西呢？搞它干什么呢？我是要推让不接受诏书的。就在营帐前面开读诏书，仪式与平时受诏的仪式一样。再说现在天气寒冷，应该停止造坛的工程，让工匠们回家。”在开读汉献帝的诏书后，曹丕就下令道：“我不能接受诏书，承担这么重大的使命。必须起草推让的表章，奉还皇帝的玉玺和绶带。尧、舜当初要把天下让给许由等人，他们不是回到颍水之阳去耕地，就是以疾病推托；或远入山林，让别人不知所在，或带了妻子出海，终身不再返回，或把这看成是对自己的羞辱，投水自杀。”表明自己一定要向古代的先贤学习，坚决不接受汉朝的诏书，宁可跳东海自杀，要他们赶快上奏退回玉玺、绶带，布告天下，让大家知道自己的决心。

曹丕决定在十月十五日公布这一消息，大臣们都知道表忠心的机会来了。所以，辅国将军、清苑侯刘若等一百二十人联名上书，居然大胆地反驳曹丕的理论根据，称他讲得都不对，表示将不顾曹丕的反对，“昧死以请”，宁愿一死也要请他称帝，并照样“整顿坛场，至吉日受命”。带头的刘若还是汉朝宗室，由他出面劝进当然更加显得大公无私，也证明天命是不可违背的。曹丕的答复依然是否定，他说：“以前柏城子高为了不接受大禹的任命而避往荒野，颜阖为了退回鲁侯的馈赠而隐居不出。他们两人为什么能将王侯的器重不当一回事呢？因为有高尚的气节。所以烈士追求荣誉，义夫重视气节，即使只能过贫困的生活，也会乐在其中。诸位都是我的心腹，照理应该理解我的心意，如今却做出这样的事来，看来你们追求的是物质，而我向往的是精神，我们没有共同语言也就不足为奇了。赶快起草退回玺绶的奏章，不要再搞什么新花样了。”

这一百二十位大臣却理直气壮地再一次上书，指责曹丕的做法“违天命以饰小行，逆人心以守私志”，上对不起上天的关怀和信任，中忘了圣人应该通达的教导，下影响了臣民翘首企盼的热情。他们认为侍奉君主首先要分清是非，坚持真理就可以跟皇帝对着干，于是决定不理会曹丕的命令而“以死请”。但曹丕却要把文章做足，推辞的话更加恳切：“现在百姓中挨饿的人还没有吃饱，受冻的人还没有穿暖，鳏夫讨不到老婆，寡妇嫁不了男人；孙权、刘备尚未消灭，对外的战争没有平息，国内的士民不得安宁，诸位为什么不能让我殚精竭虑，顺天时，合人和，把这些事情都办好，让应有的祥瑞都出现呢？

到那时再议论这件事不是更好吗？何必如此相逼，要出我的丑呢？”

见曹丕如此坚决，侍中刘廙等人只好上奏，说“圣意恳恻，臣等敢不奉诏？”既然您都这样表示了，我们就立即准备奏章，派使者回复汉献帝。这个时候曹丕恐怕人家误解了他，马上下令道：“泰伯曾三次以天下让给他人，没有人不称赞他的，孔子称其为最高的德行。我这样做又算得了什么呢？”大家才明白他要表演三次，还没演满。

十月十八日，曹丕上奏献帝，表明自己拿到诏书后“五内惊震，精爽散越，不知所处”，说自己“无德以称”，所以派毛宗送还玉玺和绶带。第二天，给事中博士苏林、董巴上表，从天文分野到岁星位置论证，魏国得岁与周文王受命完全相同，今年正是时候。而曹氏的始祖是颛顼，与舜是同一个祖先，如在十月份受禅，则与颛顼当年受命完全相符，那么取代汉朝又与舜代尧一致。他们警告“天下不可一日无君”，劝曹丕不要“上逆天命，下违民望”，而要“以时即位”。其实曹丕一直在准备下一轮的表演，他只是回答道：“我已经上书辞让了，希望得到皇帝的批准，也要让全国都知道。”

果然到了二十日，汉献帝下了第二道禅位的诏书。尚书令桓阶等人再一次以死相请，请求立即为受禅做准备。曹丕回答：“那么急干什么？我准备辞让三次，如果得不到批准就再说。”到了二十二日，曹丕第二次上书献帝，奉还玺绶。刘廙等人当然又上奏相劝，说这几天“时清日晏，曜灵施光，休气云蒸”，意思是这几天天气那么好，都是祥云，证明“天道悦怿，民心欣戴”，说明老天爷都很高兴，人心所向，老百姓衷心拥戴。又说“群生不可一日无主，神器不可以斯须无统”，再一次要求曹丕即位。曹丕在拒绝的同时表示：“这难道是小事一桩吗？公卿们还没有表态呢。我应该坚决辞让，再商议实行的办法。”

二十四日，汉献帝下了第三道诏书，命令使者张音不许再将玉玺和绶带取回来。曹丕前面已经说了，要听公卿们的表态，所以满朝公卿纷纷表态，从相国华歆开始，九卿总共四十六人联名上书劝进。曹丕当然又是假意地做了一番推辞。二十六日，曹丕又上书献帝，作第三次辞让，请求献帝召回张音。

这个时候大臣们知道，曹丕的“三让”已经结束，劝进的热情自然更高。华歆等公卿立即上书，然后引经据典，又是《易经》，又是《论语》，讲了一大套理论，证明汉朝已经没落，只能奉天命，效法尧舜禅让帝位。“陛下您处在大位受命之初，却不能够像虞舜、大禹那么通达。”献帝既然有意禅让，曹丕就应该配合，“如今您不配合，连国内一般人都不以为然，要是死者有灵，他们都会在地下笑您的。您的父亲武王曹操必定会在高陵地宫中生气，所以我们一定要以死相请。”然后歌颂曹氏的功德，列举了数不清的祥瑞后，又说：“古人说，要是没有大禹，我们早就被洪水淹死了。要是没有大魏，没有您的父亲曹操和您，我们这些人早已变成白骨横在荒野了。魏国的功德和瑞应真是‘三王无以及，五帝无以加’。百姓的命就托付给魏国了，民心向着魏王已经有三十多年了。这是千世难逢、万年难遇的机会，需要的是通达远见，完全用不着顾忌小节。以前没有及时顺应天命，这是我们的罪过，所以已经在布置坛场，筹备礼仪，选择吉日昭告上天，祭祀众神。然后在朝堂召集百官，讨论改年号、易服色等事项。”

至此，曹丕终于答复：“我原来只想像舜那样终身吃粗粮，过苦日子，但舜接受了尧的禅位，穿上他赐的衣服，娶了他的两个女儿，也是顺天命的表现。公卿臣民一定要说‘天命不可拒，民望不可违’，我还有什么好推辞的呢？”

二十八日，汉献帝第四次，也是最后一次下了禅位的册文，尚书令桓阶等人立即上奏：“明天就是太史令选定的吉日，可以登坛受命。”这个时候曹丕批了一个字：“可”，答应了。二十九日，曹丕登上建在繁阳亭的受禅坛，参加仪式的有文武百官、匈奴和四夷的使者，总共几万人。在完成典礼以后，曹丕对群臣说：“舜、禹的事，我现在总算明白了。”

从黄龙出现算起，到这时已有七个多月了，但若从李伏上书算起，这场紧锣密鼓的戏只演了二十余天，“汉魏故事”就圆满闭幕。曹丕大概不会想到，四十五年后，他的侄孙曹奂就充当了汉献帝的角色，也如汉魏故事一样，把他曹家的帝位禅让给了司马炎。

明明是一场假戏，为什么演得这么逼真呢?

在今人看来可能有点滑稽可笑，但在当年是非如此不可的，否则曹丕和群臣大可不必煞费苦心，“汉魏故事”也不会在七百多年间反复上演。再说，曹氏代汉虽然已是大势所趋，但最终能够如此顺利地完成，还得归功于这场戏的导演和演员。

曹操早已大权在握，汉献帝只是任他摆布的工具。建安十八年（213年），曹操将三个女儿嫁给献帝当贵人，第二年就找借口杀皇后伏氏。曹操派华歆带兵入宫，伏氏躲在壁橱里面，给抓了出来。披头散发、赤着脚的伏氏拉着汉献帝的手说：“难道你不能救我吗?”献帝说：“我自己都不知道哪一天死呢!”两个月后，三位曹贵人中的一位被立为皇后，汉献帝成了曹操的女婿。杀掉或者废掉献帝再容易不过了，但是曹操不能不有所顾忌，因为刘备、孙权还在，另外还有舆论的压力。曹操死前的两个月，孙权向曹操称臣，并劝他称帝。曹操将孙权的信给大家看：“这小子是要把我放在火上烤。”当陈群等人劝他要及时地“正大位”时，他明确表态：“如果天命在我家，那么我就当周文王。”意思是他自己不来当这个皇帝，把皇位留给儿子吧。以曹操在军事、政治上的观察力，他自然知道儿子曹丕不可能很快消灭刘备、孙权，只是希望到曹丕一代时舆论会对他曹家更加有利，水到渠成地取代汉朝。所以曹操实际上已经定了这一步棋。

正因为如此，曹丕要做的第一件事就是铺垫舆论，制造祥瑞和符谶，以证明魏国、曹氏和他自己已经拥有天命。自古以来，任何一位皇帝登位，甚至连起兵造反都离不开这一套。对统治者来说，这一套很容易，因为绝大多数愚昧无知的人固然会坚信不疑，就是少数智者，又有谁愿意或者敢来揭露真相呢?这些祥瑞有的是自然界根本没有的动物，只要有人说见过，谁能否定呢?还有一部分也许是珍稀的动植物或者某种异类，存心要采集的话也不是什么难事。何况献祥瑞的官员都能得到提升，当地老百姓也能沾光，谁会揭露它呢？比如说，有人呈报白野鸡出现在饶安县，结果就把全县一年的租税都免了，所在的整个勃海郡还得到了牛酒的赏赐，特许全郡官民大喝三天，这样的事谁不愿意做呢？

符谶的制造当然要依靠知识分子，必要时得争取知名学者或者大臣的配合，但对于统治者来说也不是什么难事。虽然我们现在很难确定这些符谶到底是怎么制造出来的，却可以举出宋真宗亲自炮制符谶的事实。这位皇帝曾经担心那些假象在大臣们那里通不过，结果根本用不着担心，因为一旦讲了天意，特别是出自皇帝之口时，只要皇帝喜欢，谁还敢说不是呢？皇帝本身就是天的代表。

曹丕的南征和祥瑞的出现看似巧合，其实这是他代汉的第二步，也是关键的一步。为什么呢？他以南征为名，实际上是为了集中军队的精锐兵力，这是最好的理由，既能巡视各方，显示实力，也可随时镇压反抗势力。曹丕回师后既不回魏都邺城，也不进汉献帝所居的许都，而是留驻许都附近，这样就掌握了主动权。他连举行受禅的仪式也是在军营旁边进行，显然是出于军事控制上的考虑。

所以，我们讲的"汉魏故事"，不光是文人所写的那些东西——包括曹丕自己写的，也只是表面现象，更重要的是在军事上他已经掌握了完全的主动，确保他安全受禅。

曹丕的"三让"并不是他的发明，他不过是做得比较全面。当年刘邦在垓下之战打败项羽后，已经被承认为天下共主，但是当诸侯将相请他称帝的时候，他也要表示不敢当。然后群臣坚持，一定要以死相请，刘邦也辞让了三次，"不得已"的时候才说："诸君一定认为这样对国家有利，那我就当吧。"前后也花了差不多一个月的时间。汉光武帝刘秀"三让"的过程就更长了，也是辞让了三次后表示："既然大家都这么劝我，天意不可违。"最后才称帝的。

曹丕的"三让"表现得有声有色，不用说远比刘邦、刘秀的精

彩，也让后来的禅让者望尘莫及。这是因为曹丕本人就是一位才华出众的诗人、文学家、学者，著名的“建安七子”之一，他的臣下也不乏文人学者，所以君臣之间的劝和让成为他们施展文才的最好的机会，可以把假话说成真话。曹丕发布的那些命令、进献的表章虽然也可能出自他的秘书之手，但我想大多数应该是他自己写的。凭他的学识和教养，完全可以把假戏演得非常逼真，可以把一场闹剧演成正剧。

对比之下，有些武人搞禅让，或者因为时机仓促，或者因为没有文采，上演的只能是一场闹剧。所以历来都把曹丕代汉这个“汉魏故事”作为举行禅让的标本。当然了，如果他们没有这么好的条件，也不一定学得会。

曹丕的禅让戏演得成功，也离不开汉献帝的配合。虽然汉献帝除了俯首帖耳以外已经别无选择了，但若真要干出一些不合作的事来，也会大煞风景的。比如曹丕的孙子曹髦，因为不甘心当司马昭的傀儡皇帝，竟然不顾一切率领几百个侍卫去讨伐，结果被当场刺死。但司马昭也不得不装模作样惩办凶手，他取代曹魏的日程也因此而推迟。正因为汉献帝配合得好，作为对他的酬劳，他也获得了曹魏特别的优待，让位后被封为山阳公，食邑有一万户，十四年后寿终正寝，得到“孝献皇帝”的谥号，以天子的礼仪安葬。山阳国传了三代，一共七十五年，到西晋时依然沿袭，一直到永嘉之乱才被取消。或许也是对曹魏的报答，后来禅位于司马炎的曹奂，也当了三十七年的陈留王，得以善终。

相比之下，其他禅位的君主就没有那么幸运了，尽管他们同样采取合作态度，有的还非常主动。比如东晋的末代皇帝司马德文，在接到臣下起草的禅位诏书后毫不犹豫地在上面签字，还说：“我们晋朝早就该亡了，多亏了刘公（宋武帝刘裕）才延长了二十年，今天让位我心甘情愿。”然后不等刘裕“三让”，他就主动搬出皇宫，不再承认自己是皇帝。刘裕封他为零陵王，规定他可以享受皇帝的礼遇和亲王的待遇，实际上却是一句空话。司马德文深知刘裕不怀好意，所以整天和妻子褚皇后住在一起，饮食都由褚皇后专门料理，刘裕一直没有办法动手。第二年（421 年）九月的一天，刘裕就派褚皇后的哥哥褚叔度找她说话，这时士兵们趁机翻墙进入内室，将司马德文杀死了。

此后禅位的那些“尧舜们”，几乎没有一位不死于非命，有的人甚至在禅位第二天就被杀。可见他们再识天命也无济于事，只要新皇帝感到前朝的威胁，或者担心这些傀儡被人利用，就会毫不迟疑地赶尽杀绝。

从这一点上来说，“汉魏故事”真是禅位史上一个少有的完满的故事。

第二十二讲 “戎”徙得了吗：领悟过来已经迟了！

西晋元康九年（299 年），有一位叫江统的官员写了一篇很有名的奏章，叫作《徙戎论》，他主张把包括戎在内的非华夏的少数民族迁走。

为什么会有这篇文章出来呢？首先，他讲了一番道理：那些夷蛮戎狄，也就是四夷，根据儒家的九服理论，他们应该待在最外面的蛮荒地带，所以春秋的道理是“内诸侯而外夷狄”，中间是诸侯，四面才是夷狄的地方。“以其言语不通，贽币不同，法俗诡异，种类乖殊”——因为语言不通，理念不同，其法律、习惯、风俗都奇奇怪怪，人种也跟我们完全不同，所以以前就规定下来，“四夷”跟中国之间应该隔离起来，互不侵犯；对他们从来不征收赋税，也不要他们遵从中原的年号。所以从前有句话叫作“天子有道，守在四夷”，天子能够遵守天命，即“有道”，那么四夷地方的少数民族就在四面为他守卫疆土。

等到东周的时候，周室已经无法维持统治，一些诸侯开始专政。这样一来，戎狄便找到了机会进入中国，还有一些诸侯把他们招抚过来，为己所用，所以当时的形势一度很紧张，南夷和北狄“交侵中国，不绝如线”，意即南面的夷人和北面的狄人分两路侵入中国，中国局势危急，像差一点儿就要断掉的线一样，就这么维持着。所以江统赞扬秦始皇平天下，虽然动用了太多的人力物力，造成了残暴的政治，但是他立下了一个大功——把那些戎虏都赶走了。也就是说，秦始皇时候的中国没有四夷，蛮夷戎狄都被赶到境外去了。

江统又讲到，现在的局势可是很令人担忧，因为从东汉的建武年间，马援担任陇西太守、讨伐叛乱的羌人之时，就把羌人都迁到了关中，居住在长安附近的冯翊、河东这些空地方，与华人杂处。几年以后，他们的族类蕃息，人口增加，自以为势力强大，同时又受到汉人不断剥削之害。到了永初年间，骑都尉王弘出使西域，调集羌人、氐人当警卫，羌人因害怕而到处奔走，互相煽动，导致两个州的羌人、戎人一同起来造反，到处烧杀抢掠，造成了严重的局面。东汉末年，由于关中战乱，曹操攻打汉中后就把武都一带的氐人迁到了秦川，这在当时是个权宜之计，但今天却深受其害。现在关中百余万人口中，戎狄异族差不多要占一半。江统认为这个情况已经很严重了。

他还举了一个例子，像河南荥阳这样的地方居然有高句丽人。高句丽人本来定居在辽东塞外的，一开始迁来不过百来户人家，现在子孙蕃息，已经数以千计了。山西并州的胡人本来是匈奴，是在边境骚扰当地人的强盗，到汉宣帝时驻到塞下，表示降服。东汉建武年间，南单于又来投降，就让他进入塞内，居住在沙漠南面。几代以后，他们经常发动叛乱。中平年间，为了平定黄巾之乱，需要调发他们的军队，但是其部众不服从，并且杀了他们的首领羌渠，趁机发起叛乱，在赵魏、河南一带烧杀抢掠。建安年间，也就是汉献帝的时候，让他们的部落在西北的六郡定居下来。咸熙年间，因为其中的一部分太过强大，故将其一分为三。西晋时候又一分为四，至今已经有五部之众，数万户，人口之盛超过了西戎。而且他们弓马便利，善于骑射，比氐人、羌人还难对付。

所以，江统最后提出："非我族类，其心必异，戎狄志态，不与华同。"不是我们的同族人，肯定不会跟我们一条心，他们这些少数民族的志态跟我们华人、跟我们华夏人是完全不同的。江统提出的建议是趁着我们军事上还有优势，经济上还能够支撑，把冯翊、北地、新平、安定这几个郡界内的羌人迁回黄水上游，安置在先零、罕开、析支等地（今青海湟水流域）；把扶风、始平、京兆的氐人迁到陇右，也就是往甘肃那里迁，安置在阴平、武都（今甘肃与陕西交界的南面），沿途给他们供应粮食，让他们能够生存，回去以后让他们依附原来在那里的种族，并派有关部门到那里救济安定，这样一来，戎人与我们晋朝就不互相混杂，而是各得其所了。

江统又提出，“以四海之广，士庶之富，岂须夷虏在内，然后取足哉？”我们有晋朝这样的地方已经足够了，怎么还要那些夷人来我们这里才能够富足呢？所以他引用了《诗经》里的话：“惠此中国，以绥四方。”中国安定了以后，才能够使四面八方同样得到安定。

他这个建议提出来，在当时的影响还不小。但是我们事后来看，这个建议有用吗？一点用都没有。因为这些已经入居中原的少数民族、蛮夷戎狄是没有办法再迁走的，一方面，他们迁入中原已经好多代了，另一方面，无论是已经跟中原华夏融合的人，还是依然处于激烈冲突中的人，都不可能轻易地使他们离开已经定居的地方。

我们来看看其中数量最多的一批匈奴人是怎么进来的。在西汉与匈奴的战争中，大批的匈奴人因为被俘或者归降而被迁入汉朝境内，其中大部分被安置在边疆地区专门为他们设置的“属国”中，“因其固俗”，依然让他们过游牧生活；但少数被安置到内地的人就逐步融入汉族，有的还担任汉朝的大臣或将领，如在汉武帝临死前接受遗命辅佐昭帝的金日磾，他就是匈奴休屠王的太子，以后金氏繁衍成为著名的士族。不过，大多数迁入内地的匈奴人都没有留下进一步的记录，他们已经融入了汉人的汪洋大海。

西汉的汉宣帝是很高明的。尽管匈奴投降了，但汉宣帝不接受他们的投降，给单于的位子比诸侯都高，仅比皇帝低一点。这是因为汉宣帝始终认为最好的办法是帮助他们在草原上生存下去，这比把他们引进来要好得多。所以，汉宣帝把南单于送回去，派军队去保护他，在他有困难的时候又资助粮食。其中的道理就是：让匈奴人离开草原到内地来长期生活，希望他们“因其故俗”，但因得了吗？因不了的。

由于汉宣帝采取了这样的政策，使边境得以出现六十年的和平。

到了东汉的时候，匈奴又被打败，加上内部分裂，其中一批匈奴人就被安置在汉朝的边境内，被称为南匈奴。这批人一度有 34000 户、237300 人，还有很多散居各地的南匈奴人和北匈奴投降的人未算在里面。不过，这批匈奴人虽然保留了游牧的习俗，可毕竟地方有限，他们也不适应汉朝官员的管理，所以不少人叛逃，有的还叛逃不止一次，逃出去，又回来，再逃。很多散居在各地的匈奴人逐渐改变了原本的生活状态，长期定居后开始从事农业生产，后来渡过黄河进入今天的山西省，在汾水流域定居下来。匈奴的上层人物迅速接受了汉族的文化，到东汉末年已经与汉族的士人没有什么差别了；而底层的贫民则被当作奴婢，大量地掠卖到中原各地。到了建安二十一年（216 年），曹操将河东的匈奴部众编为五部，并且在并州刺史的治所晋阳（今山西太原市西南）设立了匈奴中郎将，由他监护五部，因此有不少匈奴上层人士迁居晋阳，其中一些人后来又迁到了曹魏和西晋的首都洛阳。汉化了的匈奴贵族为了证明自己同样高贵，就以汉高祖刘邦曾与匈奴的冒顿单于和亲为由，自认为是刘邦的后代，取刘氏为姓。比如这一支匈奴人中的刘渊就在西晋末年建立汉国，刘曜建立赵国（前赵）。

所谓“乱华”的五胡，匈奴、鲜卑、羯、氐、羌，放在首位的是匈奴，而刘氏又是匈奴中首先建立政权的一支。如果我们不抱种族偏见的话，就不得不承认，这一支“乱华”的匈奴人在文化上与被“乱”的华夏族已经没有什么本质的区别了。《晋书》上有记载，说刘渊七岁的时候丧母，办丧事时他号啕痛哭，感动了周围的邻居，宗族及部落的人都叹息称赞，说他真是个孝子。当时的司空王昶出身于太原声望最高的氏族王家，他听闻之后加以表扬，并且亲自吊唁。刘渊从小好学，拜上党的崔游——一位著名的学者为师，学《毛诗》《京氏易》（姓京的人传授的易经）《马氏尚书》，且特别喜欢《春秋左氏传》《孙吴兵法》，这些他都能背出来，《史记》《汉书》及“诸子”他也看了不知多少遍。哪里还有一点匈奴人的痕迹呢？就说他的习武，也不是继承了匈奴尚武风尚的结果，而是研读《史记》《汉书》受到了启发。他对同门的朱纪和范隆说：“我每次阅读史书的传记，经常瞧不起随何、陆贾缺乏武艺，周勃、灌婴没有文化。道是由人来弘扬的，有一方面不如别人，当然是君子的耻辱。随何、陆贾两人遇到汉高祖而不能建功封侯，周勃、灌婴两人在汉文帝时代却没有崇教兴学，真是太可惜了！”从此他开始习武，追求文武双全，达到了“妙绝于众，猿臂善射，膂力过人”的水平。这哪像是匈奴人呢？他的儿子刘和“好学夙成，习《毛诗》《左氏春秋》《郑氏易》”，无论《毛诗》《左传》，还是郑玄传的《易经》，都是儒家的经典以及后人的研究成果。他的另一个儿子刘聪十四岁就能够“究通经史，兼综百家之言”，百家的理论他都可以综合掌握，特别是《孙吴兵法》，他可以全篇背出。刘聪也很擅长书法，能写隶书、草书，善于做文章，写了述怀诗百余篇、赋颂五十余篇。刘渊的族祖刘宣本来是五部匈奴的“左贤王”，也同样“好学修洁”，拜乐安的孙炎为师，“沈精积思，不舍昼夜”，不分日夜地认真思考问题，他也喜欢《毛诗》和《左氏传》。

如果说，这些记载可能出于后人的溢美或蓄意“汉化”的话，那么我们不妨看一下他们自己是怎么说的。刘渊即汉王位时发布了一篇文告，是他自己写的：“以前我们的太祖高皇帝（刘邦）创建大业，太宗孝文皇帝（汉文帝）继承升平汉道，世宗孝武皇帝（汉武帝）拓土攘夷，中宗孝宣皇帝（汉宣帝）搜扬俊乂，多士盈朝，各种人才聚集于朝廷。是我祖上道迈三王，功高五帝，已超过了夏商，超过了周朝。光武皇帝达成中兴，不失旧物。问题是到了汉和帝、汉安帝以后，皇纲渐颓，天步艰难，碰到了困难、出了乱子，董卓这些人趁机作恶，曹操父子凶逆相继，所以汉献帝不得不抛弃这个国家，不得不让位，刘备又迁到了四川。但是谁知道老天爷还不改变，害得后帝刘禅受到羞辱进而灭亡，从此社稷沦丧，宗庙没有血食已经四十年了。”

由这篇文告可见，刘渊虽然明明是个匈奴人，但他要登位的话，就要从汉高祖讲起，证明现在天命归到他刘姓的后人了。一个匈奴的首领，完全以汉朝刘氏的继承人自居，做出一副为祖宗报仇、兴复汉室的姿态。刘渊成了汉王以后，追尊刘阿斗为孝怀皇帝，把汉高祖以下三祖五宗的神祖牌位都作为他的家庙祭祀。当然，刘渊这样做也是为了便于统治汉人，但是显然已为匈奴本族人所普遍接受，至少已为上层人士所认同。

由于匈奴曾经活动于东北亚一直到中西亚的辽阔地带，征服过很多其他民族，所以其他民族的人口也随着匈奴而内迁，比如丁零、鲜卑、羯和西域的各个民族。像建立后赵的羯人石勒、建立魏国的丁零人翟氏，他们的先人都是这样随着匈奴人迁入中国的。

迁入中原的匈奴人和其他各族，最终都自觉或不自觉地接受了华夏文明，与华夏族相融合，成为中华民族的源头之一。这是当年汉匈双方都意想不到的结果，却是中国历史和中华民族史上值得我们珍视的光荣一页。

现在回过头来看，为什么江统的《徙戎论》提出来的建议是做不到的呢？我们不妨换位思考一下：那些被迁到内地的上层人士还愿意被迁走吗？在已被汉化的前提下，既然其他汉人可以做皇帝，我为什么做不得呢？你们不是讲天命、讲血统吗？那好，我的理由就是我是汉高祖刘邦的后裔。既然如此，你们还要叫我迁到边疆去，这怎么可能呢？

其他各族的首领也是如此。比如有的首领出生在迁入内地的上层人物家里，已经把自己看成跟华夏的上层人物一样的了，且已有理论家、知识分子同他们做了理论上的探索，证明他们本来就是应该得天命的。那么这些人还愿意迁走吗？迁得走吗？而底层人中，一部分人已经接受了农业生产，比如匈奴迁进来的那些部众已经在汾水流域安家，变成了种地的农民，现在再要叫他们迁回草原，即使他们自己愿意，也没有可能了，因为经过了数代人，他们的生活方式已经发生改变。还有一些人一直受到华夏族的残酷压迫，比如当时在太原做官的贵族长官都有任务在身，一是在当地采购木材，二是在当地采购奴隶，就是把这些内迁的匈奴以及依附匈奴的贫民当作奴隶来贩卖，买来以后运到内地送给贵族、富人。许多匈奴人都被卖为农奴或者佃奴。比如羯人石勒就曾被掠卖，“两胡一枷”，即一副枷锁同时锁住两个胡人，免得他们逃走。这些人被成批地掠卖到内地，想跑也跑不了，难道他们的主人容许他们脱离奴隶的身份、再被迁到外面吗？况且，晋朝有实力把这么多人再迁走吗？要迁走他们，沿途得有军队监护，得保证他们的粮食供应，迁出去后还要给他们安家。晋朝其实已经没有这种实力，更没有这样的人才了。

果然，后来四川的地方官强迫那批迁到当地的氐人再迁回去的时候，当时的氐人首领请求道：“麦子马上就能收获了，你让我们收了麦子以后再迁吧！现在就叫我们迁的话，我们路上吃什么呢？”地方官不准，要求氐人立即上路，这样就激起了氐人的反抗。最后，氐人把成都地方政府推翻，自己建立了政权。

通过这段历史，我们需要认真地思考一下，历史上究竟如何处理好华夏与周边少数民族之间的关系？是像汉宣帝那样尊重他们的生存权，给予他们合理的地位，帮助他们在原来的地方生存下去，还是把他们强制迁入内地，最后造成如此之大的民族冲突呢？

历史实际上已经做出了结论。在江统发表《徙戎论》后不久，就出现了所谓的“五胡乱华”，我想，这就是历史给出的答案。

第二十三讲　乱华还是华乱：真相却是倒过来的

江统提出的《徙戎论》的基本态度就是要把戎人都迁走。当然，迁走是不可能的，所以不久就爆发了中国历史上有名的所谓“五胡乱华”。“五胡”主要是指匈奴、鲜卑、羯、氐、羌五个胡人大部落，实际上不止五个民族，中原先后建立了大大小小十六个政权，其中大多数是由非华夏、非汉族建立的，形成了与南方政权对峙的局面。

我们今天来认真分析一下，到底是“五胡乱华”，还是“华乱”导致五胡入主中原的局面。首先，西晋当时面临什么样的状况呢？西晋初年，的确出现了一些起到很大作用的偶然因素，但也不能说这样的结果是必然的。

其一，西晋的开国皇帝晋武帝司马炎死后，继位的是他的儿子晋惠帝司马衷。但司马衷是个白痴，有一次大臣们向他报告：“皇上，现在出现了灾害，老百姓连饭都吃不上。”他不假思索地说：“吃不上饭，为什么不吃肉糜啊？”他大概整天都吃肉糜，很是讨厌，所以才说出了这种话。他这个皇帝根本不知道饭和肉糜哪个更贵。还有一次他突然问大臣：“你们整天在讲公家的、私人的，那么青蛙‘呱啦呱啦’地叫，这算公家的，还是私人的呢？”大臣们哭笑不得。其实，他从小就是如此。晋武帝曾经考虑过是不是应该换一个人当太子，但那时的皇后（杨皇后）很强势，坚决不同意，称自古以来就是“立长不立贤”，要立最年长的儿子，而不是选择贤能的人。晋惠帝长大了，连男欢女爱都不懂。没办法，只得找太监、宫女去诱导他，让他知道怎么做。尽管做了，他却还是什么都不知道。有一次，他去见父亲晋武帝。晋武帝叫来一个小孩子跪下唤他“爸爸”。他感到很惊奇，问这个孩子是谁啊？晋武帝说：“这是你生的儿子啊。”他连这都不明白。

这么一个人做皇帝，其实也没关系，历史上像这样低能的白痴皇帝也不止他一个。只要有贤明的大臣，有良好的制度，皇帝也可以什么事都不知道。何况，虽然有很多事情反映出晋惠帝的低能、白痴，但他并不是个坏心眼的人。

比如说，赵王司马伦发动政变，叛军来时晋惠帝正坐在车上，嵇康的儿子嵇绍守在他的御座前，为了保护他而被叛军刺死，血溅到晋惠帝的衣服上。回来以后，下面的人要把这件衣服洗干净，他说不能洗，嵇绍的血在这上面。由此可以看出，他这个人也不是什么事情都弄不清的。所以晋惠帝的出现，实际上只是一个偶然因素。

其二，他的皇后贾氏偏偏是一个出名的悍妇、泼妇，又喜欢弄权。这两个因素加在一起，事情就比较难办了。贾皇后怎么会成为西晋的第二代皇后呢？这跟她的出身以及当时的形势有很大关系。贾皇后的父亲贾充是司马家的功臣，不仅有战功和政绩，还在关键时候起到了不可替代的作用。曹魏末年，“司马昭之心，路人皆知”，司马懿的儿子司马昭要夺取帝位了，连普通人都晓得他的狼子野心。而傀儡皇帝曹髦是一位血气方刚的小伙子，他虽然知道自己不过是个傀儡，但实在咽不下这口气，有一天突然召集宫殿里的侍从和警卫，说要去跟司马昭拼命，然后便坐上车，亲自拿着武器往丞相府杀去。虽然不过是几百乌合之众，但毕竟是皇帝亲自上阵往前冲，司马昭的部下守在路上堵他，但不敢真正上前阻挡。眼看形势不利，就要支撑不住了，这个时候将军成济就问贾充这事怎么办。贾充对成济说：“主人养着你们是干吗的？不就看现在吗？”听完贾充的话，成济就拿起矛头上前往皇帝胸上刺去，当场就把他杀死了。待到司马昭赶来，一看这种情况赶快跪下来磕头，呼喊道：“怎么伤了皇帝啊！”然后追查责任，杀掉成济并将其灭族，但他在心里头感激贾充，要是没有贾充下这个命令，万一真的让皇帝冲到他的丞相府，后果的确很难预料。贾充是立了这样一个功劳的人。

但时间长了，对贾充不利的话传来了，认为他权力太大、太有野心。有人就利用当时关中羌人又暴动一事向皇帝建议："关中要有像贾充这么有才干的人才能镇得住。"皇帝批准了，任命贾充为关中军政长官。贾充因此感受到了威胁：自己原本长期执掌朝政，一旦被放到地方上去，尽管还是受皇帝重用，但是在当时的交通条件下，不在皇帝身边，万一首都发生了什么状况，自己是没办法应对的。这对他而言是个很大的威胁，但是命令下来又不能违背。在欢送他赴任的宴会结束后，他的心腹就向他提议："你不能去，真的去了会很危险。哪怕亲人彼此分开，都会被人挑拨导致感情疏远，何况你和皇帝之间呢？至于怎么留下来，我给你出个主意。皇帝正在为太子选妃，你如果能够把女儿送去成为太子妃，那么皇帝就跟你是儿女亲家啦，自然不会让你到外面去，而是会把你留在首都。"

贾充认为这是个好主意，但问题是贾充的女儿条件并不好。后来成立的选妃工作小组，调查了那些选妃对象，最后的结论是卫家的女儿条件最好。他们列出卫家女儿的五个优点，比如卫家女儿出身于名门望族，而贾家是暴发户；卫家女儿个子高挑，而贾家女儿比较矮；卫家女儿皮肤白，而贾家女儿是个黑胖子；卫家女儿贤惠，而贾家女儿是个泼妇。但是贾充知道决定权不在这一批人手上，而贾充老婆平时经常出来活动、结交人脉，便去面见太子的母亲杨皇后。杨皇后听了她的话后，认为选妃工作组肯定是得了好处、讲了假话。同时贾充自己也在做工作，有一位大臣跟晋武帝说："我听说贾充的女儿各方面都很好，她做太子妃最合适。"等到最后做决定时，皇帝也说贾家女儿好，皇后也说贾家女儿好，如此一来，尽管负责具体工作的委员会上报的名单上排在第一位的是卫家女儿，但是马上就被否决了。贾充的女儿就这样做了太子妃。这时有人上书称皇帝的亲家不宜离开首都，于是贾充免除了新的任命，得以继续留在朝廷。不久，皇帝见到贾充的女儿贾南风并不姣好的容貌，但是婚事已定，也没有办法。再说这是政治婚姻，不好讲相貌的，何况她的丈夫也是白痴，并不计较这些。

但是她的泼悍很快就出了名。有一次她看到太子身边的一个宫女的肚子隆起来了，居然马上抢过侍卫身上的宝剑，一下子插在了宫女的肚子里。就是这样一个女人，做了皇后以后更加肆无忌惮。当时洛阳城里经常有一些年轻美貌的小伙子莫名其妙地失踪，大家都不明白怎么一回事，地方官也查不清楚。有一次，又一个漂亮小伙子失踪了，过了几天重新现身，别人问他到哪里去了。他说："有一天我在路上走，突然一辆车停下来请我上车，上了车以后不晓得拐了几个弯、走了多久，等到我从车上下来，已经到达一个非常豪华的场所。一个黑胖女人要我跟她一起喝酒，然后跟她上床。玩了几天以后，又叫我坐上车，沿着那条弯弯曲曲的路把我送回来了。"大家估计，可能是这个小伙子太可爱了，贾皇后不忍心把他灭口，所以又送他回来了。这可能是唯一的例外。这样一个皇后碰上了一个白痴丈夫，其结果可想而知。但还有一个因素给了贾皇后弄权的机会，那就是外戚专权。

晋武帝的皇后出身于弘农的杨氏，这是一个非常高贵的门第。但是杨皇后短命，临终前向晋武帝提出要求："我走了，可我不放心你，希望把你交给我的堂妹。"她认为自己的叔父杨骏的女儿——也就是她的堂妹最适合做皇后。晋武帝很爱她，对她的死很是伤心，所以就按照她的遗言娶了杨骏的女儿，也就是第二位杨皇后。晋武帝和第二位杨皇后不久就听人反映说贾妃（后来的贾皇后）很不像话，特别善妒。晋武帝一度想把贾妃废掉，这位杨皇后则想到太子妃之位是她堂姐生前定的，应该维护姐姐的决定，所以就跟晋武帝讲："贾妃是未来的皇后，不宜轻易变动。如果她的表现不好，可以加以教育。"晋武帝便把贾妃找来，试图通过教育来改变她。贾妃根本不知道实际上是杨皇后这个婆婆在维护她，反倒认为是要对她加以限制，所以怀恨在心。等到晋武帝死后，贾妃成了皇后，杨皇后就成了杨太后。太后的父亲、大将军杨骏上台执政，因为皇帝是个白痴，权力自然落到了外戚杨骏手里。这就被贾皇后找到了借口。她跟宗室的赵王司马伦勾结，利用司马伦的势力废掉了杨骏，并且把他杀了。当时杨骏的夫人，也就是杨太后的母亲，由于是太后之母的缘故得以赦免，而杨骏的其他家人均被杀。但是贾皇后进一步找借口说，既然要追究杨骏的罪名，那么他的夫人也不能赦免，也要判死罪。杨太后跪在贾皇后的面前割断头发，请求饶了自己的母亲，却遭到拒绝。在杀了杨太后的母亲后，贾皇后又把当时已废为庶人的杨太后身边的十几位侍从全部撤走。这位杨太后最终是被活活饿死的。

如果说外戚弄权和司马氏宗室诸王的飞扬跋扈都是偶然因素的话——很多朝代都碰到过这类事件，一般都可以得到化解，得到缓和，但是为什么在西晋就演变为大乱呢？

这说明其中还有一些必然的因素。第一，司马氏夺取政权经过了三代，花了不少时间，不是短期内完成的。司马懿到了晚年才找到机会发动高平陵之变，利用皇帝到高平陵祭扫的时机发动政变，杀了掌权的大将军曹爽。但司马懿年纪太大了，来不及完成夺取曹氏政权的过程，所以传给了他的儿子司马昭、司马师。司马昭本来是准备在自己手上夺权的，由于傀儡皇帝——高贵乡公曹髦被杀，不得已推迟了进程。直到司马懿的孙子晋武帝的时候，才完成了夺权的手续。

在这三代人的夺权过程中，司马懿的兄弟、儿子和孙子辈的人对晋朝的建立都是有贡献的。晋武帝得了天下以后，分封这些宗室，作为对他们的酬劳，到了他的儿子晋惠帝的时候，这些长辈都还在。比如，八王中首先作乱的赵王司马伦是司马懿的儿子，也就是白痴皇帝晋惠帝的叔祖父；汝南王司马亮也是晋惠帝的叔祖父。还有一批人是晋武帝的堂兄弟，比如河间王司马颙、东海王司马越，他们都比晋惠帝高一辈。其他几个王是晋惠帝的同辈，比如成都王司马颖、长沙王司马乂、楚王司马玮、齐王司马冏——他们都是智商正常的人。

如果由晋武帝亲自处置这些王，他还有这个能力，而且他的辈分最多只比他们低一辈。到了晋惠帝的时候，哪怕他是一个正常的皇帝，也很难处置这一批宗室。晋朝夺取天下的时候，还错误地总结了历史的经验。他们认为曹魏的天下之所以这么容易就被他们夺取，一个原因就是曹丕当年没有好好分封诸王。曹丕对待他的亲人是很刻薄的，比如好几次想置他的弟弟——著名文学家曹植于死地；曹家封的那些诸侯王实际上都是高级囚犯——曹植如果想回到首都看望亲人，这是不容许的。受封为什么王，就得留在相应的狭小且偏僻的地方不许离开，而且一点权力都没有。曹丕用的人也不是自己的亲人，越是亲近的他越是不用。

所以晋朝司马氏总结经验，认为我们要吸取他们的教训，给自己司马家的人封王，给予实权和兵力，这样一旦朝廷有什么事，他们就可以出动自己的军队来保卫皇室。反观曹家，最后司马懿发动政变之时，没有一个宗室有权、有兵、有能力来保护曹氏政权。

一个新朝代封众多宗室子弟为王，让自身强大一点，这也合乎常情，不一定就成为亡国的直接动因。可悲的是在这些偶然因素之下出现了一个必然因素，那就是晋朝在分封宗室的同时还给诸侯王每人一支或大或小的军队，这就麻烦了。大的诸侯王约有五万军队，小的诸侯王也有一两万军队。晋朝统治者认为司马氏宗室既封了王，有具体的封地，还拥有军队，那么司马家必定可以保持长治久安，而这恰恰是他们致命的问题。

那些诸侯王本来就有野心，看到晋惠帝这个白痴皇帝，再看到贾氏这么弄权，怎么可能不令他们的反叛之心蠢蠢欲动呢？况且当时贾皇后还主动利用宗室中人为自己谋取政治利益，那么你可以利用我，我也可以利用你。照理说，朝廷应该也有自己的军队，可晋朝为了保证诸侯王能够起到决定性作用，居然取消了地方军队。比如成都王司马颖拥有一支自己的军队，那么成都这个地方照理应该有直接听命于朝廷的地方军队，而晋朝居然下令：凡是宗室已经拥有军队的地方，一律撤销原来的地方军队。所以八王之乱就这么起来了。

其经过如下：首先，贾皇后利用宗室，让赵王司马伦站出来支持她，从而灭掉了外戚杨家，也逼死了杨太后。但是赵王司马伦掌权后，干脆废掉了晋惠帝司马衷，想自己做皇帝。这时，其他宗室王又起兵讨伐赵王司马伦，最后把他杀掉了。成都王司马颖实力强大，其他王不甘心他一人独大，于是开始内斗，斗到最后，主要的七个王都死了，剩下的唯一胜利者是东海王司马越。同一时间，北方的刘渊做了汉王，之后刘曜建立了前赵，石勒建立了后赵，其他地方也纷纷被割据。等到司马越成为“八王之乱”最后胜利者的时候，洛阳城已经守不住了。他做的第一件事，就是率领他的文武百官逃出洛阳。石勒在后面追赶，并很快追上他们，十万王公贵族被包围，司马越本人也被杀。这个时候，西晋虽然在名义上还没有灭亡，但是实际上，当消息传到洛阳后，整个洛阳城里的人能逃的全部逃了。洛阳城很快陷落了。没过几年，最后逃到关中的皇帝也被消灭，西晋就这样灭亡了。

所以，到底是“五胡”乱了华，还是“华乱”后再被“五胡”所利用，这段历史已经很清楚了。

关于外患与内乱之间的关系，我们一直都说：往往是先有内乱，才有外患。何况，“五胡”早已入居中原，他们的上层早已跟汉族，也就是华夏的精英没有什么差异。

从这个角度来讲，连“五胡乱华”的“乱”，也不能够归咎于那些“五胡”，只能说是中原之“乱”，或者说是华与胡一起“乱”。

第二十四讲　鲜卑华化：一千五百年前的超级“霸总”

也许大家看到“鲜卑华化”这个标题会觉得有点生疏，毕竟我们历来讲的都是“鲜卑汉化”。但这不是我的口误，而是故意的，因为我觉得“华化”一词更能代表历史的真相。

鲜卑为什么会汉化呢？应该说，这是北魏孝文帝拓跋宏主动接受汉族文化的结果。一些少数民族的上层人物内迁以后，主动或被动地接受华夏文化，接受汉族的文化礼仪，但一般开始都是被动的。而北魏孝文帝却是从一开始就是主动的、有意识的，所以他取得的成果也是最大的，他进行的改革也是最彻底的。

最早的时候，鲜卑的根据地、第一代首都位于盛乐（今内蒙古和林格尔），扩展以后迁到了平城（今山西大同）。孝文帝认为应该迁都到洛阳，但是当时的鲜卑贵族和归顺鲜卑的汉族大臣大多数是反对的。普遍的观点认为，住在这儿好好的，为什么要迁到洛阳去？要知道洛阳经过多年的战乱，已经残破到连宫殿都没有了。而且鲜卑人习惯于在北方生活，到洛阳去做什么呢？

所以孝文帝不得不采取一种策略，他不说“迁都”，而是说“南征”，隆重地到宗庙里祭祀，然后发布文告：“南方政权尚在，我为了谋求统一，所以要南征，大臣们是阻挡不了我的。”他带了一支几十万人的大军出发，路上正好碰到阴雨天气，道路泥泞，行进之路非常艰难。行至洛阳一带时，大臣们怕孝文帝还要继续往南走，所以在他召集部队准备出发的那天早上，纷纷跪在他的面前，请求不要再南征了，说部众已经无法承受了，而且现在天气也不好。这个时候，孝文帝正式做出了表态："你们要我不南征也可以，但是根据发展的需要，我们的首都必须迁到洛阳来。你们是否答应我迁都洛阳？"事前他当然做了几位大臣的工作，有人就出来响应，但是多数人还是不愿意。孝文帝没有办法，就说："赞成的人和不赞成的人分左右两边站。"眼看不赞成迁都的人越来越多，一位贵族就站出来讲了一番道理，劝大家赞成孝文帝的迁都决议。听他这么一讲，大家也都听出来皇帝已经下定了决心，于是纷纷重新站队。这样，迁都一事总算定了下来。然而，洛阳经过连年的战乱，曹魏时期的宫殿早已毁去，好多地方已成废墟。孝文帝便表示，既然确定要迁都，我们不妨先回去，等新都建好了再来。回去以后他就做了一系列工作，为迁都造势，所以文武百官不敢反对。

迁都成功以后，孝文帝进一步实施汉化措施。他首先要求臣民换衣服，禁止再穿胡服，改穿汉朝留下来的汉家衣冠。赵武灵王曾经要求他的臣民换穿胡服，实际上没有成功，只在军人群体中得以实行，而孝文帝则是倒过来，要求鲜卑人及所有的北方胡人全部改换汉服。

如果说这一要求还不难执行的话，下面的措施就有难度了。他规定不再使用鲜卑语，特别是在朝堂上和公共场所，一律要讲"中原正音"，也就是当时中原的普通话。老人可以暂时等一等，中年人以下一律立刻改说中原普通话。

迁都洛阳以后，还有一些人要求死后葬回北方。有一年孝文帝的老丈人死了，一些人以为有文章可做了，结果他下令称，老丈人也不能破例，并正式规定所有来自北方、已到洛阳的人死后全部葬在洛阳。所以洛阳这些年出土了好多唐朝、北魏的墓志铭，其中唐朝出土的墓志铭有不少是鲜卑人、胡人的，可见孝文帝的政策得到了严格的执行。洛阳北邙山里都是密密麻麻的墓穴，除了汉朝的墓穴，主要就是从孝文帝那时候开始一直到唐朝的墓穴。

先人要葬于洛阳，活人则要把籍贯一律改成河南洛阳。我跟河南、洛阳的朋友们讲，你们其中的很多人根本不是汉人，这是由于从北魏孝文帝开始，所有拓跋家的王公贵族和文武大臣到了洛阳就把籍贯全部改成了河南洛阳的缘故。以后西魏带着一帮鲜卑贵族和文武大臣迁到了长安，也规定所有人将籍贯通通改成京兆，也就是改成长安。

一开始还有一些鲜卑人要求夏天回到平城去避暑，冬天再回来。最初，孝文帝破例同意过一些老人的请求，后来他那身形肥胖的太子，夏天热得受不了，居然杀死监护他的老师逃走了。孝文帝把太子抓回来亲自动手打了一顿，然后废掉了他，最后又把他杀了。孝文帝为了坚持改革，不得不付出这样的代价。

改革到此已经相当彻底了。可孝文帝还有一个想法，是史无前例的：他认为鲜卑族与北方各族的姓氏不像华夏的姓氏，所以从自己的家族开始，包括鲜卑的功臣旧族在内全部改成汉姓。他自己原姓拓跋，改姓元。元是“老大”之意，出自《易经》。元朝后来之所以称元朝，也出自《易经》，“大哉乾元”。既然皇帝家改姓元，那么其他所有家族都跟着改为了汉姓。除了个别改为复姓，其他都改为单姓。正因如此，北朝以后，人们以为很多原来的胡人家族消失了，其实有的只是改为了汉姓。改为汉姓后还没有发生血统的变化，于是孝文帝又要求皇族带头与汉族的大姓通婚，指定元家（即拓跋家）跟包括河南荥阳的郑氏在内的几个大族通婚，那些已经有鲜卑老婆的，必须再娶一个汉人老婆，并号召鲜卑跟汉族普遍实行这样的通婚。

当然，孝文帝的改革不是没有遇到阻力，甚至曾经引发贵族、大臣的叛乱，但是他的态度极为坚定，包括自己的儿子在内，谁要反对就杀谁，无论资格多老、关系多密切的贵族大臣，如果在这件事情上持反对态度，轻则撤职、罢官，重则镇压。经过如此这般的努力，孝文帝的改革应该说是彻底成功了。

那么，孝文帝究竟为什么要改革呢？他曾经跟他的鲜卑部下说过这样一段话：“南方人一直说，我们这些人很是粗鲁，如何能懂得书中的道理呢？我听了这话以后，内心感到很悲哀、很遗憾。现在懂得书本中道理的人很多，难道这些人都是圣人吗？主要是自己愿意学还是不愿意学的差别。我现在确立百官制度，兴礼作乐，目的就是为了移风易俗。我自己是天子，何必一定要住到中原去呢？这是为你们和你们的子孙后代着想，要让你们逐渐受到好的风俗习惯的陶冶，然后扩大你们的见闻，让你们拥有丰富的知识。如果我们一直住在北方，再碰到一个不重视文化的主子，那么我们这些人最终是没有出息的。"

所以，孝文帝的目的是很清楚的。他要改革、要迁都、要改变语言，都是为了让鲜卑人学习华夏的传统文化，提高整个民族各方面的素质。那么他改革的结果怎么样呢？历史上有很多记载，我这里举一个例子。北魏后期发生动乱，其中有一个宗室元颢逃到了南朝，南朝认为这是个好机会，便派陈庆之护送他回去，想待他回去以后再支持他取得政权，这样不是就对南朝大大有利了吗？结果送回之后，北魏的动乱已经结束，他们根本不接受元颢，陈庆之无功而返。陈庆之到洛阳时看到的已经是经历过一场战乱以后衰败的洛阳，但他看后大吃一惊：原来北方的洛阳居然那么发达。所以他回到南方后便说了这么一段话："自从晋[①]、宋[②]以来，我们都称洛阳是荒土，因为长江以北都是夷狄。但我这次到了洛阳才晓得，衣冠士族都在那里。那里礼仪之富盛，人物之众多，使我的眼睛来不及看，口头来不及传。"他看到的其实是北魏南迁后的洛阳，实际上已经不是洛阳的全盛时代了，但他还是给予那么高的评价。他又说："所谓帝京翼翼，四方之则（先秦时说，天子住的帝京是四面八方的样板）。始知登泰山卑培塿，涉江海者小湘、沅（我这次回来才晓得，登上泰山再看周围的小山不过是个土堆，渡过江海再看沅水、湘水不过是条小河。"这些文化是从哪里来的？洛阳经过战乱的破坏，早已成为一片废墟，这些文化，这些人物，这些建筑都是自北魏孝文帝南迁以后在洛阳重新建起

① 指东晋。
② 指南朝宋。

来的。

从这一点来看，难道不能说是一种成功吗？自以为是的南方士人到了北方居然大开眼界，说当地文化礼仪的发达程度超出了自己的想象。当然，有关这方面的历史记录很多，如果有兴趣，不妨看一看《洛阳伽蓝记》。比如里面记载，当时建的高塔周围都看得见，来自西域大秦（罗马）的商人和外国人聚集在洛阳，为此专门设立了安置他们的街坊，而这一切都出现在北魏孝文帝南迁洛阳以后。

大家也许会说，对洛阳、对北魏这个国家而言，虽说改革成功了，但对于鲜卑人而言，他们的家族不就消失了吗？实际上并非如此。拓跋氏改姓元，虽然在北魏末年的东西魏之争中由于政治斗争损失了不少人，但到了唐朝，元姓家族依然名人辈出。我们在史料上看到的有神童元希声，北门学士元万顷，名人元德秀、元行冲，诗人元结，跟白居易齐名的诗人元稹，还有权臣元载，他们都是唐朝的名人，都是拓跋氏的后代。金朝的著名诗人元好问实际上应该是“拓跋好问”。从《新唐书·宰相世系表》中，我们可以看到这些姓氏的宰相：刘、窦、高、房、宇文、长孙、李、于、阎、豆卢、源、浑、元、独孤、安。这些都是鲜卑和北方的胡人改的汉姓。这个“李”绝不是汉族长期使用的姓氏“李”，而是他们胡人改的汉姓。从这个角度来说，鲜卑族和其他北方民族并没有消亡，而是融合在华夏中间，成为我们中华民族的一部分。

我为什么认为把“汉化”改为“华化”更好呢？实际上，我们华夏最早的来历就是“诸夏”，因为商朝虽取代夏朝，但当时的人主要还是夏朝留下来的，他们就称为“夏”；因为不止有一个种族，所以便叫作“诸夏”。周朝取代商朝时，当时的人们还是称为“诸夏”。那么，为什么后来又有了“华夏”的称呼呢？“华”的本意是“花”，引申出来就是“美丽的、高尚的、伟大的”的意思，所以“华”是修饰“夏”的，等于我们现在所说的“美丽中国”。时间长了，有人就把“华夏”简称为“华”了，用“华”来区别“戎”。

华夏在发展的过程中，不断地融合了夷、戎、狄、蛮，例子有很多。在这一过程中，当然主要是戎、狄这些民族受华夏的影响，但是并不等于说华夏没有受到其他少数民族的影响。比如从席地而坐到胡床到坐具，不就是华夏向所谓的夷、戎、狄、蛮学习的结果吗？那些风俗习惯，以前都是明确区分的，这是华夏的，这是戎狄的，其实只要社会有这个需要，华夏还是会向戎狄学习。

举一个例子。唐太宗当了皇帝以后曾经发布过一份诏书，要求全国的寡妇限期改嫁，并且把它作为考核地方官政绩的一项指标。这件事可能超出大家的想象，但它的确是华夏向戎狄学习的事例。因为当时的匈奴人没有汉人的贞节观念，他们为了增加人口，哪里还管什么寡妇守节。守什么节呢？又比如王昭君嫁给了单于，过了两年，老单于死了，根据匈奴的习俗，她要继续嫁给新的单于，也就是老单于的其他夫人生的儿子。王昭君辈分大照样要嫁。如果到时候新的单于死了，她还活着的话，还要继续嫁。汉人觉得这样很野蛮，匈奴人则理直气壮："我们就是用这个办法来保持我们种姓的繁衍，我们需要增加人口，她既然还有生育能力，为什么不嫁，为什么不生孩子呢？"所以到了北朝的时候，为了增加人口或者满足前方将士的需求，朝廷几次下令寡妇限期改嫁，或者征调寡妇到前线，配给在那里作战、讨不到老婆的将士。

那么唐太宗为什么采取这一措施呢？这是因为唐朝初年人口下降，同时面临突厥的强势入侵及恢复生产的需求，唐朝因此迫切需要增加人口。所以唐太宗便下了这样一份诏书，要求全国的寡妇限期改嫁。

这样的做法到底算是"汉化"还是"蛮化"呢？要我说，这就是"华化"。**华化是双向的，尽管以鲜卑的汉化为主，但是经过北魏孝文帝的改革及南北朝的融合变迁，实际上是双方以不同的方式华化的结果，由此才形成了盛唐时期强大的华夏文明和华夏民族。**

第二十五讲　天可汗的心病：“记了什么，能让我看看吗？”

“天可汗”指的是谁？唐太宗李世民。

为什么给他这个称号，他也乐得使用这个称号呢？据《旧唐书》记载，贞观四年（630 年），唐朝灭了东突厥，俘虏了颉利可汗，从那时候开始，西北诸蕃（少数民族）纷纷要求尊唐太宗为“天可汗”。诸蕃的首领叫“可汗”，那么“天可汗”即“最大、最高的可汗”之意。唐太宗很乐意，以后在给西北的属国或部族首领下诏书的时候，也自称“皇帝”和“天可汗”，同时使用这两个名义。

这样的一位“天可汗”，他有什么心病呢？

贞观九年（635 年），当了十年太上皇的李渊去世了。十月二十七日，这位唐朝开国的“高祖太武皇帝”被隆重安葬。可是就在葬礼举行前十天，唐太宗通知史官，他要亲自查阅高祖皇帝和自己的《实录》，被史官婉言拒绝。因为根据制度，皇帝本人是不能看本朝的《实录》的；而高祖皇帝刚去世，他的历史记录也是不能看的。

时隔好几年后的贞观十六年（642 年）四月，唐太宗又问谏议大夫褚遂良：“你还负责记《起居注》吗？记了什么，能让我看看吗？”《起居注》就是皇帝每天具体在什么时候做了什么事的详细记录。褚遂良回答他：“史官记录君主的言论和行动，好坏都要记，这样才能使君主不敢做坏事，没有听说君主自己可以拿来看的。”唐太宗问：“那我如果有什么不好的事你也记吗？”褚遂良回答：“这是我的职责，不敢不记。”黄门侍郎刘洎在旁边插话：“假如褚遂良不记，天下人都会记。”唐太宗又碰了一个钉子。不过就在两个月后，唐太宗忽然下令将十六年前被杀并且被追夺太子封号的长兄李建成由他原来的谥号“息隐王”恢复为皇太子，又将被杀的弟弟李元吉由“海陵剌王”改为“巢剌王”。

当然，我们现在没有办法猜测，为什么突然之间唐太宗又想起了这件事。但把一连串的事情连起来，可见唐太宗内心空虚，他很担心史官做的记录会对他不利。

到了第二年（643 年）四月，皇太子承乾因罪被废为庶人，唐太宗的叔父汉王李元昌因为参与阴谋而被杀。唐太宗当面答应立自己最宠信的第四子魏王泰为太子，但是后来又改变主意立第九子晋王李治（后来的唐高宗）为太子。魏王泰被降级封为东莱郡王，不久又改封为顺阳王，软禁在今天湖北西北的山区，偏僻闭塞的均州郧乡。

那几天唐太宗心力交瘁，哀叹道：“我给这三个儿子、一个弟弟搞成这个样子，想想活着实在没有什么意思。”说着，从椅座上跌倒在地，还不等心腹大臣将他扶起，便拔出自己的佩刀想要自杀，被褚遂良一把夺下。这次变故使一向以英明自居的太宗皇帝受到很大的打击，他亲自到太庙祭拜，为他儿子李承乾的事向祖宗谢罪。

接着，六月初一发生了日食。在古代，日食可是大事。七月，民间居然传出流言，说皇上派恶鬼出来挖人的心肝，用来祭天狗星，一时间闹得人心惶惶，太宗不得不派人到各地辟谣，抚慰百姓，一个多月以后才平息下来。

民间的传闻到底跟宫廷的变故有没有关系，我们不得而知，但这无疑会促使太宗更关心史官究竟给自己记了什么，于是他就向监修国史的宰相房玄龄第三次提出了看国史的要求：“我的用心和以往的君主是不一样的。帝王想亲自阅读国史，以便了解自己以前的错误，作为今后的警戒，你可以按顺序写成了给我看。”谏议大夫朱子奢坚决反对：“陛下您当然有很高的品德，您的言行从来没有什么过失，史官记载的内容肯定尽善尽美，所以您现在要查阅《起居注》并无不妥。但若从此成为一种制度传下去，我恐怕到了您的曾孙、玄孙辈，难保没有达不到上智的君主，他们就会文过饰非，史官免不了会被处罚。那么史官为了保全自己、避免祸患，肯定会迎合风向、顺从旨意，如此一来，悠悠千载的历史还能够相信吗？这就是历来不允许帝王查阅本朝历史的道理。”但唐太宗还是坚持要看，于是房玄龄只好与许敬宗等人删改了高祖和太宗的《实录》各二十卷呈上御览。

其实房玄龄等人心里都明白，唐太宗最关心的自然就是当年（626 年）六月初四发生的事，其实他们已经在文字上下了功夫，尽量掩盖了有关的事实，但唐太宗看过之后还是不满意。唐太宗说：“当年周公杀了管叔、蔡叔而使周室安定，季友毒死叔牙才为鲁国带来太平。我这样做完全是为了安定社稷、造福万民。史官执笔的时候何必特别隐讳呢？应该加以修改，删去不实之处，直截了当地把事实记录清楚。”有了这样明确的指示，以房玄龄为首的史官自然只能够体察圣心，将两朝《实录》中的有关文字修改到唐太宗满意为止。这就是我们今天所能看到的《旧唐书》《新唐书》和《资治通鉴》等书中记录的“玄武门之变”。

这一事件是怎样被记述的呢？史书中说，唐高祖武德九年（626 年）六月，突厥军队进犯，太子李建成建议派其四弟齐王李元吉率军北征，并征调了秦王府的大将尉迟敬德、程知节（即民间说的程咬金）和秦叔宝等人随军出征，得到了唐高祖李渊的批准。一向嫉妒秦王李世民军功和威望的太子建成，一直在找谋害秦王的机会，企图利用与秦王在昆明池饯行的机会，埋伏甲士将他刺死，事成以后可以上奏说他是得急病而死，对尉迟敬德等秦王府骁将也准备一律活埋。秦王很快从他收买的太子下属、东宫率更丞王晊那里得到了这个消息，于是连夜与长孙无忌、房玄龄等人商议对策。众人都劝秦王先发制人，但李世民不忍骨肉相残，犹豫不决。幕僚们向他提了很多理由，终于说服他采取行动。

恰巧六月间太白星多次在白天出现，傅奕就向唐高祖密奏：“太白星出在我们秦地的上方，看来秦王要拥有天下了。”高祖听后大怒，说你这话的意思不就是李世民要谋反篡位吗？于是立即召李世民前来质问，怎么会出现这样的舆论呢？李世民申辩说，这是建成、元吉两兄弟想要谋害他，并且密奏建成、元吉“淫乱后宫”的丑闻，说他们居然跟后宫有不正当的关系。唐高祖一听大吃一惊，准备第二天召来兄弟三人当面对质。

六月初四一大早，李世民率长孙无忌等人埋伏在玄武门。建成、元吉两人走到临湖殿的时候发觉情况异常，当即调转马头想要逃回东宫，可已经来不及了。李世民带人冲了出去，在后面追赶。李建成拉起弓向李世民放箭，但因为惊慌失措，弓弦都来不及拉开，连射三箭都没有射中。李世民张弓还击，一箭就射死了建成。这时尉迟敬德率领七十余名骑兵赶到，射中李元吉的坐骑，李元吉从马上掉了下来。但是李世民自己的马也受到惊吓逃入树林，被树枝绊倒了。李元吉从后面赶来，夺下弓箭勒住李世民，尉迟敬德跃马怒叱，一箭射死了李元吉。此时东宫和齐王府的二千余名精兵闻讯赶到，猛攻玄武门，形势非常危急。尉迟敬德见状连忙把建成、元吉二人的首级割下来展示，二人的部下看到主人已经被杀，立刻就溃散了。

李世民派尉迟敬德全副武装，进宫去保卫李渊。谁知原定当天早上准备亲自讯问这三兄弟以判定是非曲直的高祖皇帝居然兴致十足，正在后苑池子里的游船上。他看到手持长矛、一身甲胄的尉迟敬德闯进来后大吃一惊。尉迟敬德报告太子和齐王作乱，已经被秦王杀掉了。大臣们便劝高祖将国事交给秦王处理。高祖答应得非常爽快：“好啊，这正是我长久以来的心愿！”立即亲笔写了敕书，命令诸军听从秦王号令。待到大局已定，秦王赶来跟高祖见面，父子俩抱头痛哭。高祖随后颁布诏书，立秦王李世民为太子，建成、元吉总共有十个儿子，均以谋反罪处死。也就是说，他下令杀掉了自己的十个孙子。两个月以后，唐高祖李渊宣布退位，自己当了太上皇，秦王李世民提前登上帝位。

这就是今天官方的唐史，也是经过李世民亲自审查、删改的唐史。那么这份记录究竟对不对呢？其实，它存在着很多逻辑上的错误，更不要说它和唐太宗来不及删改的原始史料之间存在着不可解释的矛盾。比如，经过李世民删改的高祖和太宗《实录》里面说，长子李建成从小不拘小节，“荒色嗜酒”，喜欢打猎游玩；又说他“帷薄不修”，生活作风不正派，“有禽犬之行”，行为像禽兽一样，远近闻名；又说李元吉性情凶愎，志识庸下，行同禽兽，而且曾经丢弃了一处归他镇守的地方，罪行不少，且嫉恨唐太宗的贤能。里面还记载，唐高祖李渊优柔寡断，迟迟不肯起兵，所以说“高祖所以有天下，皆太宗之功”，即李渊之所以能够成功夺取天下，完全是他的二儿子李世民的功劳。这怎么可能呢？好在有些历史记录在唐朝的正式史书出来之前就已经流行了，没被删掉，将之拿来对照的话，这些说法漏洞百出。

比如，隋朝大业十三年（617年），当时的太原留守、唐国公李渊以尊立隋炀帝的孙子代王杨侑的名义，自晋阳（今山西太原）起兵。根据现在这些官方史料的记载，这次起兵主要是由李世民一个人策划的。万事俱备，李世民却担心父亲不同意，犹豫了好久，不敢告诉他。果然，当李世民把计划密告李渊后，李渊大惊说：“你怎么敢说这样的话，我现在就把你押送朝廷法办。”说完动手要写奏章。李世民不慌不忙地说：“现在天时人事已到了这个地步，我才会做这样的打算。如果您一定要把我送朝廷法办，我也是不怕死的。”然后李渊说：“我怎么忍心告发你呢？但你千万要小心，不能再说这样的话了。”后来经过李世民和众人的反复劝说，李渊才同意，表示今后是家破人亡还是化家为国都由你（李世民）了。史书中甚至说，此前李渊的部下裴寂还将晋阳行宫里的宫女偷偷送给李渊享受，在酒酣的时候，他威胁李渊：“臣子占用宫女是杀头的罪，二郎（李世民）之所以密谋起兵，也是因为怕您的这件事暴露。”至此李渊已经没有退路了，只好说：“事到如今，还有什么办法呢？只好按他说的去做吧！”

若按照史书中的记载，这个李渊简直是个窝囊废，叫他造反非但不敢，还要去告发儿子，儿子没办法，就跟部下串通送宫女给他享受，以此作为他的把柄威胁他。这可能吗？如果说他真的已经跟宫女私通，怎么还会一本正经地要写奏章告发儿子呢？而且当时只有他们父子两人在场，让他保密就可以了。书中所记完全是不可能的。这样一描写，李渊成了一个胆小怕事、胸无大志又好色无度的猥琐小人，这种人怎么能够做大唐的开国皇帝呢？

但是，据《旧唐书》及其他传记的记载，早在大业六年（610年），李渊和宇文士及已经在涿郡（今北京）密谋这些事了。而他为什么不马上起兵呢？《大唐创业起居注》中讲得很清楚："因为你（指李世民）哥哥不在家。"当时他的大儿子李建成还在河东（今山西省西南），要等他回来才能公开起兵。果然在他们起兵以后，李渊的另外一个小老婆生的儿子智云就是因为身在河东而被隋朝抓去杀了。所以李渊暂不起兵的理由其实很清楚，是因为大儿子还没回来，根本不是像后来描述的那样是因为他优柔寡断，不敢下这个决心。

而且我们看一看，李世民出生于隋开皇十八年（598年），到大业九年（613年）的时候仅有十五岁，李渊正式起兵的时候（617年）也才十九岁，而李渊的大儿子李建成当时已经二十九岁，那么到底谁在其中起了主要作用，实际上是非常清楚的。李渊之所以暂时按兵不动，就是要等李建成和李元吉回来。果然他们一回来，李渊就公开起兵了。实际上，这说明李世民与李建成、李元吉兄弟之间的矛盾由来已久，他催促父亲早日起兵，不顾他的哥哥、弟弟还有危险。如果确有其事的话，不过说明他想借刀杀人，将哥哥和弟弟置于死地，所以后来在玄武门的弑兄屠弟也就毫不奇怪了。

至于李建成、李元吉的作为，《旧唐书·隐太子建成传》说他们没有功德，还做了坏事，主要的功劳都是李世民取得的。然而，留下来的其他记录中所记载的并不是如此。比如河东是军事要地，介于太原和关中之间，李建成留在那里，是负有李渊给他的特殊使命的，要他秘密结交当地的英雄豪杰。李建成也没有辜负父亲的期望，拿自己的财产救济他人，虚心向有才干的人请教，因此得到当地人的拥护，没有人不响应他发出的号召。等到唐朝的军队攻克霍邑后，河东黄河沿岸的百姓数百人争先恐后地送来了渡船，可见他的工作很有成效，也很得人心。李建成、李元吉从河东赶回太原，随即便与李世民一起指挥了与帝业成败有密切关系的首次大战，一举攻克西河城，往返仅用九天时间，奠定了进军关中、直取长安的基础。而两《唐书》[①]里提及这一重要战役时，都说成是李世民奉高祖的命令征讨西河，完全抹杀了李建成的功绩。经过这次战役，李建成因功封为陇西公，统率左军；李世民因功封为敦煌公，统率右军，可以说至少在这一重要的战役上，两人是都有功劳，否则不会同样受封。但在删改过的史料中，都变成李世民一个人的功劳了。《大唐创业起居注》的作者温大雅属于李世民一党，尽管他不能预料到兄弟二人以后的变故，但也绝不会故意贬低李世民，去讲李建成的好话，所以他笔下记述的史料应该更为真实可信。

武德元年（618 年）定都长安以后，李渊立李建成为太子，李世民为秦王，李元吉为齐王。作为太子，李建成的主要职责是帮助高祖皇帝处理日常政务，而赴各地领军作战、平定各方割据势力的任务主要由秦王李世民承担，这是他们的分工。等到秦王李世民因为战功卓著而“威震四海，人心所向”的时候，如果一定要说李建成各方面的才干不如他，也未必公正。同样的，李世民也有处理得不如他哥哥的事，史料上也有明确记载。

比如，窦建德被唐朝击败以后，他的部将刘黑闼很快重新起兵占据旧地。李世民奉命围剿，实行残酷镇压，被俘虏的小头目都被杀死示众，他们的妻子被唐军抓走，也不接受投降。这样下来，唐朝的军队付出了极大的代价才勉强取胜。但是仅仅隔了几个月，刘黑闼又重

① 指《旧唐书》和《新唐书》。

新起兵，十多天时间就把原来被唐军占领的地方都恢复了，还将洺州定为首都，自称汉东王。此时太子李建成主动要求由他征讨，他一改李世民的高压政策，实行宽大安抚政策，抓到的俘虏全部遣送回乡。他的做法得到了老百姓的支持，于是刘黑闼众叛亲离，本人也被活捉。李建成仅用两个月时间便平定了山东，这些都是《新唐书·隐太子建成传》都承认的事实，可见他的军事才干并不亚于李世民，甚至有过之而无不及。

这样一看，我们才明白李世民为什么要修改历史。通过这些事例，我们也就可以看出历史的真相究竟是什么。比如，删改过的史书写道，李建成与李元吉嫉贤妒能，两人狼狈为奸，多次阴谋加害李世民，玄武门之变实在是不得已之举。据说在玄武门之变发生前三天的六月初一晚，李建成召李世民到东宫饮酒，酒里放了毒药，李世民当场心痛，吐血好几升，被叔父淮安王李神通扶回了西宫。倘若确有其事，既然下了毒为什么不能把他毒死呢，这种场合下必然要使用剧烈一点的毒药不是吗？既然他当场吐血几升，说明毒性已经发作，怎么回家以后反而没事了呢？而且李建成下毒手时居然没有预先埋伏武士，听任李世民脱身，这都是不可能的事啊。以李建成的政治经验，应该知道万一毒杀不成，后果有多严重。再说，既然李世民已经掌握了他哥哥淫乱后宫等诸多罪行，又有叔父目击自己被毒的铁证，为什么还要等两天以后再向父亲告发，而且告发时绝口不提毒酒事件呢？看来此事多半出于史官的虚构。

李建成是唐高祖与窦皇后所生的嫡长子，立为太子名正言顺。他也曾为大唐的创建立下赫赫战功，掌握着东宫独立的武装——长林兵，还有手握兵权的四弟齐王元吉的支持。唐高祖最为信任的宰相裴寂也是李建成的坚定支持者，高祖的宠妃张婕妤、尹德妃等人经常说李建成的好话。显然，李建成的“接班人”地位很稳固，完全没有搞阴谋诡计的必要。反过来，李世民身为次子，正常情况下根本没有做皇帝的可能，除非发生意外，或者采取政变夺权，可见他才是最有可能暗中活动搞阴谋的。事实上，李世民的秦王府早就集中了一大批文武官员，他是早有打算的。

在这场储位斗争中，李渊的态度是关键。按照删改过的史料的说法，早在晋阳起兵之初，他就许诺要立李世民为太子，只是被李世民坚决拒绝了。到了武德四年（621 年），也就是李渊做皇帝后的第四年，他再一次私底下许诺立李世民为太子。言之凿凿，似乎确有其事，但是这种情况可能吗？显然是出于伪造。如前所述，无论从哪个方面来讲，李建成当太子名正言顺，也没有出现什么其他情况，李渊怎么可能私底下又要答应让李世民当太子呢？

所以，为什么唐太宗李世民再三要求查看自己的历史记录，并且要求史官"如实"记载、不可随意"删改"呢？正是因为上述的"玄武门之变"这桩公案，其实这就是他删改历史记录之后的结果。

我们今天看待一个历史事件，不能够完全根据现成的史料来判断，特别是不能只看本朝所做的记录。因为不管怎么讲，历史都是有选择、有意识的记录。我们现在看到的历史记录经过李世民的删改过后，尽管许多真相都已被删掉，但如果我们按正常的逻辑推理、按事件前后的因果关系来分析，就不难发现其中的矛盾之处。

不过，如果史料遭到了彻底的删改，我们今天是很难再恢复历史真相的。但是无论如何，我们不能盲从那些现成的、官方所修的历史，这是我们了解历史、学习历史、研究历史所面临的一个挑战。

第二十六讲　唐朝的另一面：“天下”究竟有多大？

唐太宗被称为“天可汗”，一直被后人视为帝王中的楷模，他所创下的伟业在历史上作为典型被歌颂，但他还有另一面——他是通过阴谋诡计、通过宫斗杀兄弟才得以上台。我们是不是因此就否定唐太宗呢？当然不是。唐太宗的主要工作是做皇帝，那么我们就看他皇帝做得怎么样，至于他用什么手段做上了皇帝则不是那么重要，即使他的手段不够光明正大，甚至使用了阴谋诡计，也不能因此认为他做了皇帝肯定就是昏君、暴君。反过来，如果李建成顺利地登上皇位，他的业绩就一定能够超过唐太宗吗？

当然，历史不能假设。但是就算不假设、只讲事实的话，我们也应该承认，无论如何唐太宗都是一位比较出色的皇帝。所有事情都要分两方面来看，正因如此，我们看待唐朝也要看它的另一面。

在大家的心目中，唐朝是中国历史上最强盛、最开放、最富裕、最发达的朝代。不错，唐朝的确有这一面，但唐朝是不是从头到尾都是这样的呢？开元盛世是唐朝，安史之乱后也是唐朝。我们了解唐朝历史，不能只了解前面，不了解后面。另外，我们也要全面地了解唐朝的各个方面。

比如，我们一直认为，唐朝是当时世界上最开放的国家，可它真的是最开放的吗？我们也一直认为，唐朝在世界上的影响很大，把唐朝说成是当时世界的轴心，视长安为世界的中心，但真实的情况果然如此吗？要回答这些问题，我们首先要了解唐朝的另一面。

对于一个国家、一个政权而言，最重要的是什么？疆域。唐朝的疆域大到什么程度呢？如果大家有兴趣，不妨看一看我的老师谭其骧教授主编的《中国历史地图集》，其中有一册是隋唐。翻开唐朝的图册，有三幅总体疆域的地图，从第一、第二幅地图来看，唐朝的疆域大得不得了，在唐太宗灭了东突厥以后，唐朝的北界抵达今天西伯利亚的贝加尔湖；在他的儿子唐高宗灭了西突厥以后，唐朝的西界推到了巴尔喀什湖，恢复了汉朝的疆界，并且继续往西推进。此时波斯国正好发生内乱，有一位王子带着他的土地投降了唐朝，如此一来，唐朝最远抵达了今天的阿姆河流域、锡尔河流域、咸海之滨，这是中国历史上曾经到达的最西面。唐高宗终于灭掉高丽后，在朝鲜半岛的大部分地区设立了安东都护府，此为唐朝的东界。唐朝还控制了越南的北部和中部，在那里设立了唐朝的安南都护府，此为唐朝的南界。

有一首我们都很熟悉的唐诗——“海内存知己，天涯若比邻”，这首诗是著名诗人王勃所写。王勃还有一篇更有名的文章《滕王阁序》，这篇文章的前言里有这么一句话：“家君作宰，路出名区；童子何知，躬逢胜饯。”意思是说，他的父亲在外面做官，他在去探望父亲的路上路过了洪都（今南昌）。那么他的目的地是哪里呢？是今天的越南，他的父亲在那里做官。所以王勃从关中出发到达南昌，再从南昌南下到达广东，然后再到今天的越南河内一带。可见当时的唐朝疆域南面一直到越南的北部和中部。

但是问题在于，唐朝是否一直拥有那么大的疆域呢？让我们的视线回到《中国历史地图集》上。前两张地图翻完之后，便要翻到第三张，也就是安史之乱以后唐朝的疆域。如果大家翻过，肯定会为疆域的缩减程度而感到吃惊。

实际上在安史之乱之前，唐朝的疆域已经开始后退了。唐朝西面到达咸海，只维持了三年时间，三年以后阿拉伯人崛起，波斯内乱也得到平息，阿拉伯人便开始东扩，唐朝随之退却了。到了公元751年，高仙芝率领的几万唐朝军队在怛逻斯（今哈萨克斯坦的江布尔一带）突然遭遇阿拉伯阿拔斯王朝的军队，唐军猝不及防，最后全军覆没。高仙芝只带着少量人马逃了回来，其他几万将士不是被杀，就是被俘，唐朝开始从西面撤退。

755 年，安史之乱爆发。当时的安禄山基地位于今天的北京，叛军先是南下，然后往西进发，目标是占领洛阳、长安。所以唐朝的军队从南方调到北方、从西部调到东部，对叛军沿途堵截，这样就导致西域空虚，于是藏族的祖先吐蕃人趁机扩张，扩张范围超出了青藏高原，包括今天的新疆大部、青海、甘肃、四川西部、云南西部，甚至一度扩展到陕西西部。对照地图来看，唐朝在安史之乱后把这一整条边界全部丢掉了。吐蕃军队数次逼近长安，有一次甚至把长安攻占了，连皇帝都逃了，但十天以后吐蕃军队突然撤退，非但退出长安，还一直退到了高原。唐朝人都没弄明白这是什么意思，所以在史书里写道："晚上，恶少年在城里鼓噪喧闹，扰乱了敌方的军心。"当时还传说郭令公（郭子仪）的军队要来了，所以他们才退的，其实根本不是这么回事。

真正的原因是什么呢？我们现在弄明白了，是长期生活在高海拔地区的吐蕃人到了低海拔地区，不适应当地的条件。现代医学知识已经告诉我们，长期生活在低海拔地区的人到了高海拔地区会出现高原反应，那么生活在高海拔地区的人到了低海拔地区也是如此，他们出现了一种醉氧现象，可以简单理解为氧气太多受不了。醉氧的症状跟我们的高原反应差不多：心跳加快、头疼。有一年，我问过一位来北京开会的活佛："你到北京这样的低海拔地区来，受得了吗？"他回答说："难受极了，我现在坐在这里其实很难受。"我说："你多待些时日可能就会好的。"而当时的吐蕃人没有知识，不知道只要再坚持一下的话，多数人还是能够调节得过来的。他们一出现醉氧现象，就一下子全跑了，以后再也不从高原上下来了。

唐朝的北面其实早就退到阴山了，这是因为后来唐太宗又容许突厥人回到老家，于是他们就复国建立了后突厥，基本上把阴山以北、蒙古高原这些地方重新占领了。东面的朝鲜也没有坚守住，尽管唐朝把高丽国王和大量民众迁到内地，最远的甚至迁到了四川，但是留在那里的朝鲜人和靺鞨人还是不断地反抗，所以三年后唐朝的安东都护府衙门就从平壤退到了鸭绿江以北，以后又从辽河以东退到了辽河以西，节节败退。靺鞨人就和朝鲜人联合起来建立渤海国。渤海国曾经表示愿意归顺唐朝，实际上还是独立的。小小的渤海国建了五个京，完全模仿唐朝的制度。而南面呢，到了唐朝末年、五代期间，越南的吴权就闹独立了；十世纪，越南最终脱离中国的掌握，自此成为独立的政权。

所以当我们谈及唐朝的疆域时，唐朝前期的辽阔疆域当然要说，但后期疆域缩减的情况也同样不容忽视，否则许多中国历史上的问题就无法理解。比如今天在行政意义上的西藏自治区的藏族人口不到四百万，但在西藏以外的四川、云南、青海、甘肃等地的藏族人口加起来则超过四百万，这就是因为九世纪吐蕃大面积扩张，之后回鹘人迁到了新疆，吐蕃就从新疆退了出来；河西走廊一直是以汉人为主，被吐蕃占领后，藏族人口迁入；吐蕃从甘肃等地区退出后，剩下的藏族人一直居住在其余地区，于是造成了这样的局面。所以，如果我们不了解这段历史，就不能够理解为什么这些地区一下子都变成吐蕃人的地方了。

这就是唐朝的另一面。关于一个朝代，我们不能只讲述它最强盛的时期，却忽略了动乱以后发生的变化。

第二个方面，唐朝是不是古代历史上人口最多的王朝呢？实际上，经过隋末的战乱，唐朝的总人口下降很厉害，所以唐太宗李世民才会采取命令全国寡妇限期改嫁等极端的办法来增加人口。唐朝最强盛的时期有多少人口呢？唐朝当时有一个特点，户口人数被大量地隐瞒，曾经担任宰相的杜佑认为，隐瞒掉的人口大概有三分之一。按照这个比例推算，唐朝的人口最高峰大概有八九千万。那么宋朝的人口有多少呢？尽管宋朝的疆域比唐朝小得多，但到北宋末年，宋朝已经有一亿人口；到南宋，与金朝人口合计已经达到一亿二千万。所以从人口数量的角度来说，唐朝也不是中国古代的高峰。

第三个方面，我们先从丝绸之路讲起。围绕丝绸之路，一直有这样的说法：从张骞通西域形成丝绸之路起，以后这条路上的贸易往来络绎不断。特别是我们近年来一直强调丝绸之路对唐朝所起的作用，但实际上，我们对这个问题缺乏全面的了解。

唐朝的时候，丝绸之路上的商业活动的确十分繁荣，大量的商品通过丝绸之路输入唐朝，同时也输往外国。但是要知道，在这条路上经商的主要是粟特人、回鹘人、阿拉伯人、波斯人，基本上没有唐朝的商人。也就是说，唐朝从来没有主动利用过这条丝绸之路。唐朝长安城里的那些商人主要来自粟特，也就是今天的费尔干纳盆地、乌兹别克斯坦、哈萨克斯坦、吉尔吉斯斯坦等国家和地区。之后的商人主要是阿拉伯人、波斯人。敦煌壁画里有一幅图画叫作《胡商遇盗图》，描绘的是商人碰到强盗了，商人全是胡人，强盗则是汉人。

现在有些人凭想象认为，当时各族人民都往返于丝绸之路上，而我的观点是："各族人民"是不包括华夏的。那么为什么华夏族不去利用丝绸之路呢？原因其实很简单，中原王朝历来的统治者，包括唐朝皇帝，都认为我们天朝无所不有，不需要依赖外部的物资。另外，"溥（普）天之下，莫非王土"，如果外国有什么东西好，那么用不到我买，对方应该主动进贡；你进贡了，我可以给你赏赐——都持有这么一种观念。根据当时长安城里的记录以及后来专家的分析，长安城里恐怕将近一半居民是外国人。而在世界上的其他国家有没有找到大批的唐朝人呢？一个都没有找到。唐朝后期，广州等地的外国商人已经形成了自己的国际社区，叫作"蕃坊"，负责管理的主管被称为"蕃长"，由外国人担任。那时的外国人有多少呢？总数超过十万。同样的，扬州、明州（今宁波）、泉州也都有不少外国商人。

又如我们今天常说的海上丝绸之路，它是由谁开辟、由谁利用的呢？主要也是阿拉伯人和波斯人。或许有人会发出疑问：既然有了陆上丝绸之路，为什么还要开辟海上丝绸之路呢？这是因为755年安史之乱爆发以后，河西走廊为吐蕃人所占，再加上战争的缘故，陆上的丝绸之路中断了。而阿拉伯人还要维持商业贸易，他们一向重视航海，航海技术很好，所以他们就将贸易转到海上。转到海上以后，他们发现海上运输比陆路运输更加有利：第一，船舶运载量大，而陆路则运不了多少东西，且运载量多为保障自身生存之物所占用。陆路商人沿着丝绸之路行进，那么远的路途，好多路段是没有后勤保障的，必须要带上自己和骆驼、马匹的吃喝用度，这样一来还有多少空间可以腾出来装载货物呢？而海上运输则不然，由于当时没有动力装置，一艘船上只需配置数名船员掌握舵和风帆，因此可以堆放大量的物资。所以，一艘船的货运量大大超过以往的一个商队，货运量大了以后运输成本也跟着降低。而且海上运输不受陆路交通可能会因发生战乱而断绝的影响，它就是对付自然，只要风调雨顺，便可扬帆起航。

阿拉伯人在中国发现了一个商机。当时的船是木船，重心不稳，所以在海上航行时船底要放上石头来稳定重心，或者往舱里灌入水，然后密封起来。阿拉伯人来到中国，看到中国的日用瓷器既多又便宜，便想出了一个办法：不要压舱石和压舱水了，而是采购大批的瓷器整整齐齐地码在舱底，以此代替压舱石的功能。这就是我们今天看到那些沉在海底的船，竟然载有几万件，甚至一二十万件瓷器的原因。当时的中国瓷器价格低廉，同时还能起到压舱的作用，海运成本便被摊得更薄了。

海上运输还有一些好处。以前外国的一些分量重、体积大的商品往往运不进来，现在有了这些运载量大的海船便可以运进来了。比如，青金石是一种含有金属钴的矿石，用于提炼青色颜料，青花瓷要漂亮就需要这种颜色，就要用到青金石。这种矿石产在阿富汗和伊朗，原来运不进来，自从海上运输线路开通后，这些优质的青金石就大量地运了进来，中国造的青花瓷也因此越造越好，产量越来越大，到了元朝已经成为专门外销的产品。阿拉伯人特别喜欢青花瓷，今天世界上收藏青花瓷艺术品最多的博物馆不在北京、上海、广州，而是在土耳其的伊斯坦布尔老皇宫博物馆；第二多的就是位于伊朗首都德黑兰的伊朗国家博物馆。我曾去看过，博物馆里大量精美的大件青花瓷是当时元朝生产并出口至这些国家的。

再比如，安史之乱后，北方战乱不停，而南方经济发达，所以出口的商品集中在南方，特别是沿海、沿江地区采购。比如唐朝沉船“黑石号”里面的瓷器就是产自福建的。当时海船一到福建，采购好瓷器就出发了。在南方走海上运输路线是很方便的，比如茶叶，唐朝的茶叶集散中心在浮梁（今江西景德镇），不久广州等南方城市也都成为茶叶的出口地；丝绸的产销范围就更广了，南方哪里都有丝绸。如果从陆路把南方沿海地区出产的商品千里迢迢地运到西域再运至外国，效率自然远远不及通过海路就近装船直接出海。正因为这样，等到安史之乱平息，陆路交通恢复，海上运输路线仍然往来不绝，阿拉伯商人从此一直经营海上贸易。以后阿拉伯人走向衰落，西方人取代了他们的作用，国际贸易主要转到了海上。时至今日，世界货物贸易的 70% 以上（据有些统计数据，甚至达到 80% 以上）全是经由海运完成。

同样的，海上丝绸之路的主动权不是掌握在唐朝手里，因为从事海上贸易的主要是阿拉伯人和波斯人。这也是唐朝的另一面。

唐朝还有不为人知的另外一面。在我们的印象里，唐朝是中国古代最开放的朝代，而经过研究后，我发现唐朝是“开而不放”；我们往往还认为，唐朝的文化在世界影响很大，但是据我研究下来的结论，唐朝是“传而不播”。

首先我来具体解释一下为什么说唐朝“开而不放”。

唐朝对待外国、对待外族的态度的确是开放的，就连它比较防范的日本、高丽等国家的人来了，基本上也是登个记，或者拿个批文就可以自由活动了。对西域各国的政策更是无比宽松，根本不需要什么手续，来了就可以在国内居住，所以诸如长安等大城市才聚集了那么多的外国人。“开”是真的开的，但是它“放”了没有呢？实际上是不放的。

不放的理由，一开始是要防止国内与外国人、外族人、境外敌对势力勾结。比如玄奘踏上取经之路时，唐朝与突厥正处于战争状态，为了防止军情泄露，禁止唐朝人从西边出境，玄奘没有办法，只能偷渡出去。以后尽管没有泄密的威胁，也不允许民众随便穿越国境线。唐朝曾经占据那么多地方，除了轮值工作的官员外，只派遣军队驻守，一般老百姓是不能随便过去的，沿途的关卡都要审查批文。所以我们在唐诗里看到的那些亲身到达西域的人，要么是出征的将士，要么是因为某种原因出公差的，从来没有普通游客，更不会出现唐朝人聚集在外国的场面。这也就是我所说的“开而不放”。

另一方面，唐朝的确大量任用外国、外族的人才，比如很多外国人、外族人牛高马大、武功高强，便让他们当了“蕃将”，包括安禄山在内的好几位节度使都是从外面过来的人。这些人中有很多就此定居下来，有的还接受了汉族的文化，比如五代十国中的五代里面有三代的皇帝都是突厥人的一支——沙陀人。李克用的儿子做了皇帝，用的朝代名称就是“唐”，现在所说的“后唐”的“后”是后人加上去的。他认同自己是李氏唐朝的后代，其实并非如此，“李”是唐朝因功赐给他的姓，他实际上是沙陀人。之后的刘知远也不是汉人，虽然刘是他的姓，实际上他也是沙陀人。石敬瑭的“石”也是取的汉姓，他本人是沙陀人。唐朝就是这样一种情况。

那么为什么说唐朝是“传而不播”呢？唐朝人有这样的观念：我们的文化最发达，外面的人如果想要进来学习，说明你们知道自己需要提高，那么我可以满足你们的要求来教你们，但是绝不会主动到外面进行传播，因为没有这个必要。所以，在整个唐朝，甚至整个古代中国的历史上，历朝历代从来没有在外国办过一所孔子学院，或者派过一位使者、教师去传播文化。

有的人或许会问，既然这样，那么朝鲜、越南、日本为什么都用汉字呢？这是因为在唐朝的特定时期，朝鲜和越南是唐朝领土的一部分，一直到明朝、清朝都是中国的藩属国，所以他们不属于“外国”的范围。而日本就属于外国了，唐朝是不会派人到外国去的，所以从隋唐时期开始，日本派遣了一批批的遣隋使、遣唐使过来，有时是一艘船，有时是好几艘船，他们自行前来求学。来的人中有访问学者，有留学生，有高僧，有政府官员，甚至还有工匠。而唐朝高僧鉴真和尚则是日本派人直接同他联系，经过几番请求，他才东渡到日本去的。

正因为这样，唐朝文化在世界上的影响并没有我们想象中的那么大。我曾有两次造访中亚的经历，每次都在注意寻找，看看当地有没有受到中国文化的影响，或者博物馆里是否藏有中国古代的文物、遗址，结果是基本没有。在民众中间也没有体现出中国文化的影响。后来，我好不容易在世界文化遗产撒马尔罕找到一个证据——一座王宫大厅里放王座的地方有几面屏风，其中一面屏风上绘制的图画是：一艘船上有几位贵妇人，其中一位个子最高的是武则天；岸上有几位骑着马、拿着弓的男性，其中一位就是唐高宗。这幅画是怎么保存下来的呢？原来，当年这座大厅因故坍塌，埋入地下，连带这幅壁画一并留存后世。要是它不塌，阿拉伯人攻入后肯定会把它毁掉，因为伊斯兰教不容许出现人物的肖像，有些教派甚至连动物的画像都不允许出现。所以清真寺的装饰一向只有花纹和文字，从来没有肖像。幸亏这幅画像压在地底下，方才逃过一劫，后来考古学家把它发掘出来，进行了复原。

但是我们不妨来看一看其他民族、其他文化、其他宗教来到中亚和西亚后做了哪些事：伊斯兰教强行推广教义，在十二世纪将宗教信仰从中亚扩大到新疆，这一带的许多国家至今以信奉伊斯兰教为主。最早的例子是公元前六世纪，波斯人抵达帕米尔高原后，波斯语就成为塔吉克语，成为普什图语。俄国人控制了中亚，就把东正教传到那里，现在我们到那里可以看到有些东正教的教堂跟伊斯兰教的教堂并列而建。俄国人到了哪里，就把俄语推广到哪里。所以，现在这些地方的官方语言，往往不是本地的语言。比如哈萨克斯坦一直希望将哈萨克语作为自己的官方语言，但是调查下来发现，本国会讲哈萨克语的人还不如会讲俄语的人多，所以直到现在，俄语还排在哈萨克语前面。

反观唐朝，唐朝的统治者曾经做过这些工作吗？若要证明唐朝的文化曾经影响世界，那么就需要找出证据，而不是仅仅根据自己的想象。

讲述这些事实的目的是，**希望我们在了解唐太宗的时候，既要了解他的贞观之治、他的“天可汗”的称号，也要了解他是怎么样当上皇帝的；我们在了解唐朝历史的时候，既要了解盛唐的辉煌气象，也要知道唐朝还有它的另一面。只有如此，我们才能明白中国的历史究竟是如何发展演变而来的。**

第二十七讲　冯道：是长乐老，还是一股清流？

冯道其人，历来饱受争议。赞扬他的人，说他真了不得，称他为长乐老；骂他的人，说他生在这样一个乱世，居然还能够长乐。那么，事实是怎样的呢？

冯道是瀛州景城（今河北交河东北）人，唐朝末年投奔刘守光，做他的参军。刘守光兵败以后，冯道投奔河东监军张承业当了个巡官。张承业很重视他的"文章履行"，认为他文章写得好，品行端正，便把他推荐给晋王李克用，任河东节度掌书记，也就是河东节度使的秘书长。后唐庄宗（李克用之子）时，冯道担任户部尚书、翰林学士，明宗（李克用之养子）时出任宰相，后晋高祖、出帝时连任宰相，契丹灭后晋后，他被任命为太傅，后汉取代后晋后又任太师，五代的最后一代——后周代汉后他依然任太师。周世宗柴荣征北汉前，冯道极力劝阻，激怒了周世宗，周世宗不让他随军，命他监修周太祖的陵墓。当时冯道已经生病，在周太祖葬礼完成以后不久就去世了，被周世宗追封为瀛王。

就是这位冯道，竟引起了千古毁誉。尽管薛居正的《旧五代史》和欧阳修的《新五代史》中的《冯道传》对他有不同的评价，但相当多的一部分内容还是一致的。冯道的不少好事，就是连称他为"无廉耻者"的欧阳修也没有否定，例如：他"为人能自刻苦为俭约"，在当随军书记的时候，住在草棚里面，连床和卧具都不用，就睡在草上；领到的俸禄与随从、仆人一起花，跟他们吃一样的伙食；将士把抢来的美女送给他，他一概推却，实在推却不了的，就另外找间屋子养着，找到家长以后再把她送回去。冯道的父亲死后，他辞去翰林学士之职，回到家乡景城。当时正逢大饥荒，冯道倾家荡产救济乡民，自己却住在茅屋里，还亲自耕田背柴；有人的田地荒废了，没有能力耕种，他在夜里悄悄地去帮对方耕种，主人知道以后登门致谢，他却感到没有什么值得别人感谢的地方；地方官因为他是官员而给他一些馈赠，他一概不受。

后唐天成、长兴年间，连年丰收，中原比较安定，冯道却告诫明宗皇帝："我以前出使中山，在经过井陉天险的时候，怕马有闪失，小心翼翼地握紧缰绳，反而很安全；但是到了平地就认为没有什么值得顾虑了，结果突然从马上跌下来受了伤。也就是说，在危险的地方，因为考虑周全而获得安全，处于太平的环境，却因为放松警惕而产生祸患，这是人之常情。我希望你不要因为现在丰收了，又没有战事，便纵情享乐。"明宗问他："那丰收以后，百姓的生活是不是有保障了？"冯道说："谷贵饿农，谷贱伤农，历来如此。"意思是米价若是高了，农民买不起，要挨饿；可米价要是便宜了，农民也会遭受损失。他给明宗念了聂夷中的一首诗："二月卖新丝，五月粜秋谷，医得眼下疮，剜却心头肉。我愿君王心，化作光明烛，不照绮罗筵，偏照逃亡屋。"皇帝叫左右把这首诗抄下来，经常自己诵读。还有一次，临河县献上一只玉杯，上面刻着"国宝万岁杯"，明宗很喜欢，拿出来给冯道看。冯道说："这不过是前世留下来的有形的宝，而皇帝应该有的却是无形的宝。"明宗便问"无形之宝"指的是什么，冯道就跟他说仁义才是帝王之宝，然后说了一通关于仁义的道理。明宗是没有文化的武夫，不懂冯道讲的是什么，就找来文臣解释，听后表示自己应该采纳。

冯道担任宰相以后，那些家庭贫穷、出身寒门、没有背景的读书人中，凡有真才实学和事业心者，他都予以提拔重用，而唐末的世家显贵、品行不正、办事浮躁的人必定被抑制或遭到冷遇。

明宗年间，冯道还与李愚等官员一起，把原来刻在石上的儒家经典用雕版印刷出来，这是目前见于记载的首次以雕版印刷儒家经典《九经》，是中国印刷史和文化史上的一件大事。而这样的一件大事，居然发生在战乱不断的五代时期，应该说冯道个人起到了决定性的作用。

冯道最受诟病的是他的政治道德，欧阳修自不必说，司马光甚至称他为“奸臣之尤”。为什么要骂他呢？是因为这些人认为他“不忠”。冯道一辈子经历了四个朝代，做了六位皇帝的宰相，这还能称得上“忠”吗？一女嫁二夫，已经是人的不幸了，何况冯道一而再，再而三地为不同君主效命。直到范文澜作的《中国通史》里面，还花了不小的篇幅批判冯道，主要也是针对他的政治道德，认为他不该为这么多朝代、这么多皇帝服务。但事实真有那么简单吗？

像欧阳修这样生在承平之世的人，又遇到一个优容士大夫的宋朝，实在是三生有幸。如果他们也生在五代，那应该怎么办呢？冯道的际遇是很不幸的，他生活在中国历史上改朝换代最频繁的时期，一生经历了五代中的四代——后唐、后晋、后汉、后周，中间还有契丹人建立的政权；为十位皇帝效力，但这十位皇帝在位时间合起来不过三十一年，平均每个朝代仅有六年多，每位皇帝仅有三年多，最长的后唐明宗和后晋高祖也只有八年。我们想想看，要是冯道生在康熙、乾隆的时代，不要说改朝换代，连皇帝都还没有换。而且这四个朝代都是靠阴谋与武力夺取政权的，契丹人更是趁乱入侵的，除了个别皇帝还像个样，其余都有各种劣迹暴政，晋高祖石敬瑭更是靠出卖领土、引狼入室才当上儿皇帝的卖国贼。如果根据儒家的标准，这些帝王本身就是“乱臣贼子”或者昏君暴君，可是他们恰恰又是统治了中原地区的君主，连欧阳修也不得不承认他们的正统地位，还为他们修了历史。处在这一时期，冯道能怎么办呢？除非他住进桃花源，或者一直不做官，“苟全性命于乱世”，否则总得为这些皇帝效劳，总得忠于这些皇帝或者其中的某一人。**逃避现实自然要容易得多，但是如果**

所有的士人都采取逃避的态度，难道真的要靠这些“乱臣贼子”和以杀戮为乐事的军阀刽子手治天下吗？

所以，这些人对冯道的批判，完全脱离了当时的实际。我们看待历史，还是应该看一个人实际上所起的作用，通过比较来对他们予以评价。比如有人说，既然皇帝被推翻了，那么冯道就应该忠于他，自杀明志。那么你看看，五十多年间换了六个朝代，皇帝有十个姓，如果大臣、士人都要为皇帝、为本朝尽忠守节，那么至少会出现六次大型的集体自杀；如果忠于一姓，至少要自杀十次，怎么能以此要求生在乱世的士人呢？

相反，与冯道同时代的人对他赞誉备至。冯道死时七十三岁，正好跟孔子同寿，也得到了世人的赞扬。宋初的名臣范质这样评价冯道：“厚德稽古，宏才伟量，虽朝代迁贸，人无间言，屹若巨山，不可转也。”虽然朝代变易，但人民对他没有坏话，所以他像大山一样立在那里不可动摇。同时代的人这么赞扬他，显然是因为当时的官员都经历过这样频繁的朝代变迁，都有切身体会，能够理解冯道的苦衷，不像后来的欧阳修等人说些现成的话。

对冯道做出评判的后世文人中，很多人都脱离了实际，指出了一条不可能存在的道路，或者一种根本不可能同时兼顾的标准。

冯道还有一个污点是对契丹人的态度。比如有人骂他：“石敬瑭卖国，要冯道出使辽国行礼，表示对父皇帝的尊敬。冯道毫不犹豫地说：‘陛下受北朝的恩，我受陛下的恩，有什么不可以呢？’”因为这件事，有人把他称为“奴才的奴才”。但是我们认真分析的话，可以看出这件事其实跟冯道是没有关系的。冯道并没有参与石敬瑭割让燕云十六州的卖国勾当，只是采取了实用的态度，他说那些话也只是出于一种智慧，是一种自存的手段。因为石敬瑭为了取悦契丹，认为只有冯道才能充当使者，已经说了“此行非卿不可”，虽然假惺惺地表示关怀，说些“卿官崇德重，不可深入沙漠”，实际上不过是做做样子，冯道老于世故，自然知道自己的处境，反正也拒绝不了，索性表示心甘情愿。

到了辽国后，契丹皇帝想把冯道留下来，他是怎么回答的呢？“南朝是儿子，北朝是父亲，在两朝我都是臣子，有什么分别呢？”话说得很漂亮，实际上等于不愿意留下来。他不能在明面上拒绝，就把契丹给他的赏赐全部卖掉，得来的钱都用来买柴火木炭，对人家讲：“北方太冷，老年人受不了，只能备着。”给人的感觉是他好像准备在北方长住了。当契丹主同意他返回的时候，他又三次上表要求留下来，被拒绝以后还拖了一个多月才上路，路上还边走边歇，走了两个月才走出契丹的国境。左右都不理解，问他：“别人能够活着回去，恨不得长了翅膀，你怎么慢慢地走呢？”冯道反问他们：“你走得再快，对方的快马一个晚上就追到了，逃得了吗？慢慢走倒可以让他们不了解我的真意。”可见他表面上的恭顺实际上只是一种韬晦的手段，并不是真的要去投奔契丹。

契丹灭晋以后，辽太宗耶律德光进入开封，召见冯道。辽主问他为何入朝，他回得很直率：“我无城无兵，怎么敢不来？”辽主又责问他：“你是什么老子（老东西）？”冯道答：“我无才无德，痴顽老子。”我什么都没有，只是一个又笨又顽固的老头。辽主听了就很欢喜，任命他为太傅。有一次又问他：“天下的百姓，怎么救得了呢？”冯道说：“现在就是佛出世也救不了，只有你皇帝能够救得了。”这其实在一定程度上缓解了契丹的残暴举措，使他能够在暗中保护汉族人士。契丹军队北撤时，冯道与后晋的大臣被随迁至常山，见一些中原的仕女被他们掠走，就出钱赎出，让她们寄住在尼姑庵里，以后为她们找到亲人好领回去。耶律德光死后，汉兵起来反抗契丹，驱逐了辽将麻答，冯道就到战地慰劳士卒，军心大振。收复失地后，冯道又推荐受人拥戴的将帅，使军民安定。

他哪里是卖国呢？冯道出使契丹的目的，或许可以说是贪恋后晋的爵禄，那么他应辽主之召以及后来的行动，就不能说他仅仅是为了个人的利益。当时契丹军队占领了开封一带，他所在的南阳并没有危险，要投奔其他割据政权也不难，以他的声望和政治手腕，博取荣华富贵易如反掌。但他甘愿冒着风险到开封去，在复杂的形势下减少了契丹入侵造成的破坏。而在当时的文武大臣中，一心卖国求荣、争当儿皇帝、孙皇帝的，趁机烧杀抢掠、大发战乱财的，对辽主唯命是从、不敢稍有作为的……丑态百出的人比比皆是。跟他们相比，冯道虽然算不上大智大勇，但似乎也不应对他苛求。

前些年，有人要为石敬瑭卖国辩护，说契丹也是中国历史上的一个民族，所以石敬瑭将燕云十六州割让给契丹不是卖国行为，而是促进民族团结。这种谬论当然不值一驳，因为当时契丹和后唐、后晋还不是一个国家，无论石敬瑭的主观愿望和客观效果，都没有任何积极意义可言。但如果认为卖给契丹罪孽深重，卖给其他汉人政权就无所谓，那也是不公正的。尤其是到了今天，我们绝不能再用“华夷之辨”作为评判历史是非的标准，对冯道与契丹的交往也应如此。我们应该将他们作为两个不同的政权，而不是因为他们是不同的民族就有什么特别的标准。

一个生在乱世的知识分子，应该如何实现自己的价值呢？当时的传统说法是“君有过则强谏力争，国败亡则竭节致死”。也就是说，如果皇帝统治有过错，你一定要跟他争到底；但是如果这个国家灭亡了，那就要以死明志，这样才算得上“忠”。但是，在冯道所处的时代，这么多皇帝，这么多朝代，要是只效忠于其中一位皇帝，而不顾国家民众的利益，值得吗？

还有人提出一个“智士”的标准：“邦有道则见，邦无道则隐，或灭迹山林，或优游下僚。”说国家无道，你应该隐居起来，或者隐居在山野地方，或者只做一名低级官员，你冯道即使不能尽忠死节，那么做个小官就可以，官做得那么大干什么呢？他们也不想想看，冯道如果做个小官，首先未必安全，而且也不可能起到那么大的积极作用。至于“优游下僚”或“灭迹山林”，一方面，乱世未必有这样的条件；另一方面，如果皇帝看上了你，你逃得了吗？就算想做隐士也是不可能的。

所以，我们并不是说冯道这个人是个完人，而是应该把他放在当时特定的历史条件下看待。作为一个知识分子，他关心的不仅是自身的安危，而是要尽量发挥自己的作用。从这个角度上来说，冯道已经尽了他最大的努力，应该得到后人一定程度的肯定。

第二十八讲　卧榻之侧，岂容他人鼾睡：统一都是正义的

“卧榻之侧，岂容他人鼾睡”，这句话是谁讲的呢？宋朝开国皇帝赵匡胤。他是对谁讲的呢？南唐派去求见他的使者。这句话是针对南唐政权讲的，实际上也是针对那些还在对抗宋朝政权、企图保存自身的君主讲的。

南唐后主李煜有一首词很有名：“问君能有几多愁，恰似一江春水向东流。”他是文学史上绕不过去的一个人，在中国文坛上有着特殊的地位，称得上伟大的作家、词人，但在政治上他是不幸的。

北宋太平兴国三年（978年）三月，三年前由“违命侯”改封为陇西郡公的李煜在开封一座住宅里结束了他四十二岁的生命。他留下大量倾诉亡国哀怨的千古名篇，也留下一个千古之谜——相传他是被宋太宗毒死的，但是他死后被追赠为太师，追封为吴王，宋太宗还为他“废朝三日”，停止上朝三天表示哀悼。

十年后的端拱元年（988年）八月二十四日，刚刚被改封为邓王的前吴越国主钱俶欢度六十大寿，朝廷特意派使者赐给他贺礼和宴席。一向对朝廷极其恭敬的钱俶陪同使者喝到日暮，当天夜里突然死亡。他被追封为秦国王，朝廷给了他一个非常好的谥号“忠懿”，皇帝专门发布哀悼文告，为他“废朝七日”，还派特使护送他的灵柩归葬洛阳，可谓备极哀荣。此时离五代十国中最后一个割据政权北汉的灭亡已近十年，投降宋朝的前国君中只剩下北汉主刘继元，他在两年前被封为保康军节度使。当然，这只是个空衔，他实际上被安置在最

闭塞的房州（今湖北房县），三年后身亡。

在中国历史上，北宋对待亡国之君大概是最优厚的。尽管有几位死得不明不白，但身后无不被追封厚葬，子孙安享荣华富贵。但是因为他们对待统一的态度不同，这些前国王的际遇还是有很大差别的，李煜和钱俶就是两个不同的例子。

后周显德三年（956年），周世宗柴荣亲征南唐的淮南，到显德五年（958年），已经完全占据了南唐江淮之间的土地，兵临长江。南唐主李璟求和，将江北的十四州、六十县全部割让，划江为界，向后周称臣，在国内去掉了帝号，自称“国主”，使用后周的年号，降到了一个属国的地位。赵匡胤代周建宋以后，李璟继续保持恭顺，每年上贡大量的金银土特产。

建隆二年（961年），李璟的儿子李煜继位，对宋朝更加恭谨。为了追尊自己的父亲李璟为元宗皇帝，他特地派使者请示，得到宋太祖的批准以后才实行。宋朝军队中有不少是原来南唐的归降之人，为了让这些军人死心塌地，宋朝要求将他们在南唐境内的亲属统统送去宋朝境内，李煜立即照办。每次得知宋朝出兵获胜或有喜庆之事，他必定派特使祝贺，并且献上金银珠宝、粮食土特产。见宋朝灭了南汉，他主动请求除掉国号，改“唐国主”为“江南国主”，请求赵匡胤在给他下诏书时直接叫他的名字，而国内所有机构全部自动降低规格。

那么李煜这样做的目的是想要统一吗？不是的，他只是希望宋朝能够维持南唐的属国地位，让他继续做小国的国君，而这等于与虎谋皮。南唐的服从没能推迟宋朝的统一步调，开宝七年（974年），宋朝下诏命令李煜来开封朝见。李煜当然知道“入朝”是有去无回的，所以称病不奉诏，于是宋朝出兵讨伐。宋朝的借口是南唐表面顺从，暗底下在“缮甲募兵”，也就是招兵备战，而李煜拒绝入朝就意味着公开决裂。但是从宋军势如破竹、南唐军队毫无作为、李煜甚至根本不了解军事形势来看，这完全是宋朝制造的舆论。实际上，暗底下备战的恰恰是宋朝，不仅在长江中游造了几千艘战船，还精心观测，作了在长江上建浮桥的计划和演习。

在大军压境时，李煜还寄希望于宋朝的怜悯，派堂弟李从镒献上二十万匹绢、二十万斤茶叶和金银器具、王室用品等，结果李从镒被扣押。宋军兵临城下时，李煜又派徐铉求见赵匡胤。徐铉说："李煜没有罪，陛下兵出无名。他以小事大，就像儿子对待老子，既然没有过失，您怎么可以进攻呢？"赵匡胤的回答直截了当："你说我们是父子吗？那父子为什么分两家呢？"一个月后，南唐的都城江宁府（今江苏南京）危在旦夕，徐铉再一次奉命出使，最后一次请求保全南唐。他不断地争辩，赵匡胤大怒，按着宝剑说："不用多说，我也知道江南有什么罪呢？但是天下一家，卧榻之侧，岂容他人鼾睡？"这话讲得很清楚了，他也知道李煜没有罪，但是为了实现国家统一、天下一家，作为一国之君，怎么能够容忍其他人在身边酣睡呢？

这句话成为历史上的名言，充分表达了赵匡胤统一天下的决心。统一是大势所趋，任何统一战争都是正义的，为了统一可以不择手段、使用任何借口，这成为中国政治不变的信条。

开宝八年（975年）冬天，江宁城破，李煜只得出宫门投降，与他的宰相汤悦等四十五人被当作俘虏献往开封。赵匡胤倒没有太为难他，要他按照传统的办法献俘请降。依照传统办法，被俘的国主必须脱光上衣，反缚双手，脖子上挂上他的印章，跪在地上请求投降，有时还要把地图、户口本放在边上，表示全部交出投降了。而赵匡胤只是让李煜穿上白衣服，戴上白纱帽，在宫城楼下听候处理，接着就宣布免了他的罪，封他为光禄大夫、检校太傅、右千牛卫上将军、违命侯。前面的都是虚衔，不是真的让他做官，只是享受待遇，最后一项虽是侯爵，但是不大光彩，"违命侯"，意思是说李煜不听话，面对统一大局采取抵抗态度。到了第二年（976年），宋太宗继位后才把他的"违命侯"的政治帽子摘掉，改封为陇西郡公。应该说，宋朝对一个到最后关头才不得不投降的人，待遇还是很公道的。

但李煜投降以后的日子就不好过了。太平兴国二年（977年），李煜申诉生活困难，此时宋太祖已经过世，宋太宗下令增加他的月俸，并且一次性补助他三百万钱。宋太宗新建的皇家图书馆——崇文院，里面藏书八万卷，其中很多书就是从南唐缴获来的。有一天宋太宗到崇文院看书，就把李煜和前南汉主刘鋹召来，让他们自由翻阅。刘鋹没有文化，倒也无所谓，可宋太宗突然问李煜："听说你在江南时喜欢读书，这里的不少书都是你原来的，你现在来到朝廷后，是否还经常读书啊？"李煜不敢说话，只能磕头谢罪。他能说什么呢？如回答不读书，那么自然免不了像刘阿斗一样被讥讽"乐不思蜀"；要是说经常读书，那么如果皇上再让他谈谈心得体会，岂不更难应付了吗？如果引起宋太宗的疑心，那就更糟糕了。

要是李煜像刘鋹那么厚颜无耻，肯定会若无其事，或许能够回答得让宋太宗满意。比如，在宋太宗出师进攻北汉都城晋阳前的一次宴会上，刘鋹居然站起来说："朝廷的威力影响深远，四方分裂割据的头子今天都已经在座了。过两天平定了太原，刘继元又要来了。我是第一个归顺朝廷的，到时候应该拿根仪仗当各国降王的领班。"一番话说得宋太宗哈哈大笑。但是李煜是一个有文化、有感情的人。割不断对故国的思念、受不尽亡国之痛的李煜只能整天以泪洗面，写下那些哀婉的词句，苟延残生。

作为君主，李煜当然算不上有为，但他还是识时务的。实际上在他继位之前，南唐除了服从后周和宋朝以外，已经没有任何选择余地了。南唐全盛时的辖境也不过今天淮河以南的安徽、江苏、江西和湖北东部、福建西部，即使不考虑什么正统和僭伪、中央与地方，仅以人力物力而言，要与后周抗衡也并非易事。等到淮南丧失，跟后周划江为界，双方的实力更加悬殊。如果李煜真的偷偷备战，就算倾南唐的国力抵制宋朝，也不过是支撑一段时间，造成宋军一些伤亡，但最终的覆灭还是不可避免的，百姓的生命财产损失只会更大。比如就在南唐举国投降的时候，南唐的江州指挥使胡则杀了刺史谢彦实，固守江州（今江西九江）达四个月之久，最后城破被杀。胡则的忠贞不贰或许可以成为道德的典范，但是满城的百姓因此而全部被屠杀，成了他的殉葬品。要是李煜像胡则这样，整个南唐都会沦为屠场。

李煜的投降使宋朝基本上兵不血刃地统一了南唐全境，在当时的形势下，这是他最明智的选择，也是他对历史最大的贡献。

所以，对于李煜，我们还应该从这个方面来理解：要看他的做法对他自己的政权、对整个中国、对天下的黎民百姓到底是有利还是有害。当然，顺应统一无疑是有利的，至于他本人的下场则是不可避免的。

与李煜相比，吴越王钱俶更加识时务、知天命。当然也是形势所迫，不得不然。他的祖父钱镠趁着镇压黄巢之机占有了吴越，只是利用中原王朝无暇旁顾而割据自保。吴越的辖境更小，只有今天的浙江省、上海市和江苏的苏州，后期虽曾占领过福州以北，但是北界已与后周和宋朝隔江相望，毫无军事对抗的可能。所以钱俶始终是服从中原王朝的，他被后汉封为东南面兵马都元帅、镇海镇东军节度使、杭越等州大都督、吴越国王，后周又授予他天下兵马都元帅，赵匡胤则封他为天下兵马大元帅。他不仅在名义上不敢僭越，就是在行动上也积极拥护中原王朝。比如后汉乾祐三年（950 年），南唐派查文徽进攻福州，钱俶便出兵俘虏了查文徽，并向汉朝报捷。后周显德三年（956 年），周世宗征淮南，命令钱俶出兵配合，他就派偏将吴程包围毗陵（今江苏常州），攻下关城，活捉了当地的刺史赵仁泽；又派路彦铢包围宣城（今安徽宣州）。虽然后来常州又被南唐军收复，周世宗也因南唐求和而令他班师，但他不顾唇亡齿寒、唯中原王朝之命是听的忠心，赢得了朝廷对他的格外恩宠。

宋朝代周以后，钱俶每年上贡的数额又有了增加，并在乾德元年（963 年）主动派儿子钱惟濬进贡。但是这些都不会影响赵匡胤的统一时间表，开宝五年（972 年），他让吴越使臣黄夷简给钱俶带去口信："你回去告诉你们元帅，要经常训练军队。江南（南唐）的态度很倔强，不愿入朝，我要发兵讨伐他们了，你们元帅应该帮助我，不要听别人说什么‘皮之不存，毛将安附’这样的话。”赵匡胤命令有关部门在熏风门外造了豪宅，占地好几个街坊，建筑宏丽，家具一应齐全。赵匡胤召见吴越的进奉使钱文贽，告诉他：“朕数年前就令学士承旨陶谷起草了诏书，最近在城南建了离宫，赐名‘礼贤宅’，就等着李煜和你们主人，谁先来朝见就赐给谁。”他把诏书的副本交给钱文贽，让他赐给钱俶战马和羊，并且传达圣旨。

开宝七年（974 年）冬，宋朝的军队出征南唐，赵匡胤派使者丁德裕封钱俶为升州东面招抚制置使，赐给他战马二百匹和旌旗剑甲，又命令丁德裕率领一千名禁军为钱俶当“前锋”，实际上是把吴越军队完全置于监控之下。当时李煜给钱俶送去一封信：“今日无我，明日岂有君？一旦明天子易地酬勋，王亦大梁一布衣耳！”意思是：今天把我灭了，明天还有你吗？如果明天皇帝想要找个什么借口，你也只不过是开封的一个平民而已，为什么还要帮他的忙呢？钱俶非但不予答复，还把这封信上交朝廷，以示忠诚。钱俶不顾大臣们的劝阻，亲自率领五万大军攻下南唐的常州，又派大将沈承礼随宋军攻下润州（今江苏镇江），进兵金陵（江宁）。其实赵匡胤并不在乎吴越这点兵力，要钱俶出兵，无非是要考验他的服从程度，并趁机控制他的军队。

赵匡胤命令这位立了大功的元帅在平定南唐以后到开封相见，保证让他及时返回，不会久留，并表示自己曾经在上帝面前发过誓，绝不会食言，让他放心来。钱俶没办法，在开宝九年（976 年）二月带着妻子孙氏、儿子钱惟濬到开封朝见。赵匡胤以最隆重的礼仪接待，派皇子德昭到睢阳（今河南商丘市睢阳区南）迎候。钱俶到达之前，赵匡胤亲自到礼贤宅检查接待的准备工作。钱俶一到开封，就成为礼贤宅的主人，这座豪宅就给他了。尽管在这之前，李煜已经来到开封，但他是亡国俘虏，自然就没有资格住进豪宅了。

为了能够平安回国，钱俶随带巨额财宝，不断地贡献。赵匡胤在崇德殿接见他时，他贡献白金四万两、绢五万匹。赵匡胤在长春殿赐宴，他又贡上白金二万两、绢三万匹、乳香二万斤。为了祝贺平定南唐，他献上白金五万两、钱十万贯、绵一百八十万匹、茶八万五千斤、犀牛角和象牙二百株、香药三百斤。赵匡胤驾临他的礼贤宅，他又贡上白金十万两、绵五万匹、乳香五万斤，表示赞助郊祭的大典。赵匡胤特赐钱俶“剑履上殿，书诏不名”，即可以带着佩剑上殿朝见，皇帝下诏的时候只称他为“吴越国王”而不用他的名字。赵匡胤又封钱俶的妻子为吴越国王妃，丞相提醒他从来没有异姓诸侯王的妻子可以封妃的制度，赵匡胤便说：“那就从我朝开始吧，以显示对他特殊的恩宠。”作为回报，钱俶又献上了一批厚礼：白金六万两、绢六万匹。有一次赵匡胤举行家宴，只有他的两位弟弟赵光义（后来的宋太宗）和赵光美（秦王廷美）在座，赵匡胤就让钱俶跟他们行兄弟之礼，吓得钱俶跪在地上磕头，哭着推辞：“这还了得？我怎么敢呢？”到了四月，赵匡胤说：“天气快热了，你可以回去了。”钱俶喜出望外，表示今后愿意每三年来朝见一次，赵匡胤却对他说：“路途遥远，还是等我下一次下诏你再来吧！”只把钱俶的儿子钱惟濬留下来了。临别的时候，赵匡胤赐给钱俶一个密封的包袱，让他到了路上悄悄打开来看。钱俶一看，里面竟都是宋朝群臣要求将他留下而上的奏章，吓得他出了一身冷汗，但是对赵匡胤也更加感激了。

其实取消吴越国只是一个时间问题，赵匡胤之所以不急于留下钱俶，主要原因还不在于守信用，而是因为在吴越国南面还有一个割据福建漳州、泉州的陈洪进。如果能用和平手段同时解决这两个割据政权，当然是再好不过了。可惜赵匡胤这位太祖皇帝来不及看到他的统一大计的最终实现，在毫无征兆的情况下突然去世了。

两年后的宋太宗太平兴国三年（978 年）三月，钱俶再次被要求入朝，他带去了更多的金银财富和土特产，宋太宗也格外隆重接待。四月，同时被要求入朝的陈洪进向朝廷献出了漳州、泉州，钱俶赶快请求撤销他的吴越国主、天下兵马大元帅的封号，将军队全部交给朝廷。随后，钱俶向朝廷请求允许他回国，却遭到拒绝。这个时候钱俶明白了，不得不做出最后的选择，上表献出他所辖的十三州、一军、八十六县。宋太宗马上恩准，封他为淮海国王，钱氏的子弟和下属都厚加封赏。不久，一千零四十四艘大船组成的船队将钱俶的直系亲属和境内的官吏全部送往开封。至此，五代以来南方的所有割据政权全部消灭。

因为钱俶足够“识时务”，所以他入宋以后的处境和李煜截然不同，他是所有亡国之君中唯一被封为王，并且一直保持到死的。钱氏子孙世代显贵，成为少有的大族。我们知道宋朝编了一个《百家姓》，开头是“赵钱孙李”，“赵”当然是皇帝家，“钱”就是钱俶所在的钱家。钱俶做出的正确选择不仅保护了江南免受战火的波及，而且使他自己的家族能绵延不绝，成为江南最有影响的大家族；钱氏子孙繁衍发达，一直到近代，我们熟悉的钱玄同、钱三强父子、钱穆、钱钟书、钱伟长，还有对我们国家的国防事业做出重大贡献的钱学森及他在美国获得诺贝尔化学奖的侄子钱永健，都是钱家的子孙。

虽然有人怀疑最后的钱俶之死是皇帝下的毒手，但是他活了六十岁，在当时不能算短寿。从历史上来看，这应该是钱俶最好的归宿和最明智的选择。我们知道，从唐朝后期开始，南方的经济不断地发展，苏南、浙北成为全国经济最发达的地区，到宋朝就有了“上有天堂，下有苏杭”“苏常熟，天下足”的民谚。明清以后，苏南、浙北不仅在经济上继续领先于全国，还成为文化最发达的地区。总结这些历史现象，我们不能不肯定宋朝和钱俶双方所做的贡献。

宋朝对被消灭的割据政权的君主，无论是主动归降还是战败被俘的，一概不杀，都授予爵位。但是很奇怪，这些人中的大多数显然没有善终：湖南的周保权，建隆四年（963 年）被俘，雍熙三年（986 年）死去，三十四岁；荆南的高继冲，建隆四年投降，开宝六年（973 年）死去，三十一岁；后蜀的孟昶，乾德三年（965 年）投降，到开封后几天就死了，四十七岁；南汉的刘鋹，开宝四年（971 年）

投降，太平兴国五年（980 年）死去，三十九岁；北汉的刘继元，太平兴国四年（979 年）投降，淳化二年（991 年）死去，年龄不详，但是他在死前几年已经被“封”在房州，实际上已经被隔离了。南唐的李煜和吴越的钱俶见前述。

我们今天已经没有办法找到确切的史料根据来讲清楚这些降王的死因，但他们的死因肯定不同寻常。唯有漳泉的陈洪进，他从太平兴国三年（978 年）献出土地，到雍熙二年（985 年）病逝，总共活了七十二岁，算是寿终正寝的。

但是我们也看到，从安史之乱开始，实际上持续了二百多年的分裂割据局面，在宋朝境内从此结束了。而那些被宋朝用种种不同的手段消灭的割据政权，没有一个复辟或者出现反复，也没有哪一位降王再次被割据势力利用。比起其他朝代来，宋朝的内部是最安定的，从来没有出现过有影响的分裂割据，连较大规模的农民战争也没有发生，宋朝的经济获得了空前的发展，也许我们直至今天都还没充分地认识这种稳定局面所创造的价值。

想到这些，我们只能充分肯定宋朝的统一政策，而没有必要再去追究那些降王到底是怎么死的了。

第二十九讲　杯酒释兵权以后：宋朝结束五代十国的宿命

大家肯定听过赵匡胤“杯酒释兵权”的故事，可历史事实真有那么简单吗？喝一次酒，就能解决大问题？其实在这一事件的前前后后，赵匡胤和他的下属肯定做过很多我们今天不知道的事，特别是在杯酒释兵权以后。这个过程值得一讲。

建隆二年（961 年）七月，也就是赵匡胤当上皇帝一年半后，他宴请石守信等大将。喝到兴头上，他忽然让左右退下，对诸将说：“要不是你们诸位出力，我不会有今天啊。只是皇帝真不好当，我整夜睡不好觉，还不如当节度使时安稳。”诸将听了还很奇怪，不懂什么原因，赵匡胤说：“你们不想想，谁不想当皇帝啊！”石守信等人连忙跪下来，不停地磕头：“陛下您怎么这么说，现在天命已定，谁还敢造反啊？”赵匡胤说：“你们当然不会，我们做了这么多年的好兄弟，但是你们的部下如果想升官发财，到时候把黄袍披在你们身上，你们推得掉吗？”这些人都吓得哭起来，苦苦地哀求：“我们愚昧无知，居然没有想到这一点，请陛下可怜我们，给我们指一条生路。”话说到这份上，大家都明白了。当初赵匡胤陈桥兵变，是提前策划好，由他们这些人把黄袍披在他身上的。按照赵匡胤的说法，他们肯定也会模仿当年行事，图谋篡位，所以吓得连连哀求。这个时候赵匡胤就对他们开导了一番：“人生在世就像白驹过隙，追求荣华富贵的人不过是想多积些钱，使子孙不担忧。你们何不放弃兵权，找一个大地方当节度使，遇到好的田、好的住宅就买，给子孙置下永远花不完的产业，自己多养些歌儿舞女，天天吃喝玩乐，颐养天年。我再跟你们结为儿女亲家，君臣之间互不猜忌，上下相安无事，这不是最好的办法吗?”

第二天，石守信等人纷纷向朝廷称病，请求不再指挥军队。赵匡胤当然恩准，任命他们为节度使，立即离开首都就任。只有石守信还走不了，因为禁军总得有人指挥，就让他兼管禁军，实际上他的兵权已经解除了。

大家也许会问，节度使是否有实权?他们在中央的兵权被解除后，是否又在地方上拥有兵权?事实并非如此。在唐朝后期及五代，节度使的确是把持地方上的军权、政权、财权于一身的军阀。后来，随着形势的演变，实际上很多节度使都变成了世袭的。但是到了赵匡胤任命他们去做节度使时，节度使已变成一个虚衔，等于可以享受大军区待遇，但也只有待遇而已，其他都没有了，甚至与衔头上所对应的地名毫无关系，或者让你住在开封，或者让你住在其他地方，根本用不着前去赴任。也就是说，“杯酒释兵权”真的一下子把这些人的兵权全都解除了。

石守信实际上已经不再统领禁军了，赵匡胤便想启用天雄军节度使符彦卿来指挥禁军。赵普对他说：“符彦卿的名望和地位已经很高，不能再给他兵权了。”赵匡胤就说：“我待符彦卿颇厚，难道他会辜负我吗?”赵普便说：“陛下怎么辜负了周世宗呢?周世宗待您也不薄啊!”这话说得赵匡胤无言以对，这件事也就到此为止。

朝廷的这些将领的兵权虽然都已解除，但地方上还有一些节度使依然掌权。不久，赵匡胤就把一批节度使召至开封，在后院举行宴会。等到酒喝得差不多了，赵匡胤就对他们说：“你们这些人都是国家的栋梁，朝廷长期依靠你们，辛苦你们在重要的地方当节度使，这不是我优待你们的意思。”王彦超等人明白他的话中之意，马上说：“我们这些人本来就没有什么辛劳，一向蒙您对我们恩宠。现在我们年纪大了，请求允许我们退休，让我们好好地颐养天年吧。”这样一来，安远节度使武行德、护国节度使郭从义、定国节度使白重赞、保大节度使杨廷璋纷纷说自己以前长期作战，身体受了伤，不是您的恩宠，我们怎么会有今天。赵匡胤嘴上说“这都是以前的事了，现在讲它有什么意思”，但就在第二天统统免除了他们节度使的职位，然后给他们各安排了一个虚职。

此前的五代在五十三年间换了五个朝代、十四位皇帝，其中不少皇帝只是军阀掌握的傀儡，军事政变是家常便饭。同时存在的十多个政权，几乎都是军事割据和政变的产物。但是自从赵匡胤“杯酒释兵权”以后，整个宋朝三百余年间，即使在北宋覆灭、两宋之际以及南宋末年的风雨飘摇中，也没有发生过军事政变，只在建炎三年（1129年）有过苗傅、刘正彦逼宋高宗退位这么一次兵变，但此次兵变在一个月内就被平息了。

当然，“杯酒释兵权”这场政治游戏并没有像我们现在知道的那么简单。其他皇帝难道就不想解除那些权臣大将的兵权吗？难道他们不知道要把兵权掌握在自己手里吗？但他们做不到，甚至在想解除大将的兵权时，反过来激发了军事政变，最终自取灭亡。

所以，尽管史书上讲得那么简单，但实际上赵匡胤之所以能“杯酒释兵权”成功，首先是因为他掌握了很好的时机。当时赵匡胤刚刚即位一年半，权力正处在高峰阶段，如果他晚一步，要么可能来不及——赵匡胤最后是毫无征兆地突然去世的，要么就对局势没有那么强有力的掌控。另外，喝酒那天，他难道没有提前做好部署吗？万一群臣不服从，或者回家以后又变卦了，应该采取什么措施？以及“释兵权”后对他们如何安置，难道之前没有预案吗？如果这一切都没有提前准备过，怎么可能临时安排得那么妥帖呢？由此可以想见，这件事情并不简单，不是他跟赵普两个人谋划一下就马上可以做的。要是做得不妥当、不及时，恐怕留下来的就是另一个故事了。

但是仅有这些措施也是不够的。比如，解除了这些将领的兵权之后，应该把兵权交给谁呢？皇帝自己来管的话能管得住吗？实际上，赵匡胤除了采取一系列策略以外，也在军事上、行政上实施了多项改革，最终形成一套完整的以文官系统来掌握军权的中央集权制度。他将全国军队编为禁军（野战军）和厢军（地方部队），各地不断挑选精锐补充禁军，其他则留在地方。禁军负责保卫京师和守卫边疆各地，在国家需要的时候执行军事任务，并且经常调防。禁军平时不设总指挥，禁军的调动都由朝廷决定，中高级将领没有固定的部属，调过来负责平日的训练，过一段时间可能又要调走，不随部队走，当然就不可能形成私人武装。所以当时有句话，叫作“兵不知将，将不知兵”。兵将是分离的，他们的调动归枢密使管，枢密使相当于国防部长，都由文人担任，直接听命于皇帝。

小说《水浒传》里讲林冲是八十万禁军教头，“八十万”是夸张的说法，但开封的确是禁军的主要驻地，只有教头，没有总指挥，“教头”就是平时负责训练和管理的人。当然，像林冲那样的人不止一个，不是八十万禁军都交给他。

这样一来，基本上就把形成军阀的土壤铲除了。军阀原本掌握着一批军队，而新制度则为：每逢重要的军事行动，如征讨西夏、抵御辽朝等，皇帝通过枢密使调动军队，临时任命一位指挥官，军事任务执行完毕后部队归营，指挥官另有任用。因此，虽然名义上还有“节度使”一职，实际上已无军事实权，而是变为虚衔，成为授予文武官员的荣誉称号，且与称号所用的地名毫无关系。比如，岳飞曾因战功被授予“清远军节度使”，清远军远在广西，所以有人误以为岳飞曾在广西苗人聚集区做过官，其实这只是一个头衔而已，实际上岳飞根本不必，也不可能真正到清远军去，头衔前面署什么地名是无关紧要的。

地方官一律由文官担任，全部由朝廷任命。武将是不能担任地方官的。官职名称也改为“权知某军州事”“权知某县事”（简称知州、知县），意思是暂时管理某州（县）的军政民政事务。“知县”“知府”“知州”这样的叫法便是从宋朝开始的，而且这个名称很有趣，

"暂且让你代理一下、管理一下"，意思是朝廷可以随时调离你。而在以前，比如秦汉时候，管理一个县的最高级官员叫作县令，小一点的县叫作县长。

地方的财政收入除了日常的开支以外，全部上交朝廷，并且陆续派转运使接管各路财政，直接对朝廷负责，地方官不得过问。为了防止地方官滥用刑罚，又把死刑的复核权收归朝廷，规定全国所有的死刑案件必须上报刑部复核，批准以后方可执行。

不妨想想看，如此一来，地方官员还有什么直接的权力呢？已经压缩得很有限了。废除以节度使为首的方镇后，宋朝一度没有建立起新的行政区划来。州一级的政府直接归中央管辖，但是州一级的单位还是太多，朝廷不便一一直接管理，所以又在州以上设立了"路"一级。为了防止"路"成为新的权力中心，就在"路"一级分别设置了负责不同事项的官员，比如负责管理和转运地方财富的转运使、负责监察和司法的提刑按察使、负责治安边防的安抚使和负责储备粮食、平抑物价的提举常平使，分别简称为漕、宪、帅、仓四司。四个衙门分别管理不同事务，部门之间是平级关系，而且管辖的范围并不完全重合。即使两个司所辖的"路"相同，驻地也不同。权力分配如此分散，没有哪位地方长官可以将这四权集中在一人之手。比如军事上可以管辖某一范围，但财务上管辖的却不是同样大的范围，这样权力之间便能相互制约、相互制衡。主要官员并不居住在同一座城市，而是住在不同的地方，平时不可以随便离开任所。如果他们想要碰面商量一点什么事，也是很困难的。一旦真有哪个武将想要发动军事叛乱，或者要搞点什么动作，那么就需要找一位长官筹措资金，找一位长官筹集粮草，再去找另一位长官动员地方部队，而这些官员都不在同一个地方办公，这是一件容易达成的事情吗？一般是没有可能的。所以，除了朝廷中央政府之外，没有一位地方长官或监司可以将一地的军事、民政、财政、刑事、仓储等全部加以管辖或调遣，自然也无法与中央抗衡，或形成"独立王国"。

这一制度在防范内部的军事政变、维护国家的安定上，起了很大的，甚至决定性的作用。但是任何制度总有两面性。宋朝的制度固然避免了内乱，却挡不住外患，特别是出现外敌入侵的紧急状况，就显得捉襟见肘、无能为力了，因为地方上没有统帅，没有办法集中全部力量；地方上负责治安的厢军不堪一击，实力较强的禁军却只能由中央调遣，而调遣的将领又不熟悉军队，不可能很快地形成强大的战斗力。

比如北宋末年，面对金朝军队的袭击，宋军无法实施有效的阻击。当时北方多数地方还在坚守，但是金兵迅速兵临首都开封。地方上若要组织抵抗，往往还来不及调集粮草、接送军队，敌人就已经打进来取得胜利了，或者已经从你这里通过，到更前方的战线去了。相反，南宋末年，与朝廷隔断多年的四川，一直到宋朝的皇帝、太后投降，元兵攻进临安，他们还在那里抵抗，其中一个原因就是在这些孤立的据点中，权力都已集中在主将手里了。比如四川的合川钓鱼城，它本来不是一个驻兵的地方，但因为宋朝在重庆、成都的驻地都被元兵占领了，他们只能退到山里、江边等险要的地方。钓鱼城三面环江，背后是山，不仅地势险要，而且有足够的地方生产粮食，还可以产盐、炼铁。退到那里之后，将领已经不分哪个衙门了，所有的权力都集中在手里，还拥有这么好的条件，所以他们在钓鱼城抵抗了几十年。而在其他地方，无论是当年的金兵还是之后的蒙古兵，一旦攻到城下，就没办法再做抵抗。誓死抵抗的文天祥没有打过一次胜仗，一方面他本身是状元出身的文人，名义是丞相也没有用，但更重要的原因是他没办法集中各方面的力量，特别是没办法组织军队进行有效的抵抗。宋朝制度的这一面也是我们应该看到的。

但是之后的各个朝代的重点就是防止内乱，所以都沿袭了宋朝的制度，也确实起到了应有的作用。元明清三朝在整个过程中没有发生什么军事政变或者类似的事变，都是因为沿用了这一体制。明朝一直到末年才有李自成、张献忠发起的大规模的农民战争。

正因为这样，对于宋朝的有些事，我们还是要放在这个制度下面来考察。比如岳飞之死，明显是个冤案，但他被冤杀是不是仅仅因为他决意抗金呢？其实，一个很重要的因素是他违反了当时的根本政策——他是武人，而武人是不能干政的。但是岳飞居然上书宋高宗，建议他早立太子。宋高宗没有儿子，这本身是他的心病，而且宋朝在继嗣上面是很微妙的，背后的各种因素交织在一起，情况相当复杂。大家都知道，赵匡胤死后是由他的弟弟赵光义继位的，当时流传着这么一种说法：他们的母亲杜太后看到五代时期都是幼子继位导致政权被篡夺，便向儿子们提出，我们家的皇位将来由老大传给老二，再传给老三，然后再传回老大的孩子手里，这样皇位就可以永远由我们赵家的成年人继承。可问题是赵匡胤传给他弟弟赵光义以后，赵光义没有把皇位再传回赵匡胤的儿子那里，而是传给了自己的儿子，从此一直是自己一系的血脉继承，一直到宋高宗都是赵光义的后代。宋高宗自己没有儿子，后来只能传回给赵匡胤的后代。此事的复杂程度大家心里都清楚。

可是在宋高宗还没有正式明确继承人的情况下，身为武将的岳飞上书建议早立太子，这就犯忌了。而岳飞更加不注意的一点是，他在打了胜仗后提出的口号居然是“直捣黄龙，迎回二圣”。二圣是谁？宋徽宗、宋钦宗，他们分别是皇帝的父亲和哥哥。当时大家都认为他们还没有死，只是被俘虏了。岳飞口号里的“直捣黄龙”，也就是要打败金朝，这个没有问题；而“迎回二圣”，则是要把皇帝的父亲和哥哥迎回来。这是想干什么？皇帝的父亲和哥哥回来了，那皇帝自己到哪里去？这已经不仅是干政，而是明显给皇帝难堪了。这种问题连文人都要竭力避免，作为一名武将怎么可以如此行事呢？

事实上，我们看到后来宋金和议，经过一番谈判，宋朝提出要回宋徽宗，此时宋徽宗已经死了，要回的是梓宫，也就是他的棺材；然后又提出要皇帝的生母韦太后回来，金朝也同意了。韦太后离开那里的时候，宋钦宗求她说：“你回去跟老九说，让我回去吧，随便安置在一个什么地方，让我待着就行。”但是宋高宗提过这个要求吗？根本没提。最后宋钦宗也死在了那里。

除了这两点，岳飞还违反了当时的军事制度。他打了胜仗后，朝廷认为能打胜仗就很不错了，应当适可而止，于是发布命令要求四位统帅马上退兵。韩世忠等三人都遵命退兵了，把兵权交回朝廷，而岳飞却认为这个时候应该继续追击，并未退兵。所以，岳飞一事虽然完全有可能是秦桧这些投降派从中作梗，但关键还是宋高宗要杀他。宋高宗要杀他的主要原因不是他仗打得好，也不是宋高宗自己害怕军人，而是岳飞犯了“干政”的大忌。再就是，他仗打得好，又善待手下士兵，人们便把他的部队称为“岳家军”。皇帝的部队，怎么能叫作你的部队呢？这才是根本原因。

所以，我们在评价一项制度的时候，首先要看它主要用于解决什么问题。如果这个问题因此而解决了，它就是一项好的制度。但是再好的制度都有它的另一面，不可能面面俱到。赵匡胤本身固然是一位很了不得的皇帝，但是仅有一个重大的单独行动是解决不了所有大问题的。而宋朝之所以能够结束五代十国期间分裂割据、军人专政的局面，关键还在于“杯酒释兵权”以后建立的这一系列制度，并且使之得到贯彻。

第三十讲 天书封禅，举国如狂：可怕的是自己骗自己

封禅是古代的帝王到泰山举行的一项隆重的祭祀仪式。

从秦始皇开始，好几位皇帝都把泰山封禅作为自己的伟大事业。因为跑到泰山封禅，不是一般的皇帝做得到的。首先，国君长时间离开首都可能会使国家不安定，一般的皇帝敢走吗？其次，皇帝自己身体不好的话，他能出远门吗？再者，要是国家不够富裕，没有一定的财力，封禅仪式也举行不了。

在宋朝，只有宋真宗封禅了。比起其他封禅的皇帝，比如汉武帝、唐玄宗，宋真宗的影响力可以说是最小的，谈不上有什么了不得的功业，但是宋真宗亲自发动和领导的“天书封禅”运动却前前后后轰轰烈烈地搞了十四年，这到底是怎么回事呢？

北宋景德五年正月初三（1008 年 2 月 12 日），宋真宗召集文武百官，亲自宣布了一个特大喜讯：“去年冬天十一月二十七日将近半夜的时候，朕正准备就寝，忽然室内大放光彩，一位头戴星冠、身穿绛衣的神人对朕说：‘下个月应该在正殿做一个月的黄箓道场，到时会降下天书，名称叫《大中祥符》，共有三篇。’朕肃然起敬，想起身回答，神人一下子不见了。从十二月初一开始，朕就在朝元殿斋戒，建道场以求得神人保佑。到今天，正好皇城司来报告，说发现左承天门南面的鸱尾上挂着一条黄帛，朕派太监去察看，发现这条帛有两丈长，像封起的书卷，用青丝绳缠着，隐隐能看出里面有字，这就是神人所说的‘天降之书’。”

宰相王旦立即率领群臣称贺。随后，真宗步行到承天门瞻仰天书，然后跪下来致敬，并派两名太监爬上屋顶取下。王旦接过天书，跪下来进献给真宗，真宗下拜接受，亲自把它放在轿子上，引导到道场后，再命陈尧叟把它打开。只见那条黄颜色的帛上写着："赵受命，兴于宋，付于恒（真宗名），居其器，守于正，世七百,九九定。"真宗接受了以后，又命陈尧叟宣读出来。这三幅黄字所写的内容类似于《尚书·洪范》和《道德经》，都是赞扬宋真宗能以至孝至道继承帝业，希望他保持清净简俭，那么宋朝的国运必定昌盛绵长。"付于恒"，宋朝的天命交托给你赵恒，"世七百"，至少有七百年的寿命，这还了得吗？所以皇帝跪奉天书，用帛把它包起来，放进一个金匮。群臣在崇政殿致贺，皇帝赐宴款待，又派专使祭告天地、宗庙、社稷，大赦天下，把年号改为"大中祥符"，接着赏赐群臣，并特许京城的老百姓大喝五天。以前私人家里喝酒可以，但要大喝的话一定要经过皇帝的特许。

这样的事情真是旷古未有，所以陈尧叟、陈彭年、丁谓、杜镐等高官马上引经据典，阐述天书伟大、深远的意义。消息传出去，全国上下欢欣鼓舞，各种祥符纷纷上报。为了表达全国臣民的迫切心情，宰相王旦率领文武百官、军队将士、地方官员、少数民族首领、和尚道士、社会名流和各地长老二万四千三百多人，五次上书，请求举行封禅大典。因为老天爷已经把这么吉祥的事降下来，皇帝应当出面答谢。怎么答谢呢？要跑到泰山上举行祭祀，即封禅仪式。条件虽已成熟，但是宋真宗还表示，这样的事恐怕花费太多，国库是否能够支持？主管部门研究制定了详细的仪式，丁谓为了让皇帝了解财政方面的大好形势，特别将年度收支数据编成一本《景德会计录》，与封禅大典的经费预算一起上报，表示请您放心，国库收入很多，钱足够。皇帝看了当然很高兴，给予了嘉奖。

对天书降临做过特殊贡献的王钦若被任命为参知政事，也就是副宰相，担任大典的常务总指挥。六月初六，王钦若从乾封县（今山东泰安）报告：泰山涌出醴泉，苍龙降临锡山。不久，一位叫董祚的木工师傅在醴泉亭以北的树上又见到一块黄帛，上面有字，但他不认识。皇城使王居正接到报告后，马上奔赴现场，见黄帛上面写着宋真宗的名字“赵恒”，便赶快报告给王钦若。王钦若奉了这道帛书，让太监飞马送到首都。宋真宗立即在崇政殿召集群臣，又亲自宣布了第二个特大喜讯：“五月十七日子夜，朕又梦见上次见过的神人对朕说：‘下月中旬将在泰山赐给你天书。’所以朕秘密命令王钦若等人，一旦发现祥瑞就立即报告，果然今天报告的内容跟朕做的梦是一致的。上天这么关照朕，朕真恐怕担当不起！”

王旦又率领群臣拜贺，将天书奉迎到含芳园的正殿，又由真宗隆重奉接。这次的天书写得更明白了，大意是说：“你对我如此孝顺崇敬，养育百姓使他们幸福。特施以嘉瑞，要让百姓们都知道。我告诉你的话要保密，我的意思要好好理解，你的国运一定能永远昌盛，你也可以健康长寿。”群臣当然领会上天的意旨，既然上天对宋真宗这么眷顾，便立即给他上了一个尊号：崇文广武仪天尊道宝应章感圣明仁孝皇帝。以前的皇帝都有尊号，一开始的尊号较短，以后根据皇帝的表现、国运情况不断地加字。这一次，新的尊号放上了各种美好的形容词，当然以后还可以再加词。不久，各种祥瑞在全国遍地开花，王钦若献上芝草八千株，赵安仁献上五色金玉丹、紫芝八千七百余株，各地贡献的芝草、嘉禾、瑞木、三脊茅草多得无法统计。

为了永久供奉天书，宋真宗决定修建玉清昭应宫。主管部门和技术人员估计要用十五年的时间，而修宫使，也就是总指挥丁谓下令打破常规，日夜施工，同时要求坚持高标准。监工太监刘承珪按照图纸严格验收，有什么不合格的就马上拆除重建。结果这一座有二千六百十间的宏伟建筑在七年内就建成了，工期缩短了一半。

九月二十八日，宋真宗亲自在崇德殿演习封禅的仪式。十月初四，在载着天书的豪华玉车引导下，宋真宗一行浩浩荡荡离开开封，十七天后到达泰山。这个时候，王钦若等献的芝草已经多达三万八千多株，在短短的三个月里翻了两番，但随后亳州献得更多，居然献了九万五千株。经过三天的斋戒，宋真宗登上泰山，完成了祭天的仪式，第二天又按惯例在社首山举行了典礼，先祭天然后祭地。接着宋真宗登上寿昌殿，接受群臣的朝贺，宣布大赦天下，特许全国老百姓大喝三天。最后他又在穆清殿举行盛大的宴会，还在殿门外为当地的父老开宴。十一月二十日，真宗回到开封，群臣继续歌功颂德。十二月初五，宋真宗在朝元殿接受尊号，封禅大典圆满结束。

然而各地官民的积极性却越来越高。汀州人王捷报告："我在南康遇见一位姓赵的道士，传授给我炼丹术和一把小环神剑，他就是圣祖（赵氏的始祖）、司命真君。"王捷被赐名中正，封为左武卫将军，得到宠信。

大中祥符三年（1010年）六月，河中府（今山西永济市西南）进士薛南和当地父老、和尚道士一千二百多人请求皇帝到汾阴祭祀后土。汾阴历来被认为是祭后土的地方，据说在那里发现过一只特大的鼎，汉武帝曾经亲自射杀一头鹿用以祭鼎。皇帝既然已经祭天封禅，那么祭祀后土也是顺理成章之事，这是同样有意义的地方。宋真宗俯顺民情，宣布明年就去祭后土。到了十二月，陕州（今河南陕县）报告境内的黄河变清，这当然是圣人出现、天下太平的征兆。晏殊立即献上一篇《河清颂》。四年（1011年）正月二十八日，宋真宗一行又以天书为前导，从开封出发，出潼关、渡渭河，在二月十三日到达汾阴。此时汾阴已改名为宝鼎县，纪念汉武帝在这里发现宝鼎。四天后，举行了祭祀后土的仪式。

大概是为了使这场运动长盛不衰，到了五年（1012年）十月二十四日，宋真宗又宣布了一件奇迹："朕梦见神人传达玉皇的命令：'上次曾令你的祖先赵玄朗授你天书，现在令他再来见你。'第二天又梦见神人传达圣祖的话：'我的座位要朝西，再斜放六个座位等着。'当天我们就在延恩殿设了道场，五更刚过就闻到了异香，不一会儿黄光满殿，圣祖降临，朕在殿下拜见。接着又来了六个人，向圣祖作揖以后，就在朕预先安排的六个座位上坐了下来。圣祖命朕走到他面前，说：‘我是九位人皇之一，是你们赵氏的始祖。第二次降生的时候是轩辕黄帝，后唐又降生，传下了赵氏，到现在已经有一百年了。皇帝你要好好地抚育苍生，保持以前的思想不要懈怠。’说完他就离座驾着祥云而去。”

这可真是一个特大喜讯，王旦再次率领群臣拜贺。古代皇帝的名字、皇帝祖先的名字不能再用时，有的是找个同音的字代替，有的是找个差不多意思的字代替。赵玄朗既是赵氏的始祖，又是轩辕黄帝的祖先，从此以后“玄朗”这两个字当然不许再用，于是宋真宗诏令天下，以后用“元”来代替“玄”，用“明”来代替“朗”，已有书籍中出现“玄”“朗”二字时必须缺笔。但“玄”字与“元”字声音相近，又下令改用“真”字代替“元”“玄”二字。又给始祖赵玄朗上了一个尊号，叫作“圣祖上灵高道九天司命保生天尊大帝”。既然给始祖上了尊号，宋真宗的尊号自然也要加，所以大臣们给宋真宗上了一个新的尊号，叫作“崇文广武感天尊道应真佑德上圣钦明仁孝皇帝”，不但增加两个字，用词的规格也大为提高。宋真宗原本不想接受新的尊号，经过三次谦让，不得不接受了。

六年（1013 年）元旦，国家天文台（司天监）报告出现了“五星同色”这一罕见的天象。金、木、水、火、土五个行星同时出现，这一现象称为“五星连珠”，已经是少有的祥瑞，只有在周武王伐纣、汉高祖入关的时候才会出现，现在五星不但连珠，而且同色，这意义更加重大。六月，由亳州地方官、父老三千三百人组成的代表团到达开封，在宫门外请愿，要求皇上到亳州太清宫祭祀老子。八月初一，皇帝答应明年春天亲自去太清宫，十天后，给老子上了尊号“太上老君混元上德皇帝”。七年（1014 年）正月，以真宗为首的祭祀大队又在天书引导下开往亳州，历时二十天。现场总指挥丁谓献的芝草创造了空前的记录，多达九万五千株。太史（天文官）报告，天上出现了含誉星，这是特大的喜讯，所以亳州被升格为集庆军，当地老百姓的赋税被减免三成。当年十一月，玉清昭应宫建成，接下去又有一系列的供奉活动。

天禧二年（1018年），皇城司又来报告：保圣营的士兵在兵营西南角发现了乌龟和蛇，这乌龟是最吉利的，所以在那里建了真武祠，现在祠旁边涌出一股清泉，不少病人喝了后就痊愈了。宋真宗下诏就地建立一个祥源观，取“吉祥的源头”之意。

三年（1019年），巡检朱能宣称有天书降临在乾祐山。大家都知道，这是朱能跟太监周怀政勾结后伪造出来的，宋真宗却深信不疑，下令将天书迎入宫中。尽管直到宋真宗死后，才有人来算朱能这笔账，但是当时天书已经无法激起全国的狂热。

乾兴元年（1022年）二月，宋真宗病死，享年五十五岁。半年后，天书作为殉葬品与他的遗体一起被放入永定陵，永远在人间消失了。

天书、祥瑞这类把戏在中国历史上并不少见，但像宋真宗这样由皇帝出面亲自策划、制造的倒也不多。宋真宗也不是什么昏君、暴君，当年辽国入侵的时候，他虽然没有完全采纳寇准的意见，但毕竟还亲临前线，比起后来宋徽宗在金军面前望风而逃、宋钦宗一味求降，要强得多。天书运动的真正导演是奸臣王钦若，他在辽军入侵时曾经主张迁都金陵（今南京），被调遣到天雄军（今河北大名）驻防后，在强敌面前只会紧闭城门，修斋诵经。他对敌国束手无策，侍奉皇帝、打击政敌却游刃有余，而宋真宗严重的虚荣心使他有了可乘之机。本来，宋真宗亲征以后，跟辽国订下了澶渊之盟，算是宋朝的胜利，力主御驾亲征的寇准被认为是大功臣。可是这个时候王钦若却大进谗言，说这是“以万乘之尊为城下之盟”，寇准他不顾您的死活，把皇帝当作赌注为自己捞取名利。这一招果然有效，从此寇准圣宠日衰，不久被降职为地方官。自从听了王钦若的话，宋真宗总觉得澶渊之盟是奇耻大辱，但又找不到挽回面子的方法，于是王钦若就献计：“您只有搞一次封禅，才能镇服四海，夸示外国。”

但是封禅必须要有“祥瑞”，一般的祥瑞还不行。那要怎么制造出一个厉害的祥瑞来呢？王钦若又跟他讲：“您以为古代的《河图》《洛书》是真的吗？无非是圣人搞这一套来达到他们的目的。”宋真宗当时还不怎么相信王钦若说的话，便找来一位有学问的老学者杜镐，问他《河图》《洛书》到底是怎么一回事。这位饱学的儒生也是这么回答他的，说这不过是圣人利用神道来设教罢了。这样一来，宋真宗便认为自己也可以搞这一套，但是他担心宰相王旦会反对，就让王钦若去说服王旦。得知王旦愿意顺从后，宋真宗亲自设宴，散席的时候又特意赐给王旦一樽酒，让他带回去跟妻儿共享。王旦回到家里后打开一看，这哪是什么酒啊，里面装的全是珍贵的珍珠。他明白皇帝的意思是要封他的口，所以再也不敢有异议了。有了王旦的支持，这一套东西就通行无阻了。**而当真宗亲自向全国臣民撒下了天书降临的弥天大谎以后，就像染上毒瘾一样，再也不能自拔，只能按照王钦若的导演不断地表演下去。因为他既需要欺骗臣民，也需要欺骗自己。一位皇帝绝不会承认自己有错误，相反，在王钦若之流制造的祥瑞遍布全国、颂歌响遍天下的时候，宋真宗的虚荣心得到了满足，陶醉在这种虚幻的“大好形势”下。**

其实，直接参与王钦若阴谋的人极为有限，多数大臣只是附和而已，但是宰相王旦的态度却起了决定性的作用。因为宋真宗最担心的就是王旦带头反对，要是王旦能够和平时一样坚持正确立场的话，这场闹剧就演不成，就算演成了也演不下去。

王旦本人的出身、经历、能力、品行可以说是完美无瑕的。他出生在一个三代仕宦的家庭，父亲王祐是宋初的名臣，他自己二十三岁进士及第，出任知县，仕途平稳，二十一年后升至参知政事，连续当政十八年。生前可以说位极人臣，死后也备尽哀荣，后来还被配享宋真宗的庙廷，所立碑上由宋仁宗御笔题为“全德元老”。

宋真宗亲征澶州的时候，留在开封的雍王元份得了急病，王旦奉命从前线赶回代理留守。临行时他要求宋真宗召来寇准，并提出：

“要是十天之内没有接到前线捷报，我应该怎么办？”宋真宗沉默了好久，才说了一句：“那就立太子为帝罢。”这个问题是非常敏感的，要不是完全出于公心，谁敢去问？谁愿意提出这样的问题来呢？这足以说明王旦这个人的无私无畏。果然，他回到首都后直接进驻皇城，严密封锁消息，直到欢迎宋真宗回京的时候，王旦的家人才惊奇地发现他居然是从城里出来的，可见他的保密工作做得有多么严格。

王旦深知寇准的忠直，所以尽管寇准一直在宋真宗面前说他的坏话，他却总是赞扬寇准。真宗感到不解，王旦说：“我做宰相时间久了，政务上的缺漏必定很多，寇准对您一点都不隐瞒，说明他对陛下的忠诚，所以我更加器重他。”可见王旦的人品。寇准被罢相以后，托人向王旦要求任命他“使相”一职，王旦很惊讶：“将相的位子，难道能自己要求吗？我不接受私人请托。”寇准当然恨他。不久任命下来了，竟然给了寇准“使相”一职。宋朝是这样的，担任其他官职的同时可以带头衔。寇准向真宗谢恩，说都是陛下的恩德，宋真宗告诉他，这是王旦举荐的结果。寇准深感惭愧，感叹自己远远不如王旦。寇准到任后，过生日时大摆宴席，平时也超标准地享受，于是被人告发了。真宗大怒：“寇准什么事都学我的样，这还了得？”如果这时有人稍加发挥，这完全够得上大罪。王旦却不紧不慢地说：“寇准这个人倒是贤能的，可就是呆得没有办法。”真宗消了气，这件事情也就不再追究了。

面对王钦若这样的奸臣，王旦曾经力劝真宗不要任命他为宰相。直到十年以后王旦逝世，王钦若才如愿以偿。不过，王旦对王钦若也是留有余地的，当王钦若在真宗面前争吵，引起真宗愤怒的时候，王旦并没有落井下石，而是劝真宗按正常途径来处理。虽然王旦不得不每次带头庆贺天书降临，但对那些借献祥瑞钻营的人，他还是不屑一顾。

被制造天书的团体，特别是被王钦若所利用和绑架，王旦的内心其实一直在自我谴责，临终的时候给儿子留下遗嘱：“我没有其他过错，只有不劝阻天书这件事，是赎不了的罪。死后你要把我的头发剃掉，让我穿黑衣下葬。”他是有自知之明的，知道逃脱不了历史的评判。但是宋朝社会付出的代价更加沉重，可以想象，在那十四年里，这样大规模的巡游、庆祝、祭祀、建筑，耗费了多少老百姓的血汗和生命？这场狂热的运动又给社会留下了多少创伤？从这一角度来说，我们也没有办法为王旦开脱。

比起王旦来，寇准的失足就更加不光彩了。他受王钦若的排挤，当了十三年的地方官，再也耐不得寂寞了。天禧三年（1019 年），巡检朱能与太监周怀政勾结，谎称在乾祐山发现天书。乾祐山就在寇准管辖的范围内，寇准的女婿王曙与周怀政关系密切，便劝寇准与朱能合作，寇准就将天书降临的“喜讯”上报朝廷，因而得到真宗的好感。所以在王钦若罢相以后，他就获得了代理宰相的任命。寇准在其他方面都是很值得称道的，但是在大的形势之下，他也去跟王钦若勾结。明明知道这些所谓的祥瑞都是伪造的，他也依然参与了。

当时的大多数官员都参与到这场丧心病狂的运动当中，但是知识分子的良心并没有完全泯灭，还是有人公开批评宋真宗的行为。当天书降临，百官争言祥瑞的时候，有人对真宗说：“我听过一句话，‘天何言哉！’老天爷连话都没有，怎么会有书呢？”当宋真宗决定祭祀汾阴时，也有人上疏，从八个方面提出反对理由，并且揭露群臣的丑态，说道：“现在见了一只野雕、山鹿，就当成祥瑞来奏报，秋天旱灾、冬天打雷也要作为吉兆来称贺，背地里说怪话取笑的人有的是。”

可惜的是，绝大多数人在这种情况下，只能卷入旋涡，甚至推波助澜。我们应该从中国传统社会的另一面，来寻找天书运动以及这样一场封禅闹剧的真正原因所在。

第三十一讲　道君末日：自以为是的“人心所向”

公元1114年，女真首领完颜阿骨打以二千五百人起兵反辽，第二年称帝，建都会宁（今黑龙江哈尔滨市阿城区南），几年里所向披靡，占有白山黑水之间的大片土地。

1118年形势复杂，同时有三位皇帝，也就存在三个年号：北宋重和元年、辽朝天庆八年、金朝天辅二年。在这一年，因为宋人不能通过辽朝占领的地方，宋朝便派出特使马植由海道前往金国，与金主开始了结盟谈判。经过秘密谈判，宋朝基本上跟金国确定了联合起来对付辽国的策略。两年后，宋朝特使赵良嗣再次出使金国，商议怎样夹击辽国。赵良嗣一到达，金国就正式宣布与辽国断绝关系，金兵随后攻陷辽国的正式首都上京临潢府（今内蒙古巴林左旗南），辽朝的覆灭指日可待。赵良嗣向金主提出：攻破辽国以后，宋朝收回燕京（今北京）一带原属唐朝的汉地，将原来付给辽国的“岁币”按原额转付给金国。大家知道，当年石敬瑭把燕云十六州割让给契丹，后来周世宗北伐收回了二州，但最重要的燕京始终没有收回。这次，宋朝同意一起进攻辽国的条件之一便是收回燕京。金主口头答应，宋朝收复的“汉地”包括西京（今山西大同）、平州（今河北卢龙）、营州（今河北昌黎）等地，但在他写给宋主的亲笔信中，却提出了这样的条件：金兵从平地松林进攻古北口，宋兵要从白沟夹攻，如果做不到，就不能如约。

宋朝又派马政出使金国，带去的国书中写明：“所有五代以后陷没的幽、蓟等州旧地及汉民，以及居庸关、古北口、松亭、榆关，我们已经约定是要收复的。”显然，宋朝的目标是要把五代时期石敬瑭献给辽国的地方统统收回，但金方的复书却只同意归还“燕京东路州镇”，如果宋朝要拿回西京（大同一带），则要另外商量条件。话说得很明白：原来付给辽国的“岁币”和出兵夹击只能换取燕京东路一些州镇，如果要收复西京，就自己凭实力去攻取吧！

所以，这个秘密协议从一开始双方就是有分歧的，并没有真正达成。这就是历史上有名的宋金“海上之盟”。尽管当时宋朝大臣中不乏反对的声音，甚至认为这件事情的结局凶多吉少，但谁也没料到，七年后金兵就会攻陷宋朝的首都开封，满心想收复失地、完成统一大业的宋徽宗最后也落得父子北狩、魂断异国的下场。

由契丹首领耶律阿保机建立的辽朝可以说是宋朝的世仇，早在宋朝建立之前的936年，辽朝已经从后晋主石敬瑭手中接受了燕云十六州（或称幽云十六州），辽朝的南界已经扩展到今天河北省和山西省的北部，使大片自秦汉以来一直由华夏聚居的土地变为了契丹的领土。从周世宗柴荣北伐开始，后周与北宋做过多次的努力，但除了莫州（今河北任丘）跟瀛州（今河北河间）被收回以外，其他十四州始终没能重新统一。五代和北宋期间，除了因为土地割让而改属辽朝的当地百姓以外，还有大批中原百姓被契丹人俘虏，或者为了躲避中原的战乱而主动投奔辽国。辽国的军队还不止一次南侵，甚至兵临澶州（今河南濮阳）——那里便是宋真宗到达过的前线，经常使北宋面临生死存亡的紧急关头。

但是自从“澶渊之盟”后，宋辽之间的战争基本结束了，双方的边界也大致稳定下来，只是宋朝每年必须付给辽国银绢三十万，这叫“岁币”，宋朝计算下来认为，这点钱比到边境打仗要便宜得多。所以，双方基本上还是维持和平状态的。女真人兴起后，辽朝疲于镇压，处处捉襟见肘，对宋朝已经没有威胁了。迅速崛起的女真政权却不可捉摸，一旦辽国被灭，北宋将再一次与一个强大的异族政权为邻。当时，女真军队已经攻占辽国大片疆域，辽国败象已成。如果宋朝君臣稍有一点远虑的话，至少应该坐山观虎斗，让女真在灭辽的过程中消耗实力，或者尽可能延长这一过程，以便争取到时间，巩固边防。与女真联合灭辽，实在是一个充满风险的下策，可是宋朝竟连这个下策都没有好好利用，在双方商定的条件中，金朝根本没有明确做出交还燕云失地的承诺。

北宋的愚蠢决策固然暴露了君臣的昏聩，但他们对燕云旧地的民心作了完全错误的判断，这也是一个重要原因。他们认为，无论怎么样，燕云旧地的老百姓大多是汉人或者中原移民的后代，都属于"炎黄子孙"。契丹跟女真毕竟是异族，他们长期受到异族的压迫，生活在水深火热之中，所以必定一直盼望重新成为宋朝的臣民，欢迎宋朝的统一。所以，在他们的设想中，宋军如果来到那里，老百姓肯定拿着吃的喝的前来迎接，扎起彩楼以示庆祝。

可是，事实并非如此。从唐朝后期开始的汉人北迁，一部分当然是契丹政权的军事掳掠或者政治胁迫的结果，但是另一部分却是汉人自愿投奔的，因为当时中原战乱不断，而契丹后方相对安定。就是那些投降契丹的汉族将领也是自愿过去，或者被迫过去后服从统治的。至于燕云十六州的居民，他们大多数照旧居住在旧地，只是换了个统治者。汉族人口构成契丹（以后的辽朝）政权人口的大部分，他们参与了辽朝的建立和发展，其中的上层人物还成为统治集团中的重要成员。尽管在辽朝的汉人大多都是今天山西、河北等地的移民或燕云十六州的土著，但他们长期生活在契丹政权下，在政治、经济、文化以至血统方面，已经与契丹密不可分。在分隔一百多年后，辽朝的汉人与南方宋朝的汉人已经没有什么联系，更谈不上有什么共同的感情。

当时熟悉辽国情况的宋朝真定府安抚使洪中孚就认为实际情况并不像大家所想象的那样，根据他的了解，辽国从州县到朝廷的官员其实多数是汉人，在那里只要粗通文墨就可以通过当官取得富贵；而宋朝人才辈出，如果他们真的回到我们这里来，不会有什么更好的前途。这一点他们心里都清楚，所以并没有回归的意愿。再说，契丹在那里统治那么多年，已经接受汉人宰相刘六符给他们的建议：燕云是大辽的根本之地，应该深结民心，这样汉民就不会再想回到南方去。所以，辽朝采取了轻徭薄赋的政策，把赋税减轻了三分之一，这些政策在当地的影响是很大的。

所以当时辽国的实际情况是：大多数汉族读书人有官做，百姓能够享受赋税优惠，与契丹族之间又能和睦相处，有的甚至已经通婚。尤其是汉族移民的后裔，哪里还会想要回到一二百年前的故乡，或者产生投奔南方政权的愿望呢？洪中孚提到的刘六符就是汉族移民的后代，他的曾祖父、祖父都是辽朝的大臣，他的父亲官至北府宰相，他的哥哥与公主通婚，他本人官至宰相。他在临终时，跟辽道宗耶律洪基提出了“省徭役，薄赋敛”的建议，得到采纳，所以辽国百姓的赋税负担比宋朝百姓还轻，日子比南方好过，这是两国老百姓都了解的事实。在这种情况下，怎么可能指望辽国的汉民向往宋朝呢？

王介儒说得更明白：“南朝经常认为南人思汉，他们不知道，这些地方割让给契丹已近二百年，老百姓对南朝怎么还会有君臣感情呢？”

当地的士大夫都懂得这个道理，宋朝统治者却完全不了解实情，加上与辽国接壤地区的边臣大多数没有什么本领，有的情报人员为了获得奖赏和提升，随意编造对方的百姓如何痛恨契丹人的统治、如何盼望宋朝军队去解救他们的事例。驻守边地的帅臣大多数庸庸碌碌，头脑发昏，往往将这些情报再夸大一番；还有的人为了邀功请赏，或者企图趁机立功，便强调形势有利，建议动用武力完成统一。少数人则别有用心，编造出“人心所向”的谎言：“我本是汉人，我们处于现在这种不幸的境地，希望朝廷来解救我们，否则我们没有出路。我们盼望大军来，就像大旱天盼望下雨一样，如果你们兴师吊民，我们不仅会携带食物沿途欢迎，还要用香花搭起彩门到边境来迎接你们。”

这些假情报也误导了宋朝君臣。

首先提出由海路与女真人结盟建议的是辽国的汉人马植，他就是这样一个不惜挑起宋辽战争，以便博取荣华富贵的人。这个姓马的是燕京人，已经是辽国大族，官至光禄卿，却因为行为卑劣为人所不齿。他利用宋朝权臣童贯出使燕京的机会献计灭辽，并随童贯投奔宋朝。在宋徽宗召见的时候，他说："陛下念旧地老百姓涂炭之苦，恢复中国以前的疆域，这是代天行道，以治伐乱，您的王师一出，肯定能得到老百姓的热烈欢迎。"宋徽宗龙颜大悦，立即赐他姓赵，封为秘书丞，以后就负责与金国商议盟约的具体条款。马植的名字也被改成赵良嗣，前文讲到的两次出使金国的其实就是他一个人。

另一位积极响应宋军的是辽国的常胜军统帅郭药师。他在宋军还没有出动的时候，就以涿州留守的身份率领八千部众和涿、易二州前来投降。但他的动机很明白，"这是男儿取金印的时候"，他要趁乱为自己谋求升官发财的机会。由于"收复"燕京的功劳，郭药师如愿以偿官居太尉，拥兵三十万驻守燕京。但等到金兵南下，宋军败退时，郭药师就以燕山所属州县投降，并且成为金军进攻宋朝的向导。

实际上，迎接宋军的不是什么箪食壶浆和香花楼子，而是观望和猜疑，甚至反抗。即使是被宋朝收编入伍的北方汉人，也往往与南人格格不入，摩擦不断。北方汉人认为自己受了歧视，他们说："契丹人骂我们是汉儿，南方人骂我们是番人，我们两面不是人。"而宋朝士兵却把北人当作降人，抱怨朝廷对他们太过优待。宋朝的文武官员以他们的救星自居，有意无意把他们当成异己。金兵占领燕京后，将当地百姓掳掠一空，留给宋朝几座空城。已经在燕京一带生活了一二百年的汉人被迫北迁，他们固然怨恨入侵的异族女真人，却更加仇视跟女真人结盟的宋朝：正是因为宋朝一直想得到这片土地，才造成他们背井离乡、流离失所。结果南侵的金兵就利用了想返回家园的北方汉人，将他们编入南下的大军。而被收编为"义胜军"安置在山西的数十万"汉儿"，不是阵前倒戈，就是被宋朝军民所杀，以致金

兵如入无人之境，迅速逼近开封，敲响了北宋的丧钟。

如果宋朝君臣面对所谓的“人心所向”，能够稍微保持清醒的头脑，能够以人之常情分析一下北方汉人的心态，或许就不会听从马植，后来的赵良嗣的计谋，也不会对郭药师之流委以重任。虽然北宋最终未必能逃脱被金朝所灭的命运，但是结局绝不会如此之快、如此之惨。

道君皇帝宋徽宗本来以为自己做了一个正确的、英明的决定，以为可以一雪当年燕云十六州被辽国夺取的耻辱，结果却以迅速的失败告终，自己也落得成为俘虏、死在敌国的下场。

第三十二讲　谁说厓山以后无中国？历史不会同意！

这几年，不晓得从哪里传出这么一种说法——“厓山之后无中国”。其实这样的话，已经传了很久了，最早的出处恐怕是日本的某些学者。那么厓山之后，到底还是不是中国呢？我们首先来看一看厓山之战和它的后果究竟是什么。

公元 1279 年，也就是宋朝的祥兴二年、元朝世祖的至元十六年，3 月 19 日，宋元两军在厓山（今广东江门市新会区南海中）海上决战，宋军溃败，主将张世杰退守中军。到日暮时分，海面风雨大作，浓雾迷漫，张世杰派船来迎接宋帝出逃。丞相陆秀夫估计已经无法逃脱，就先命令妻子跳海，然后对九岁的小皇帝赵昺说：“国事如此，陛下当为国死。”背着他跳海殉国。

七天后，海面上浮起十万余尸体，有人发现一具穿着黄色衣服、系着玉玺的幼尸，元将张弘范据此宣布宋朝最后的小皇帝赵昺已死。消息传出，绝望的杨太后投海自杀。张世杰被地方豪强劫持回广东，停驻在海陵山（今广东阳江市海陵岛），陆续有一些溃败的部众驾船来会合，跟张世杰商议返回广东。这个时候风暴又起来了，将士劝张世杰弃舟登陆。张世杰说：“无能为力了。”他登上舵楼，焚香祈祷：“我为赵家已经尽了全力，一位君主死了，又立了一位，如今又死了。我之所以不死，是想万一敌兵退了，另立一位赵氏后裔继承香火。现在又刮那么大的风，难道这是天意吗？”结果风浪越来越大，张世杰落水身亡。

至此，南宋的残余势力已经全部被元朝所灭。这就是厓山之战。

一年后，被俘的宋朝将领张钰在安西用弓弦自杀。此前张钰曾经为宋朝固守合州钓鱼城，元朝给他送去一封劝降书，上面写着："你不过是宋朝的臣子，不比皇帝的子孙更亲；合州不过是一个州，不比宋朝的江山更重要。"但张钰不为所动，一直到部将叛变降元，他自己力竭被俘。

另一位宋朝的忠臣文天祥，在祥兴元年（1278年）十二月被元兵俘虏。他坚贞不屈，以各种方法自杀，或者有意激怒元方求死。被押到大都（今北京）之初，文天祥还是但求速死，但他的言辞中已不否认元朝的既成地位，他自称"南朝宰相""亡国之人"，称元朝的平章阿合马为"北朝宰相"，实际上已经承认元朝是一个对立政权了，我是南朝，你是北朝。此后，文天祥的态度就发生了微妙的变化，在答复王积翁传达元世祖的谕旨时，他是这样说的："国家亡了，我自己准备一死。如果得到你们的宽大，让我能够回到故乡，那么我可以出家，也可以以方外人的身份做个顾问。但是你如果一定要让我马上当官，那么我作为一个亡国的士大夫，就要把我平生所有的功德全都丢弃了。这样的人，对你们还有什么用呢？"也许有人怀疑《宋史》是元朝修的，这个说法不足为据，那么邓光荐所作的《文丞相传》里引述的文天祥自己的说法就可以作为证据："我这几十年以来，早就准备一死了之，如果把我平生的信念全部抛弃了，我还有什么用呢？"这个说法除了没说他已经做好准备可以出家当个道士、和尚或当个顾问继续生存下来以外，实际上也表示出他已经承认元朝取代宋朝了。

还有一些事或许是鲜为人知的。文天祥被俘前，他的弟弟文璧已经在广东惠州投降了元朝，之后出任临江路总管，相当于一个地区的长官。据说文天祥在写给他三弟的信中是这样说的："我以忠死，仲以孝仕，季也其隐"，明确了三兄弟的分工——我忠于宋朝，以死相殉；老二为了尽孝和供养家族、保证家族的安全，出仕做元朝的官；老三就隐居吧，在家里好好地照顾家人。实际上，文氏家族的确是靠文璧赡养的。文天祥被杀后，他的妻子欧阳夫人就是由文璧供养的；文天祥自己没有孩子，承继他香火的也是文璧的孩子。这更说明，根据文天祥的价值观念，他是宋朝的臣子，并且出任过宋朝的丞相，宋朝亡了就应该殉难，至少不能投降元朝、当它的官，但他承认元朝取代宋朝的事实，包括他的家人、弟弟、妻子在内的其他人可以当元朝的顺民，甚至可以当元朝的官。也就是说，在文天祥的心目中，这是一场改朝换代——北朝战胜南朝，新朝取代前朝。

另外一位宋朝的孤忠，他的态度与文天祥的基本相同。曾经担任过宋朝江西招谕使的谢枋得，曾经五次拒绝元朝的征召。在答复那些奉命征召的官员时，谢枋得说得很明白："大元制世，民物一新。宋室孤臣，只欠一死。枋得所以不死者，九十三岁之母在堂耳。"大元开国，面貌一新，但是我作为宋朝留下来的孤臣，我只欠一死。我为什么不死呢？是因为还有九十三岁的母亲需要我侍奉。他又说："你把我当成宋朝的遗臣也可以，说我是大元的游民、惰民也可以，说我是宋朝的顽固分子（顽民）也可以，说我是当今皇帝治下的一名隐居的人也可以。""那么我要请问诸公，你们留下我谢某，让我做大元的闲民，对大元的治道有什么损害呢？你们杀掉我谢某，使我成为为宋朝死节的人，对大元有什么好处呢？"也就是说，他作为一位至死忠贞不渝的宋朝遗民，承认宋朝已经亡了，元朝已经立了，只要元朝不逼他出来做官，他愿意当一名顺民，不会再有什么反抗的举动。但是元朝的福建参知政事魏天祐逼着他北行，他最终只能在大都绝食而死。他实际上已经接受了元朝建立、宋朝灭亡的事实，抵抗的是要他做官。

由此可见，在文天祥和谢枋得的心目中，元朝当然是中国。就连态度最坚决的郑思肖，他在宋亡以后依然使用德祐的年号，表明不承认元朝，希望能等到宋朝"中兴"，但是等他用到"德祐九年"，即文天祥死后第二年，他就不再写具体的年份，证明他对复国已经完全绝望，不得不接受元朝存在的事实。不过，像郑思肖这样的人在宋朝遗民中也是绝无仅有的。

这一方面固然是由于元朝已经拥有宋朝的全境，除非像少数人那样逃往越南或海外，宋朝遗民只能接受这个事实，即使他们心中不承认元朝。另一方面，宋朝从一开始就没能统一传统的中国范围，早已习惯和“北朝”相处。比如，宋朝跟当时的契丹人约定了协议，承认它是北方另一个朝代。到了南宋的时候，宋朝皇帝甚至称金朝皇帝为“大金叔皇帝”，而自称“大宋侄皇帝”，非但承认对方是北朝，而且承认比自己地位高一点。宣和二年（1120 年）宋朝与金朝结盟灭辽，绍定五年（1232 年）与蒙古联合灭金，都已经把对方视为盟国或者敌国。**所以，在宋朝的忠臣和遗民的心目中，只能是厓山以后无宋朝，却不会是厓山以后无中国。**

那么，厓山以后的元朝和元朝以后的各朝，是否还是中国呢？

首先我们得看“中国”的定义是什么。“中国”这个概念，到了秦朝以后指的就是中原王朝统治的地方。到辽朝建立时，大家都明白，它所统治的地方也就是长期以来的中国。而辽朝自己后来也以中国自居了。同样的，金朝完颜阿骨打建朝称帝、建立年号。蒙古人一开始没有正式建朝，是到了忽必烈的时候才建了元朝，元朝的“元”就取自《易经》里的“大哉乾元”，即“老大”之意。他们做了皇帝、有了年号、有了文武百官，已经完全接受了中国的制度，当然是以中国自居。而在宋朝眼里，它就是中国的一部分。

当然，在蒙古政权刚与金朝对峙时，它不可能被金朝承认为中国，它自己也未必以中国自居。但是到了跟南宋对峙时，蒙古已经灭了金朝，占有了传统的中原和中国的大部分。特别是建立了元朝后，蒙古统治者已经以中国皇帝自居，所以文天祥才会称他们为“北朝”。历史上南北朝最后被隋朝统一，不都是中国吗？那么为什么元朝统一了宋朝，就不是中国了呢？

我们从疆域上来说，元朝是安史之乱以后，第一次大致恢复了唐朝的疆域，应该说它比宋朝拥有更大的中国的范围，怎么就不是中国了呢？从人口上来说，元朝也好，在它之前的金朝、辽朝也好，人口的主体始终是华夏汉人；元朝灭了南宋以后，主要人口中华夏汉人的比例就更高了，怎么能说不是中国了呢？

所以，我们要全面地看待这个问题，根据当时的历史事实、当时人们的观念来看。“厓山以后无中国”，实际上不是当时的概念，而是后人制造出来的。

在中国历史发展的过程中，华夏跟非华夏之间通过不断的迁徙、争斗和融合，每当国家重新统一，身份认同就会在原来的基础上更进一步。

比如，隋朝统一的时候，定居在隋朝范围内的各个民族基本上都自认，或者被认为是华夏的一族。尽管其中有一部分是胡人，他们的来源和特征都还很明显，他们自己也是不隐讳的。在唐朝，突厥、沙陀、高丽、昭武九姓、回鹘、吐蕃、靺鞨、契丹等族人口不断迁入，其中有些部族首领和杰出人物还被委以重任、授予高位，或者赐姓“李”。血统的界限早已破除，相貌的差异也不再成为障碍。比如唐太宗时修《北史》《南史》，就说明他已经肯定北朝、南朝都属于中国。皇甫湜在他的文章《东晋元魏正闰论》中更从理论上表明：“所以为中国者，礼义也。所谓夷狄者，无礼义也。岂系于地哉？”也就是说，中国不中国，主要看的是礼义，懂礼义的就是中国，不讲礼义的就是夷狄，跟在什么地方是没有关系的。陈黯在《华心》中说得更明白：“以地言之，则有华夷也。以教言，亦有华夷乎？”如果根据地理分布，那么的确有华有夷，华夏聚居的地方跟少数民族聚居的地方还是不同的；但是就文化而言，难道有什么华夷的区别吗？“夫华夷者，辨在乎心，辨心在乎察其趣向。有生于中州而行戾乎礼义，是形华而心夷也。生于夷域而行合乎礼义，是形夷而心华也。”华跟夷区别在哪里？在于“礼”和“心”，就是价值观念、行为规范。他说，有些人明明生在中原，但行为不符合礼义，这就叫外表是华、内心是夷；而有些人虽然身处在夷，但他的行为合乎礼义，那么他就是表面是夷、心里是华。讲得十分清楚明了，华夷之别，不是根据血统、种族，而是根据文化、价值观念。

从蒙古改国号大元到元顺帝逃离大都，中间是九十八年，蒙古人进入华夏文化区的时间也不过一百多年，还来不及完全接受中国的传统礼义，也不是都具有“华心”的。但是已经发生变化，并且越来越向“礼义”和“华心”接近，这是不争的事实。比如元朝初年，皇帝还自觉地同时保持蒙古大汗与皇帝的双重身份，但是之后就逐渐以皇帝身份为主了。元朝皇帝孛儿只斤·妥欢贴睦尔，他逃到上都（今内蒙古正蓝旗东闪电河北岸）后，失去了对全国范围，特别是对汉族地区的统治权，照理应该称“蒙古大汗”了，但他还是要当元朝的皇帝，继续使用至正的年号。他死后元人谥他为惠宗，明朝以后谥他为顺帝。在他之后又传了两代，才不得不放弃大元的国号、年号这套“礼义”，重新当起了蒙古部族的首领。这说明整个元朝早就接受了皇帝的身份，接受了中国的概念，所以元朝统治者在被朱元璋推翻、逃到北方后还要继续做皇帝。

如果我们把中国作为一个制度概念，那么从蒙古入主中原开始，他们就基本接受和继承了以往各个朝代的制度。元朝在原来的宋、金统治区和汉人地区实施的制度并没有实质性的变化，但更趋于集权专制。也就是说，元朝在基本的制度上并没有改变，甚至还有所创新，如行省制度，被我们沿用到今天。

从中国这一名称出现至今的三千一百余年间，它所代表的疆域逐渐扩大和稳定，虽然也有过分裂、缩小和局部的丧失；它所容纳的民族与文化越来越多样和丰富，总的趋势是共存和融合，虽然也有过冲突和变异；它所形成的制度日渐系统完善，虽然也受到过破坏，出现过倒退；但无论如何，中国是始终延续的，从没有中断。

从秦朝到清朝，无论是膺天命还是应人心，统一还是分裂，入主中原还是开拓境外，起义还是叛乱，禅让还是篡夺，一部二十四史已经全覆盖。

总之，无论厓山前后，都是中国！

第三十三讲　元朝的贡献：除了统一，还有正式设置行省

匡山以后都是中国，元朝当然也是中国，但我们只记得蒙古南下及西征时的烧杀抢掠，至于元朝究竟有什么贡献，我们往往不了解，或者了解了也不重视。

我们以前界定统一与分裂，往往从公元 960 年北宋建立，消灭了五代时期留下的割据政权算起，认为中国从此再度恢复统一。其实统一了什么呢？只是统一了北宋或者之后南宋的范围而已。说起元朝所做的大贡献，我们只需要看一个最基本的事实：十三世纪初，在中国的范围内同时存在七个政权或区域，处于一个大分裂时期。

第一块地方是蒙古地区，以蒙古高原为主，到今天的大兴安岭以西，居延海、阴山山脉以北到俄罗斯西伯利亚地区，分布着蒙古语系、突厥语系的游牧民族，当时内部还没有统一。

第二块地方是西辽，辽朝灭亡以后，宗室耶律大石带领族人西迁，之后建立了西辽，领土包括今天的新疆和新疆以西的巴尔喀什湖、阿姆河之间。

第三块地方归金朝所有，即淮河、秦岭以北的黄河流域和大兴安岭以东地区。

第四块地方属于西夏，西夏称帝、建年号，也成为一个政权。它北起河套，南至陇山、河湟地区，西到河西走廊的西端。

第五块地方就是南宋，南宋拥有淮河、秦岭以南，除了云贵高原以外的地区。

第六块地方是大理，包括云贵高原和周围部分地区。大理的前身最早是南诏，南诏之后演变为长和，再以后就是大理。到北宋建立的时候，大理已经存在了。据说赵匡胤当时说过一句话：“大渡河以南，非我所有。”也就是说，赵匡胤认为这块地方不必统一，就让它留着吧。这样一来，大理与北宋、南宋基本上和平共处，最后被蒙古人所灭。所以大理始终不是宋朝的一部分，而是单独存在的。

最后一块地方是吐蕃地区，包括青藏高原和它周围的地区。当时吐蕃内部没有统一。

这七个区域中，有五个内部有统一的政权，其中又以南宋和金的统一程度最高，都是建朝称帝，且拥有全套的制度。而当时的青藏高原不止一个政权，蒙古高原上更是有很多游牧民族建立的初期政权，吐蕃和蒙古内部是分裂的。**但是最后将这七个区域全部统一的历史使命不是由宋朝或者金朝完成的，而是由蒙古完成的。**

太祖元年（1206 年），成吉思汗统一蒙古各部后，就率领蒙古的铁骑东征西讨。

四年（1209 年），蒙古进攻西夏，包围了它的都城中兴府（今宁夏银川），迫使西夏求和。接着又攻打西辽的属国畏兀儿，取得了今天的新疆东部，仅用了四年时间。

六年（1211 年），蒙古攻取西辽的另一个属国哈剌鲁，把疆域扩展到了今天的巴尔喀什湖以东地区。同年秋天，蒙古进攻金国，威胁到它的中都（今北京），并攻陷了今天的山西、河北、山东、河南大批的州县。

九年（1214 年）初，蒙古军队进抵中都，金宣宗无奈之下求和，蒙古军队才退去。金朝迁都南京（今开封）后，蒙古军队再次南下，第二年便攻破中都。

十三年（1218 年），蒙古军队杀了乃蛮王屈出律，占领西辽的全部疆域。新疆与阿姆河、巴尔喀什湖中间地区全部为蒙古所有。

十六年（1221 年），金国黄河以北地区全部落入蒙古之手。

二十一年（1226年），成吉思汗亲自率军进攻西夏，第二年六月灭了西夏，七月他病死在清水（今甘肃清水县），没能完成统一大业。但是就在这二十一年间，他已将疆域扩展到那么大的范围。

成吉思汗的儿子是窝阔台汗，后来忽必烈做了皇帝后，追称他为元太宗。窝阔台汗与南宋联合进攻金朝，太宗六年（1234年）正月，蒙古军、宋军攻破蔡州（今河南汝南），金哀宗自杀，最后的金朝皇帝死于乱军之中，金朝就此灭亡。

同年蒙古军袭击北上的宋军，此后灭宋之战持续了四十多年，在四川、襄阳（今湖北襄樊）和淮河中游，战况尤其激烈。

忽必烈（元世祖）至元十一年（1274年）下诏伐宋，十三年（1276年）就逼近了南宋的首都临安（今浙江杭州），宋朝奉表投降。

至元十六年（1279年），南宋残余势力覆灭，南宋疆域全部纳入元朝的版图。

蒙哥汗（元宪宗）二年（1252年），忽必烈自今天的四川宜宾西进，当年攻破大理城。四年（1254年），大理国王段兴智被擒，大理国至此灭亡。

早在1244年，吐蕃的宗教领袖八思巴派他的叔父萨思迦班智达前去会见蒙古大将阔端，表示愿意接受蒙古大汗的管辖。但是一部分吐蕃贵族不愿意服从蒙古，因此在灭掉大理后，蒙古军进入吐蕃，镇压不服从的贵族，从而完全控制了吐蕃地区。这是非常有意义的，我们现在说西藏自古以来就是中国的领土，那么是从什么时候开始的呢？就是从蒙古人完全控制吐蕃地区的时候开始的。在那以前，比如唐朝时，吐蕃还是一个独立的政权，所以唐太宗才需要将宗室的女儿嫁过去和亲。由于唐朝当时力量强大，所以吐蕃跟他结盟时承认唐朝是舅舅、自己是外甥，形成了这么一种舅甥关系，但它毕竟还是一个独立的政权，更不要说唐朝以前的秦朝、汉朝时期了。西藏归入中国版图的标志，就是十三世纪中叶元朝将其正式纳入中央直接管辖之内。西藏成为中国的一部分，是由蒙古人实现的，从此它跟中原王朝再也没有分开过。尽管到了明朝中期，朝廷不大去管它了，但它始终是明朝的一部分，没有独立，也没有被外国势力占据；到了清朝，也没有中断，一直延续到今天。必须承认，这一重大贡献应归功于元朝，是元朝使之成为事实。

成吉思汗的西征使蒙古帝国的疆域迅速扩张，从中亚、西亚直到欧洲。成吉思汗晚年实行分封，他知道自己的子孙不可能像他这样，一个人能统治那么大的地方。在当时的交通运输条件下，要统治那么大的地方，成本太高、效率太差。所以成吉思汗在分封的时候，就把天山、阿尔泰山、额尔齐斯河以西的土地封给了他的三个儿子。但在蒙哥和忽必烈时期，蒙古各部已经不相统属，后来分裂为元帝国和其他四大汗国。当然还有一些小的汗国。

因此，有一个概念我们得清楚：元朝不等于蒙古帝国。成吉思汗之后，已经不存在一个完全由蒙古人统治的超级帝国。所以，我们现在说起元朝，不能把其他汗国，如伊利汗国、金帐汗国、窝阔台汗国等都视为元朝的疆域。以前有这样的说法：元朝的统治范围远抵莫斯科，甚至到达多瑙河以东。这其实不是元朝，而是元朝时候金帐汗国的统治范围，属于两个不同的国家。

元朝疆域辽阔，超过了汉朝盛世，已经覆盖今天中国的绝大部分领土。但是今天新疆的天山以北地区，大部分已经封给了窝阔台汗国。元朝曾在阿姆河南岸设立过行省，但因其离大汗统治区太远，后来并入伊利汗国。今天的乌鲁木齐一带曾经设置过别失八里行省，察合台汗国一度据为己有，后期才重新成为元朝的辖地。今天的伊犁河流域曾经设置过阿里麻里行省，又叫阿力麻里行省，但是不久就并入察合台汗国。因此在大部分时间里，元朝的疆域尚未包括今天新疆的全部地区，有些地方当时由伊利汗国、察合台汗国等统治。

元朝对疆域的控制程度也已经超过汉朝和唐朝，除了吐蕃地区和今天新疆东部三个直属于朝廷的单位以外，在全国都设置了行中书省（简称行省），其中包括汉朝和唐朝从来没有正式设置过行政区的蒙古高原以北和辽河下游以北地区。

行省的正式设置是从元朝开始的，这也是元朝对中国历史的一项巨大贡献，我们至今还在沿用这一制度。“省”这一名称两千多年前就出现了，但是一开始并不是作为地方行政区划。比如西汉的时候，称皇宫内为“省中”，西晋以后又把设在皇宫附近的中央政府机构称为省，比如尚书省、门下省、中书省，或称为台省。如果地方上发生重大事件，往往就从台省派出一部分政府机构人员到那里去征伐或镇压，这部分机构就称为行台省。比如唐高祖为对付黄河中下游地区的敌对势力，就派他儿子李世民设立山东大行台。但这是个临时机构，任务完成就撤销了。

金朝末年，外部有异族入侵，内部有农民起义，不断地出现一些军事叛乱，所以金朝经常需要派中央大员到地方上驻防或者镇压。当时的中央机构叫作尚书省，各地就设了不少行尚书省，就是尚书省的派出机构。蒙古人进入中原之初，它的首都还在蒙古高原，离被征服的黄河流域和西域很远，于是仿照金朝的制度，在各地设立行尚书省。中央机构改称中书省以后，行尚书省也就改称为行中书省。开始的时候，行尚书省、行中书省都是中央政府派出的临时机构，后来军事征伐延续了几十年，行省存在的时间长了，也开始干预地方行政，逐渐演变为最高一级的地方行政区划。行省不单处理中央交办的重大事项，还负责管理地方的行政事务。一方面它是由中央直接委派下来的，可以有效地进行管理；另一方面，遇到什么事情它可以直接向中央有关部门请示、汇报。比如，我们现在的省政府不是只认一位省长，实际上中央各部门基本上都能在省政府里找到相应机构，但这些机构受到双重领导。比如省里的财政厅当然归省长领导，但它的具体业务又同时接受国务院的财政部指导。再比如各个省的教育厅，它是省政府的一部分，当然主要由省长领导，但它的具体业务又归中央教育部指导，所以说是受到双重领导。这一体制的源头就是元朝的行中书省制度。元朝疆域辽阔，如果什么事都得到首都请示，行政成本也会太高，而派出的行中书省官员具有代表中央的中书省处理一些事务的权力，可以直接与地方对接，行政效率自然就会提高，行政成本也会降低。正因为这是好的制度，所以才会一直延续下来。

那么行尚书省、行中书省或者行省跟原来中央政府派驻地方的行政区划，究竟有什么区别呢？简单来说，以前无论是派郡太守（郡守）或者其他什么官，一般只派一名官员；到了行尚书省时期，则不是派一名官员，而是派一批官员，中央政府尚书省里面的各个部门都要派出官员，这样就组成了一个类似于小组或者委员会的团体，朝廷召集他们一起到地方去。这样一来，一方面有代表，另外一方面也有代表，有些小事就不需要请示中央机构。就像我们当代社会，如果发生重大事件，国务院也不是派一个人，而是派一个工作组。比如汶川地震后，国务院总理或者哪一位部长当然不能一直待在那里，那么有关的几个部门就都派了人驻在那里。在古代，对应的就是中书省派出管理机构——行中书省。

元朝行省的辖境很大，建置变化也比较频繁。到了元朝中期以后，基本上稳定下来，设立一个中书省的直属区，简称为中书省，一些边远地区不设行省。一个行省大致相当于今天两个省，比如湖广行省包括湖南和湖北，而江浙行省不仅包括江苏和浙江，还包括福建，甚至一直覆盖到南面广东的一部分地区，这些都是比较大的行省。中书省则包括北京、天津、山东、山西、内蒙古和河南黄河以北地区。

明朝基本上沿袭了元朝的制度，只是改了一个名字，把中书省改为布政使司，设立两京和十三个布政使司，但民间还是习惯于将这十五个行政区称为省或者行省，甚至有的公文也不使用布政使司，还是叫省、行省。这样就有了北面和南面两个京师，南北要有区别，一个叫北京，一个叫南京，对应的直辖区就叫北直隶和南直隶。其他十三个布政使司也就是十三个省。

清朝一开始还沿袭明朝的制度，也是十五个省级单位。到了康熙年间，人口增加导致征收赋税、治安管理等事务随之增多，有些省辖地太大，不便管理，于是就把江南省，也就是明朝的南直隶划分为江苏、安徽，把陕西省分为陕西、甘肃，把湖广省分为湖北、湖南，由原来的十五省变为十八省。清朝末期，中国基本上普遍实行省制了。

如此便可明了，中国沿用至今的省制是在元朝正式定下来的，这是元朝在历史上做出的一大贡献。

在其他方面，比如宋朝时比较发达的理学，到了元朝仍在继续发展。又比如道教。道教主要是在金元之际的华北兴盛起来的，到了元朝也在继续发展。中国的文化并没有因为元朝的建立而中断，这些都得到了长足的发展和进步。所以，元朝跟前面的朝代其实是一脉相承的。

大家可能想不到，明朝的朱元璋给了元朝，特别是给了成吉思汗很高的评价。他是这么说的："老天爷把（成吉思汗）这么一位天才英雄降生在草原上，是因为中原已经没有合适的人了。所以成吉思汗接受天命，不仅统一了蒙古，他的子孙最后还建立了元朝。"朱元璋还赞扬元朝对待老百姓仁慈，征收的赋税很轻，善待百姓。

照理说，明朝推翻了元朝，应该讲元朝的暴政才对，但是朱元璋恰恰深刻领会了天命学说、"天人合一"的理论。他首先肯定了元朝的合法性，认为元朝只是到最后失去了天命，老天爷才把天命给了自己，从而赋予了自己取代元朝的合法性。他并不是说元朝不是中国，或者元朝只起了破坏作用。

从这一点来说，我们今天更加应该适当地、充分地肯定元朝做出的贡献。

第三十四讲　为了赋税：朱元璋出动大军查户口

大家肯定知道很多关于朱元璋的故事，但是否有人知道朱元璋曾经出动他的大军调查户口这事。

洪武三年（1370年）十一月二十八日，朱元璋下了一道圣旨，语言浅白易懂，相信大家都看得懂："说与户部官知道：如今天下太平了也，止是户口不明白俚。教中书省置下天下户口的勘合文簿、户牒，你户部官出样式，那有司官将他所管的应有百姓都教入官，附名字，一一写着他家人口多少，写得真，着与那百姓一个户帖，上用半印勘合，都取勘来了。我这大军如今不出征了，都教去各州县里，下着绕地里共点户比勘合。比着的便是好百姓，比不着的便拿来做军，比到其间有司官吏隐蔽了的，将那有司官吏处斩。百姓每自躲避了的，依律置罪，便拏来做了军。领此除钦遵外，今给半印勘合户牒，付本户收执者。"应该大致都能看懂，我只稍微解释几处地方。什么叫勘合呢？勘合就是一式两份的文书，中间是可以撕开的，上面盖一个印，老百姓留一半，官方拿走一半，到时候拼起来就是全的。这是不能作假的，因为两半的内容都一样，而且中间是盖了章的，非但要盖章，经办人还都要签字。

朱元璋的意思就是要求部队全部出动，挨家挨户调查户口，将户口数据记录下来，然后给每家一份户帖，相当于我们现在的户口本，上面把调查的项目全部写清楚。另外，户帖的内容要做成勘合，一式两份，老百姓手里留一份，官府保管一份，以后再合在一起重新查找、比对，看一看是否有什么变化。他还规定了严厉的措施来确保调查结果准确，老百姓如果隐瞒便要抓来充军，官吏如果隐瞒便要杀头。这是什么原因呢？

下面我们就来看一看最后形成的户帖是什么样子的。全国各地保留下来几份当年的户帖，有的是被记录在书里，有的是当时的原始凭证，这是最可贵的。

比如，有一份户帖上面写着："一户郎礼卿"，郎礼卿家；"池州府贵池县杏花村居住"，表明这户人家的居住地是池州府贵池县杏花村，即今天的安徽省池州市贵池区；"男子四口"，户帖首先统计男子数量，这四口里面"成丁二口""本名""年五十四岁"，这户人家有两个成年男人，第一个是他本人，五十四岁。"男贵和，年二十八岁"，还有一个男人名叫贵和，二十八岁，应该是郎礼卿的儿子。下面写着"不成丁二口"，还有二人未到成丁年龄——"次男观音保，贵懋乳名，年七岁"，他的第二个儿子名叫贵懋，乳名是观音保，"希望观世音菩萨保佑"之意，年龄是七岁。男主人还有一个孙子，"孙佛保，年七岁"，这个孙子应该是贵和的儿子，年龄也是七岁，小名叫佛保，大名大概还没有取。接下来的一项是"妇女二口，妻阿操，年四十二岁，男妇阿尹，年二十八岁"。其中一个女人是男主人的太太，当时的女人很多是没有名字的，也没有什么大名、小名，只是称呼她作阿操，阿操四十二岁。"男妇"指的就是他的儿媳妇、大儿子贵和的老婆阿尹，二十八岁。以上是人口调查，下面还有事产调查。非但调查户口，还要调查他的家庭财产。"屋五间，基地八分"，他家里有五间房子，还有八分地。

可以想象，全国都要做这样的调查，需要耗费多大的工作量。我们现在每次的人口普查，都被称为"和平时期的总动员"，需要出动几百万名调查员。而当时朱元璋派遣他的几十万大军全部下到基层，配合当地的基层官吏进行户口调查。从展现的结果来看，应该说是非常详细，也是相当准确的。这份户帖双方各保留一半变成勘合，所以后面写着“右户牒付郎礼卿收执，准此，洪武四年几月几日”，然后有编号“安字二百二号”，还有六个人在上面签字、写上花押。这是留在老百姓那里的一半，左边由官府拿走了，上面还盖着印。

朱元璋为什么这么重视户口调查呢？甚至还要派军队下基层执行，并且规定了严厉的措施，官员若胆敢隐瞒便要杀头。这是因为朱元璋自己是穷人出身，了解社会基层的情况。没有哪个朝代不需要征收赋税，要是不征收赋税，朝廷怎么解决开销问题，统治怎么存在下去，钱从哪里来？

但是征收赋税的根据是什么呢？其实就是人口。为什么调查得那么仔细，要将成丁、不成丁以及男人、女人分开呢？这是因为承担赋税，尤其是服劳役和服兵役的一般都是男人，而在男性群体中，成年与未成年或者老年也不一样，未达到一定年龄或超过一定年龄的不能计算进去，所以年龄是很重要的，一定要调查清楚。

为什么女人的数量也要调查呢？因为有一些赋税义务是通过家庭承担的，以户为单位，那么家庭之间也会各有不同，比如有鳏寡孤独的家庭，有人口众多的家庭。在这种情况下，妇女虽然不一定直接从事服役劳动，但也得调查她们的数量。

除此之外，还要调查家庭财产状况，根据财产，确定该户的服役属于几等。不同等级的户，往往承担不同额度的服役赋税，因此需要调查该户拥有多少亩地，算作哪一级别。

朱元璋明白，如果能管理好全国户口，不仅国家会更加安定，民间的负担也会减轻。反之，如果有人隐瞒掉户口，其本人可以少承担赋税；如果地方官也帮忙隐瞒，一方面可以减轻地方负担，另一方面有些贪官就可以利用漏洞徇私舞弊。所以朱元璋设下严格要求，官吏帮助隐瞒要问死罪，就是这个道理。

所以，从朱元璋的出发点来说，他调查户口的根本目的就是要取得各类人口、各类家庭的比较准确的数据信息，以便能够实施相对公正有效的赋税制度。

朱元璋还考虑到这样一次性的人口调查不一定能够解决问题，还要使它经常化，所以规定了全国每十年集中编造一次户口册，并且制定了很严格的程序：第一步，每户人家以户为单位，在规定的时间内统一填报“供单”。由于当时大多数人没有文化，不会写字，那么就由户主口述，然后由调查员记录下来。

供单内容也很全面，包括这家的人口数，每个人的姓名、性别、年龄、与户主的关系，对于有田地房产的家庭，还包括田地的数量、坐落的地点、应该交多少税粮，房屋的类型、间数，还有牲口的头数。最后还有一项，与十年前的增减数。比如洪武十四年（1381 年）是第一次编造户口册，到洪武二十四年（1391 年）再调查的时候，必须写清楚跟洪武十四年相比较，哪些数据发生了变化，人口是增加了还是减少了，以及土地、房屋数量的变化情况等。

编造户口册工作的组织形式如下：每十户人家设一甲首，每十甲设一里长。甲首审核好自己负责的十户人家后，交给坊、厢、里长，里长把供单装订成册，上报到州县衙门，州县汇总以后再上报到府衙，府报到省级单位布政司，布政司审核以后专门委派一名官员，跟各州县派出的官员一起送至户部衙门。当时的户部衙门在南京，于是专门在玄武湖的后湖建了一座仓库，户口册统一放在那里。后来，首都迁到北京以后，由于南京户口册仓库里积聚的档案已有不少，于是决定新的户口册还是送到南京玄武湖的后湖保管。

这些户口供单装订成册以后是黄颜色的封面，于是便称为黄册。因为各地到南京的远近距离不同，所以各省提交黄册的报到时限也不同，最近的浙江省为二十天，沿途都是山路因而路途最远、耗时最久的云南则为一百八十天，这就需要各地自己计算好时间，避免耽误上报。

上报的时候，假如一个省有八十个县，那么除了省里派的官员以外，每一个县都要有一个官员负责押送，浩浩荡荡一个代表团护送黄册到南京，然后收入仓库保管起来。入库并不是说就此封藏了，如果各地需要查档案、查户口，就可以去查阅。

特别是明朝的军户跟民户是分开的，军人不列入户籍，户口专门由兵部管理。军人是世袭的身份，不能轻易改变，军人的儿子、孙子还是军户。到了明朝后期，有些军户逃走冒充民户。如果想要判断一个人的户口类别，有一个办法就是兵部衙门派人到后湖查阅黄册。比如张三说自己不是军籍，事实如何到后湖一查便知。假如民籍里没有他的名字，就可以判定他是逃走的军户。后湖收集的黄册还具有这样的作用。

整个明朝在二百七十余年间一共编造了二十七次黄册，每次大概有六万本，至明朝末年已经积累了一百七十万本，总重量估计超过四千吨。我们现在说到人口普查，西方都把现代人口普查作为人口普查的起点，实际上至少明朝第一次、第二次编制黄册时已经具备了人口普查的条件。人口普查需要逐户登记，比如我们现在的全国人口普查可以通过电话来完成，但也需要逐户或者到户进行，居住的所有人都要登记，而在明朝朱元璋时期，这些基本上都做到了。

然而，后来却发现黄册的内容跟实际完全脱离了。清朝顺治年间，派去整理黄册的官员居然发现了崇祯二十四年的黄册。我们知道，崇祯朝一共只有十七年，怎么会有二十四年的黄册呢？显然是因为修崇祯十五年的黄册时，有人弄虚作假。当时的官员大概想的是：反正这些数字都是乱编乱抄的，我干脆把十年以后的也一起抄好了。可他却没有想到明朝不到十年就亡了，提前伪造的黄册给后人徒留笑柄。

由此，清朝的官员就上奏，认为编造黄册根本没有意义，应当停止。清朝后来就停止了。为什么会出现这种情况呢？朱元璋不是下了那么严格的命令吗？

这还得从朱元璋调查户口的原因——建立有效的赋税制度说起。第二次编造黄册以后，有关部门发现花那么大的精力去做这项工作，目的就是为了保证赋税额度。而现实的情况是，并非所有的人都需要交赋税。比如前面举例的郎礼卿一家，只有两名成年男人要承担赋税义务，未成年人和两名妇女跟赋税没有什么关系。不同的家庭、不同的里确定下来的赋税额度也各不相同。

既然如此，耗费大量精力去查具体的人还有什么必要呢？只要维持住原有的赋税额度就可以了。所以，从洪武二十四年（1391 年）以后，每次编黄册也好、查户口也好，给到下面的基本要求就是“务求不亏原额”，务必做到额度不比原来少。假如一处地方原来有一万个丁额，那么下一次编造黄册时，必须保证有一万零五个丁额，或者一万零十个丁额，千万不能出现九千九百九十九个丁额的情况。

当上级提出这一基本要求后，下面的基层单位何必再去认认真真调查户口，他们也明白了，只要能把今年新的户口调查数字凑到比原来的额度略高一点就万事大吉了。因此，自第二次编黄册以后，登记的重点已经转到了“丁”，而不是“户”或者“口”。

现在有些人认为，封建社会制度已经腐败到连户口都调查不清楚了，或者是朝廷每年的赋税额度都完不成，总要想方设法填补，而真实的情况并非如此。它实际上是一种制度自身内涵的转变。既然是为了保证财政收入、保证赋税额度，那么跟目的无关的数据就不值得花那么大的精力去调查和登记，实际上是出于这个原因。

以前很多人看不懂明朝的人口统计数据，或者干脆完全相信白纸黑字上记载的具体数字，其实都是因为不了解它的实质。同样由于这个原因，关于明朝的人口往往也没有一个正确的数据。

我们来看几个例子。比如，我们观察明朝的历年户口数字，会发现一个很奇怪的现象：洪武二十六年（1393 年），全国的人口统计下来是六千零五十四万五千八百一十二（60545812）口，一千零六十五万二千八百七十（10652870）户，但到了弘治四年（1491 年），户口反而减少了，只有五千三百二十八万一千一百五十八（53281158）口，九百一十一万三千四百四十六（9113446）户。

一个国家没有经过什么战乱，怎么“户”和“口”反而都减少了呢？

到了万历六年（1578年）又稍微提高了一点，增加到六千零六十九万两千八百五十六（60692856）口，一千零六十二万一千四百三十六（10621436）户。

像这样的户口数字的起伏到底是什么道理呢？如果说部分信息还可以得到一点解释，比如万历年间完善了统计制度，所以统计出的数字又增加了，但我们看具体的地方上，不仅户和口在下降，就连每一户人家的规模也在下降，这是绝对不可能的。

比如，洪武初年，每一户的规模大致在五口左右，但到了隆庆、万历年间，每一户的规模居然下降到三口甚至两口，这怎么可能呢？假如一个家庭的平均人口降低到仅有两三人，那么家庭以后怎么维持，人口怎么增加呢？更加奇怪的是，原来“丁”这个单位代表的是可以承担服役义务的成年男子，可是在明朝以及清朝初年的档案和方志中居然出现了“半丁”，人怎么能分成一半呢？甚至还出现了小数点后面有数位的现象。

比如，清朝嘉庆年间的肇庆府志中记录了一个数字，但凡看过这段记录的人无不感到惊奇：“现编征丁一十三万五千五百九十七丁六分七厘八毫八丝三忽七微六纤八沙四尘六埃四渺九漠五末七逡八巡。”征收赋税的“丁”有上述那么多，也就是丁以后可以再一位位小数地记下去，一直记到十五位，其实在计量角度上已经毫无意义了。

不止这个地方如此，别处也有类似的记录。比如道光年间的四川保宁府志上记录了报到部里的户口数字：“报部户口三万六千六百一十五户”——前半句倒是看着没有什么问题——“人丁一万五千二百三十二丁六分八厘九毫四丝九忽六微六尘四纤”，竟然也是那么多位小数。

像这样的记录应该怎么理解呢？其实也不难理解。赋税制度演变到后来，“丁”所指代的已经不是具体的人，而是变成了赋税额度。自洪武年间起，调查户口时下达的要求已经不是说某地不能缺多少人，而是“务求不亏原额”，不能比原来的赋税额度少。既然中央政府这样要求，一级级的地方政府自然也都是这样来要求下级单位，“不亏原额”即可。这样一来，表面上虽然还用“丁”来表示，实际上它已等同于需要交多少钱、纳多少粮，变成一个计量单位了。

比如，五百名成年男人需要承担五百个丁的额度，假设一共要交五十两银子，那就意味着每一个丁要交一钱银子。如果规定一个额度要交一百斤粮食的话，这些粮食也可以折成银子，折成其他粮食或者折成一定长度的丝织品。既然已经统统物化了，当然可能存在小数点后面很多位了。

所以“半丁”不是指半个人，也不是指小孩子，而是说他承担了半个额度。为什么甚至要详细到小数点后面十五位呢？且不说当时的计量能力能否达到，就算是今天的电子秤大概也没办法精确到这个地步。**这其实是官僚集权制度下的产物，是为了表示精确而已，实际上没有任何实际意义，最多只有制度上的意义**。

我们不妨再去看看以前的公文和方志，上面的数字往往越写越长，表示认真的态度、精确的计算。实际上平时无论做什么交易，哪怕是拿黄金做交易，也不会用到这么长的小数点后位数。一般最多讲到分、厘、毫，偶然也能用到丝，再后面的忽、微、纤、沙、尘，就完全只是官样文章了。这体现了封建集权制度腐败的一面。

我们现在回过头来看，朱元璋为什么要出动大军呢？原因很简单，就是为了保证他统治的基础能够建立在一个比较确切的数据之上，这样才可以保证赋税的相对公平，保证朝廷的行政机构运作高效。就这一点而言，编造黄册的目的已经达到了。

但是由于制度的变化，后面的人已经没有必要再追求这些形式上的数据的精确性，而是直接把跟赋税关系最密切的数据掌握到就可以了。也许有人会问，下面的人隐瞒额度的话怎么办？很简单，提高单位额度的指标就可以了，这比去查隐瞒的具体人数要方便得多。

比如原本给到一个县里一万额度，而实际上该县的人口已经增多了，那么最简单的方法就是下一次全国统一提高额度。假如原来一个额度是一钱银子，现在就提高到一点一钱，或者干脆提高到二钱。

然而，这种形式和内容脱节的制度是不可能长期维护下去的。自清朝初年发现这项弊病以后，就停止编审黄册了，到乾隆年间，终于改为调查全国的具体人口。从那时起，中国的户口统计数字才真正转变为以实际人口为调查对象。近代宣统年间一度筹备立宪，立宪需要选举，选举则要划分选区、统计选民，所以朝廷正式下达了全国范围内进行人口调查的决定。**尽管清朝的灭亡导致最后的结果没能出来，但这毕竟是中国历史上第一次真正以实际人口为对象的调查，可以说是现代意义上的中国第一次人口普查。**而这一变化，可以说是经历了从明朝朱元璋开始至清朝宣统年间的数百年时间。

第三十五讲　郑和七下西洋：究竟为什么？

大家都知道，郑和下西洋是中国古代一次伟大的航海壮举。一二百艘大船，最多的时候出动两万余人，从刘家港（今江苏太仓市浏河镇）一次又一次地出发，最远到达过东非地区的肯尼亚边境城市蒙巴萨（古代写作“慢八撒”），还到过木骨都束（今非洲东岸索马里的摩加迪沙一带），前后共计七次。

但是大家有没有想过，这究竟是为什么呢？

根据《明史·郑和传》的说法，“成祖疑惠帝亡海外，且欲耀兵异域，示中国富强”。其中讲了三个目的：第一个目的是寻找建文帝（惠帝）朱允炆的下落。明成祖朱棣怀疑建文帝逃亡在海外，就让郑和前去调查调查；第二个目的是耀兵异域，到外国去显示自己的军事实力；第三个目的是显示中国的富强。那么，这三个目的是不是确有其事？我们不妨依次来看。

第一个目的说是要寻找建文帝朱允炆的下落，实际上这是毫无根据的。在更早的明朝官方史书——记录朱棣言行的《成祖实录》的讲述中，燕王朱棣（明成祖）的军队进入京师以后，朱允炆在宫中自焚了。我们知道，中国民间一向是同情弱者和死者的，朱允炆被推翻了，老百姓同情他，民间就一直流传着一个说法，说他削发为僧，然后从地道里逃脱了。

我也看过这个传说，说得有板有眼，大意为朱元璋临终的时候不放心，交给小孙子朱允炆一个锦囊，跟他说：“如果你以后碰到什么困难，不得已的时候可以打开锦囊。”在朱棣军队包围皇宫的危急关头，朱允炆打开锦囊一看，里面有几样东西：一把剃头刀、一套袈裟和一张政府颁布的度牒。当时的和尚都要登记，度牒就相当于和尚的身份证，上面写明此人是某某寺的和尚。朱允炆心下了然，便拿剃刀剃去头发，穿上袈裟。锦囊里还指示了宫里的一处暗道，他便从暗道逃脱。

还有更多的传说，比如说他后来到了云南，又被明朝发现，把他带回宫里，找来老太监核对他的身份。清朝初年，谷应泰编撰的《明史纪事本末》里也有详细的记述。

但是建文帝流亡海外的说法，此前并无线索，从情理上来揣度，也是不可能的。建文帝生于洪武十年（1377 年），一直没有离开过宫禁，建文四年（1402 年）被推翻的时候才二十五岁，毫无社会经验，更没有什么海外联系，在没有可靠的外力支持下，怎么可能逃亡到海外去呢？要是朱棣真的怀疑他没有死，必定会立即展开全国范围内的大规模搜捕，而我们今天却看不到任何相关的史料记载，连认为建文帝逃亡的谷应泰编撰的书里也没有提供任何具体的情节。

既然在国内都没有留意寻访追捕，怎么会查到海外去呢？退一步说，即使有建文帝逃亡海外的传闻，却没有任何对国内造成威胁的迹象，那么对朱棣而言，让建文帝终老海外不是更好的解决办法吗？退一万步说，如果真的有线索证明建文帝流落海外，秘密寻访也许能够有所收获，如此兴师动众，岂不是在提醒他要再跑得远一点吗？而且郑和最远的一次航行已经抵达东非了，总不至于一路找他找到东非去。所以，这一目的是解释不通的。

至于第二个目的“耀兵异域”，这是历来帝王的普遍心态，只是没有哪位皇帝会花费这么多的精力，动用这么大的人力物力，连续六次（第七次是朱棣死后，其孙宣德帝所为）下西洋，而且越走越远，走到以前从来没到过的地方。

首次下西洋距永乐帝篡位成功不过三年，而且在此前的永乐二年就已经派宦官马彬出使爪哇、苏门答腊，又派李兴出使暹罗，尹庆出使满剌加、柯枝等国，行动如此急迫，显然是有特殊目的。但是郑和下西洋一事到了后来，就看不出具体目的来了。

要说是炫耀武力，总得跟军事形势有点关系，而当时在军事上与明朝比较有关系的无非是鞑靼、安南（越南）、日本，对这几个国家，永乐帝都已经采取了相应措施。然而，永乐三年（1405 年）至五年（1407 年）派郑和、王景弘第一次下西洋时，却并未去往这些跟明朝多少有点关系的地方，而是到达了占城、爪哇、旧港、苏门答腊、南巫里、古里，也就是经过今天的越南南部至印度尼西亚群岛，或许还到了锡兰（今斯里兰卡）。永乐五年（1407 年）至七年（1409 年）的第二次下西洋到了锡兰，航线跟第一次大致相同，显然也与军事无关。炫耀武力，理应炫耀给跟自己有点关系的国家，借此对其施加影响，跑去完全没有关系的地方炫耀什么呢？

近年来有学者提出，郑和下西洋或许是永乐帝军事大战略的一部分，是为了联络西亚，对付蒙古。这一说法也经不起推敲。如果说当年的汉武帝是因为不了解外界的情况，才让张骞出使西域，完成一个无法达成的目标，那么到了明朝初年，朝廷对蒙古、西域的地理情况已经了如指掌。从成吉思汗西征，到元朝与蒙古四大汗国形成，欧亚大陆已经连成一体，元朝与西域之间的交通往来相当频繁。朱棣完全应该知晓，如要包抄蒙古，应该走西域（今新疆和中亚）路线才对，何必舍近求远，绕那么大的圈子呢？越走离蒙古越远，怎么能包抄蒙古呢？根本是沾不上边的事情。

实际上，明朝早就考虑制约、防范蒙古，在永乐以前的洪武二十九年（1396 年）已经派陈诚前往西域撒里畏兀儿（今青海省西北），在那里建立了安定卫、曲先卫、阿端卫。永乐十一年（1413 年），又派宦官李达护送帖木儿国王沙哈鲁的使者回国，随行人员中有典书记陈诚，他回国以后写成《西域行程记》《西域番国志》进呈御览。永乐十四年（1416 年），陈诚护送哈烈、撒马儿罕、俺都淮等国的贡使回国。永乐十六年（1418 年），陈诚护送哈烈沙哈鲁、撒马尔罕兀鲁伯派来的贡使阿尔都沙回国。如果永乐帝真要为了对付蒙古而实行什么外交策略甚至军事策略，这些机会足够了，所以对付蒙古的说法是不成立的。

郑和前三次下西洋采取了有限的军事行动，都是针对沿途或者当地的敌对势力，从来没有离开海岸深入行动。从第四次开始，已经不再有任何军事行动。所以，军事目的显然是讲不通的。

那么第三个目的“示中国富强”呢？这就更荒唐了。倘若只是为了这一目的，只要沿边疆一带就近走走就足以让人家知道了，值得花那么多钱跑到从来没人去过，或者跟中国不可能有来往的地方炫耀给他们看吗？况且，在中国古代统治者的传统眼光中，这些远夷跟禽兽差不多，在他们面前炫富有什么意义呢？

总而言之，这几条理由都说不通，或者都是后人编造的。

真正的原因究竟是什么呢？我以前也不大明白，经过这几年的反复研究，我认为自己基本上找到一个答案了。

事情的关键要从永乐帝是怎么样夺取政权，以及夺取政权后的形势来分析。

洪武三十一年（1398 年）闰五月，明太祖朱元璋去世，将帝位传给了皇太孙朱允炆，也就是建文帝。建文元年（1399 年）七月，朱元璋第四个儿子燕王朱棣在北平（今北京）起兵，提出“靖难”的旗号，声称皇帝周围有敌对势力和不利因素，自己现在要起兵保卫他的安全，把这些势力清除掉。建文四年（1402 年）六月，朱棣兵临京师（今南京），建文帝于宫中自尽，朱棣入城即位。

尽管朱棣顺利夺取政权，但如何使这件事合法化却成了他的难题。我们知道，历史上夺权篡位往往是通过内部宫廷政变实现的，这样对外便可以掩饰说新帝是正统继位者。

比如，根据现在的史料记载，隋炀帝实际上是杀死他的父亲隋文帝后登上皇位的，但他对外则宣称隋文帝病死，正常传位于自己。这样的例子还有很多，比如一直传说赵匡胤是被他的弟弟赵光义杀死的，不过此事至今没有证据。即使如此，事件是秘密发生的，完全可以掩盖下来，或者做出一个合理的解释。宋朝一直将他的死解释为骤然离世。为什么将皇位传给弟弟呢？据传是赵匡胤的母亲杜太后规定的。

问题是朱棣发动了武装叛乱，这个仗打了三年多，他是无论如何也掩盖不了的。大军沿途经过，消息早就传遍天下，全国的老百姓都知道如今叔叔起兵要夺侄儿的权，最后夺到手了。在如此不利的舆论条件下，要怎样使自己的统治合法化呢？

朱棣想到了第一个办法。一到南京，他立即抓住建文帝手下大臣，以利诱或威逼的手段争取他们的合作，特别是建文帝的重臣、文学博士方孝孺。方孝孺是有名的读书种子，文章写得好、影响大。朱棣想，如果他能为自己起草一份登基的诏书，写得很有道理，那么他就有即位合法性了，至少可以为自己的篡位行为找到合理的解释。他想到的解释是自比周公。

历史上的周公故事是这样书写的：周武王死后由他的小儿子成王继位，但是成王年纪还小，武王的弟弟周公便来辅佐侄儿，帮助他镇压敌对势力、稳定局面，最后辅佐他登上王位。朱棣想到，我不正好是建文帝的叔叔吗？我就是以这样的身份来辅佐他的。

所以，朱棣把方孝孺抓来以后，非常客气地称他为先生，请他坐下，让他起草诏书。谁知方孝孺大哭大闹，根本不理睬他的要求，而是问他："你把我们的皇上弄到哪里去了啊？"朱棣便说："历史上有周公辅佐成王的先例，为什么我不能做这件事呢？"方孝孺质问他："那么你的侄子成王在哪里呢？"朱棣说："可惜他已经死了。"方孝孺说："他有个儿子呀，你既然想要辅助他，在他死后应该由他儿子来做皇帝，怎么现在是你来做了呢？"朱棣说："这是我们朱家的事，你不要管，写诏书就可以了。"方孝孺坚决不干，朱棣就威胁他："你不写的话，我灭你九族。"方孝孺说："不要说九族，十族何妨？"结果朱棣真的下令灭他十族。

“三族”是指一个人的父族、母族、妻族，“九族”就是在三族的基础上再往上延伸，包括父母的父族、母族、妻族，当然其中有些亲戚关系是重合的。“九族”已经把所有的亲戚都包括在里面了，找不到九族以外的亲戚，怎么来个灭十族呢？但皇帝既然下了这个命令，只能另外凑出一族，于是就把方孝孺的老师、学生、朋友都算在里面，总共杀了八百余人。

朱棣找不到愿意跟他合作的建文帝旧臣，始终没法做出一个令人信服的解释或者论证。虽然，他接下来宣布革除建文年号，重新称洪武三十五年，取消了建文帝的合法性，以明年为永乐元年，表明自己直接继承自太祖皇帝，但是能在年号记录中抹掉建文，在全国人民的心中却抹不掉，这一问题始终没有办法解决。

于是，永乐九年（1411 年）朱棣下诏重修《太祖实录》。据吴晗考证，这次和以后的重修，目的都是为了篡改有关史料，证明太祖皇帝生前早已属意于这位四皇子，因而他取代建文帝是完全合法的。尽管朱棣在这方面不遗余力，但是收效却很有限。为什么呢？因为实录收藏在宫殿的档案库里，一般老百姓看不到，而且明朝也不能随便公布本朝的历史。

朱棣另外采取了一些措施，显然也没有什么效果。比如永乐元年（1403 年）他曾下令，禁止任何污蔑历代帝王的词曲流传，规定五天之内送至官方烧毁，“敢有收藏者，全家杀了”。他为什么不许民间流传这些所谓污蔑、亵渎古代帝王的词曲呢？其实他真正的目的是趁机找找看有没有诬蔑自己的，或者对建文帝有利的资料。但是收缴的效果肯定是有限的，如果民间真的已经编出美化建文帝或者亵渎朱棣的东西，也是搜不到的。

朱棣的这些做法证明他内心始终是空虚的、恐惧的，因为天下人都知道建文帝合法继承皇位，是被他用武力推翻的。

这时，我相信假如不是朱棣自己灵光一闪，也肯定得到了高人指点。我们知道，历代帝王如要篡位或做什么特殊举措，往往需要假托“天意”，通过发现“祥瑞”和编造图谶来证明自己“天命所归”。但这些东西一般用在开国前或者篡位前，编出来为自己制造舆论，而朱棣起兵之初没有想到这一步，当时只有一个理由，就是建文帝要削他叔父这一辈的藩王。建文帝是该削藩，因为他虽然身为皇太孙，但要面对的是朱元璋的二十几个儿子，也就是他的二十几位叔父，其中不少人像朱棣一样驻在各地、重兵在握，他们的存在对朝廷是一种威胁。因此，建文帝听了方孝孺等人的建议，打算将其中的一些藩王废掉，撤销他们的兵权。朱棣起兵时便以此为借口：你要削弱我的实力，甚至要废掉我，这是违背我的父亲太祖皇帝的意旨的，说明你身边有奸臣，我要清除奸臣来保护你。

当时他来不及制造祥瑞证明自己是真龙天子，现在想要补做这道工序，却一时想不到办法。就在这时，有人给他出了个主意，说以前的祥瑞虽已无法补救，但从现在开始搞也还来得及。怎么搞呢？既然国内已经没有办法弄了，那么不如跑到外国去，吸引外国的君主效忠，前来朝贡，最好贡上一点祥瑞的东西，比如中国本土没有的，或者很少出现的。让他们来中国朝贡，献上祥瑞，再对民众大造舆论，隆重地欢迎和欢送往来使者，让国内臣民全都听闻。如果这样的事情不断重复，老百姓自然就会认可朱棣才是继承大统的真命天子。后来的事实证明，这的确是一个有效的方法，所以就一次又一次地做下去了。这才是朱棣派郑和率领史无前例的庞大船队、二万多士兵，带上很多金银财宝，尽可能多经过一些国家，走得越广越远越好的目的。

果然，郑和的船队返回时，带回各国的使节前来朝拜皇帝，还有大批各国的“贡品”，尽管“回赐”的财富远远高于这些物品的市价，但这说明外国都愿意前来朝贡，都承认和仰慕朱棣这位真命天子。不仅如此，有些国家还专门派遣使者，比如永乐五年（1407 年），满剌加的使者来朝。六年（1408 年），浡泥国（今文莱）的国王麻那惹加那携家属、陪臣一百五十多人来朝，两个月后病逝于南京。但这丝毫没有减弱“万国来朝”的效果。国王一行在福建登岸后，一路受到沿途州县的隆重接待，到了南京后皇帝多次赐宴，死后以王礼葬于安德门石子岗，并寻找入中国籍的西南夷人为他守墓，每年春秋两季由专人祭扫。

从中不难看出这种宣传手段可以造成多大的影响。外国的国王不远千里前来朝拜，甚至死在中国，这样的事还不止一桩。永乐九年（1411 年），满剌加的国王拜里米苏剌带了妻子和随从等五百四十多人来朝。永乐十五年（1417 年），苏禄国（今菲律宾西南）的东王、西王、峒王携家眷和官兵共三百四十多人来朝，他们从福建泉州登岸后，沿途受到隆重的接待，朝廷又派专使在应天府（今南京）宴请接风，再陪同他们北上，到了北京后由朱棣亲自款待。使团留在京城将近一个月，三王告辞回去，朝廷又派专人护送。走到山东德州时，其中一位王——东王病逝，于是为他建造陵墓，隆重安葬。

不妨试想，这样一个庞大的外国代表团从福建泉州一路行至南京，再到北京，再折回山东德州，沿途会有多少人看到、有多少人听闻、又有多少信息扩散出去？随着这样的事情不断做下去，不少人改变了原先的看法——虽然他当年篡了位，想不到他也是得天命的。这样一来，朱棣政权的合法性不就得到加强和巩固了吗？

郑和带回来的“贡品”也起到了作用，因为其中一些是见于古籍记载的“瑞兽”，或者中国从未见过的珍禽异兽，它们被视为吉祥的征兆，其作用非同寻常。比如永乐十七年（1419 年）郑和第五次远航结束，他带回来的贡品中就有阿丹国所贡的麒麟、木骨都束（今摩加迪沙）所贡的花福鹿（长颈鹿）。麒麟是中国历史上级别最高的瑞兽，最为吉祥，也最为了不得，轻易不会出现。孔子晚年听说鲁国国王打猎时打到一头麒麟，麒麟负伤而死。得知此事后，孔子认为：麒麟应该出现在太平盛世，怎么会在乱世中出现又迅速死去？他感到绝望，从此扔下笔再也不写一个字。为什么？因为礼崩乐坏到这种程度，已经没有办法挽回了。而在永乐帝朱棣登位以后，遥远的国度居然把麒麟贡献来了，这说明当今天子真正得到了老天爷的眷顾。甚至还有从来没见过的花福鹿，这一切足以证明他的威望无远弗届，已经传到各国，也证明大明已经迎来千古未有的太平盛世，所以一向声教不及的远人才会贡献出如此珍贵的瑞兽。皇家画师奉命画图记录，这幅图至今还在故宫博物院里展出。图上画了一头长脖子的鹿，旁边有人牵着，这便是“花福鹿”。

我们现在明白，所谓的“花福鹿”其实就是长颈鹿，这倒是货真价实的，东非的确有长颈鹿。但是“麒麟”的图则没有流传下来，谁都没见过，谁也说不出它到底是个什么东西，反正就以“麒麟”的名义上报了。朱棣除了让人画下来以外，还叫文武百官统统来观赏，而且不是给你白看的，回去以后每人都要写一篇心得体会。文武官员都大加称赞，就算不会写肯定也让秘书代笔了。我们现在能够看到，有的写了一篇赋，有的写了一首诗，有的实在谈不出什么体会，多加几个“万岁”也是可以的。朱棣把这些材料统统印发，广泛传播使大家都知道。

正因为这样的传播取得了良好的效果，所以郑和下西洋才会越走越远，规模也越来越大。其中规模最大的当属第五次，第五次的收获也是最多的，连麒麟和花福鹿都带回来了。这些活动直接和间接的影响遍及全国各地，在一定程度上抵消了民间对朱棣的负面印象，提高了政权的合法性。朱棣得到满足，陶醉在其中，因此，郑和的船队才会一次又一次不惜成本地开展下一趟航程。

这也证明了郑和的船队不可能到达南极洲，也不可能发现新大陆。既然郑和远航的目的是号召和组织“万国来朝”，是为了扩大明朝的声威，那么他的目的地自然应该是有人有国的地方。他不可能一直往远处航行，直到没有人的地方，这样的开拓对他来说是没有意义的。实际上他正是循着阿拉伯人已经开辟的航路，根据他们积累的知识，由近及远，一个国一个国地拓展的。连阿拉伯人都没有到过的地方、阿拉伯向导都不知道的航路，他是不可能去的。

当然有人会说，无论如何，郑和下西洋在科学技术上肯定取得了很了不得的成就。关于这一点，我们也不要误解。因为到目前为止，郑和到过的地方，阿拉伯人在他以前全部到过，郑和并没有发现什么新航路，或者探险到一个大家都不知道的地方，毕竟他的目的就是要到有人的地方宣扬国威。

那么郑和下西洋对国内的影响如何呢？到了宣德年间，郑和下西洋的档案就被全部销毁了。为什么销毁它呢？因为郑和下西洋耗资巨大，等到结束时国库已经空了。甚至有几次到了该给官员发俸禄的时候，国家已经拿不出银子来了。这时就有人建议，郑和带回来那么多的胡椒香料，都放在国库里，既然没有银子，就拿这个代替吧。大家想想看，明朝的高级官员拿到的薪水经常是一包胡椒、几根香料，这样的下西洋还会有人拥护吗？

有一天，宣德皇帝心血来潮，对大臣们说："你们把郑和下西洋的档案拿给我看看。"大臣们很害怕，要是皇上看过之后想要再来一次下西洋，那可怎么办呢？于是骗他说这些档案找不到了。兵部官员刘大夏就说："你们老是骗皇上，是瞒不了多久的，不能这样下去。"他干脆下令把所有档案全部销毁，断了皇上这份心思。我们今天当然会感到很遗憾，有人说刘大夏愚昧无知，居然把这么重要的档案销毁了，而当时的官员都赞扬刘大夏，说他为了国家利益不顾个人生死。

所以，我们今天走遍国内外，能够找到的跟郑和下西洋直接相关的文献资料已经很少了。在国外能找到的、确切跟他有关的文物中，有一块碑在印度，这是因为郑和最后是在印度病逝的。在第七次下西洋的返程路上，他积劳成疾，没有跟随船队回来，而是留在了印度。碑所在的地方应该就是他当时的转运站，或者物资供应站。还有一块碑位于斯里兰卡的科伦坡的一处寺院。这块碑很有意思，同时刻有汉文、僧伽罗文、波斯文等几种文字，说明当时当地流行使用僧伽罗文和波斯文。这块碑上记述的内容就是郑和以皇帝的名义到那里布施供佛。除此之外，国外没有找到跟郑和下西洋有关的其他文物。

国内留下的文献虽然也不多，但还是可以找到直接的证据，其中有两块碑跟郑和有密切关联。一块在浏河天妃宫（今江苏太仓市浏河镇东北），另一块在长乐天妃行宫（今福建福州市长乐区西部），分别叫作《通番事迹碑》和《天妃灵应之记碑》，前者的原物找不到了，但是碑文都有记载下来，后者至今还保存在长乐区吴航小学内，碑文内容与前者差不多，从碑文内容便可以看出郑和下西洋的真正目的。

碑文前半部分讲了很多，后面则讲到"若海外诸番，实为遐壤，皆奉琮执贽，重译来朝。"意为明朝建立以后，海外藩人虽然离得很远，但是都奉上玉石，携带贡品前来朝拜。曾有人问我，古代中国跟外界各国怎么互通语言呢？其实，与之交流的方法便是"重译来朝"。根据人类交往的规律，他们国家如果不能够一下子弄懂中国的文字，肯定先要跟邻国进行翻译沟通，这是第一重翻译，然后再和邻近中国的国家的语言进行翻译，最远的国家就这样经过一重重的翻译才能理解中国的语言。

蕃人克服语言的障碍前来朝贡，"皇上嘉其忠诚，命和等统率官校旗军数万人，乘巨舶百余艘，赍币往赉之，所以宣德化而柔远人也。"这里讲到皇上嘉奖他们对自己的忠诚，所以叫郑和带领几万士兵坐百余艘大船，带上钱财赏赐给他们，这是为了"宣德化而柔远人"。

从这些文字来看，实在不能说郑和怀有什么军事目的。这个碑是祭天妃时候所立，不可能不讲实话。从这个话来看，下西洋的目的说得很清楚，就是通过扩大与远人的来往来加强自己的政权对外的影响，达到增加政治合法性的目的。

至于郑和下西洋在科学技术上和在航海上的成就，我们应该尊重这方面的专家、学者研究的结果。比如说船舶力学的专家、上海交通大学的杨槱院士，他早就写论文指出郑和下西洋并没有超出阿拉伯人的航行范围，事实也是如此。前些年有人说在南非国会发现了一幅地图，上面已经画出了非洲的轮廓，还画出了好望角。有人就认为这是郑和下西洋的结果，其实这幅地图是根据另外一幅地图的内容复制出来的，原始的地图现在还在日本。这幅地图的绘制时间写得清清楚楚，比郑和第一次下西洋还早两年，可见它不是根据郑和下西洋的结果画出的，而是根据此前阿拉伯人的航海结果绘制而成。杨槱院士也指出，根据现在留下来的郑和宝船的尺寸，从船舶力学的角度来说，是不可能造得出来的。他亲口告诉我，用木头做的船，龙骨不可能超过一百米，一般只有几十米，所以他对这一数字也表示怀疑。

我们了解历史，应当根据历史背景做认真的分析，对于其中涉及的科学技术，也应当尊重科学技术本身的规律。我这样说并不是否定郑和下西洋的意义，而是希望恰如其分地评价郑和下西洋的意义。

第三十六讲　海瑞的悲剧：得民心，不得官心

历来都把海瑞看作清官的典型，没有人能否认海瑞是一位不折不扣的清官。所谓清官，基本的标准是“清”，即个人生活清廉简朴，为官清正廉明。

当然，当官的洁身自好，不贪污、不受贿、不徇私枉法，就可以算作清官了。如果要求再高一点，还应包括刚正不阿、大公无私，这些评价海瑞都是当之无愧的。

比如任淳安知县时，他穿的是布袍，吃的是粗米饭，让老仆人种菜自给，为母亲祝寿才买二斤肉。万历年间，首辅张居正派御史去看他，他也只是宰了一只鸡，用粗米饭招待御史。海瑞没有子女，他死后，丧事还是别人集资为他办的。他以右佥都御史巡抚应天十府的时候，疏浚了吴淞江和白茆河，使老百姓得到实惠；打击地主豪强，救抚贫民和受欺压者不遗余力，富家占有的贫民的土地都被他夺回返还。

正因为如此，海瑞深得民心。他做巡抚仅仅半年，但老百姓听说他调离时，一路上都在哭，并在家里供上他的画像。海瑞在南京逝世后，载着他灵柩的船在江上经过时，两岸都是穿着丧服送灵的人，哭着祭奠的人延续到一百里之外。

但是海瑞却非常不得官心。我们从有关的史料记载中可以看出，他在官场和朝廷都是相当孤立的。黄仁宇在《万历十五年》一书中就曾指出一个例子：明朝的官员按照惯例，可以为自己的父母请求封

赠，一般只要没犯过罪、没有受过处分的人都能得到批准，但是像海瑞这样官居正二品的官员却没能为他母亲请得一个“太夫人”的称号，这在当时是少有的，要么是有关部门或者主管官员故意拖延不办，要么是根据什么条款把他的申请否决了。海瑞一生提出过不少治国施政的方案和意见，却几乎都没被采纳。他能大刀阔斧地实行自己的政见，只有在巡抚应天十府任上这短短半年时间，但是除了疏浚江河的成果得以保持外，其他措施在他离任后就被废止了。

所以，我们如果根据从政的实绩来评价明朝人物的话，那海瑞不过是一个很一般的清官，对明朝的政治、经济和社会并没有太大的影响，很大程度上只是一个道德典范。民间流传的很多海瑞故事，多数是出于老百姓的良好愿望编造出来的。

海瑞为什么不得官心呢？因为他的所作所为得罪了大多数官员。贪官恨他，一般的官员也不喜欢他。比如，总督胡宗宪的儿子路过淳安县时作威作福，海瑞将他扣留，没收了他带的几千两银子，理由是：“以前胡总督巡视的时候，命令路过的地方不许铺张，现在这个人行装这么豪华，一定不是胡公子，而是别人假冒的。”并且派人报告胡宗宪。胡宗宪哭笑不得，却又不能治他的罪，毕竟他的确发过布告。可是现在儿子被人逮住了，他心里能不恨吗？又比如，都御史鄢懋卿巡视路过淳安县时，海瑞就说“我们县小，容不得大人物”，招待得很差。鄢懋卿心里不痛快，又不便发作，但是回去以后还是授意下属诬陷海瑞，降了他的职。

海瑞出任应天巡抚的时候，下属官吏有贪赃行为的连忙辞职，怕被他逮住；原来将大门漆成红色的豪强吓得赶紧将门漆成黑色，有的地主豪强甚至闻风逃往其他地方躲避。负责监督南京织造的太监平日里可谓作威作福，一听到海瑞来了，也忙不迭地降低自己的出行标准，减少了轿子和随从的排场。

海瑞曾经向皇帝提议恢复明太祖时候惩处贪官的法律。朱元璋当初制定的法律极其严厉，贪赃枉法所得的赃款满八十贯钱就要处绞刑，更严重的贪官要“剥皮实草”，是真正字面意义上的“剥皮实草”——把贪官杀掉，剥下他的皮，里面放上草，把覆在草上的人皮挂在这位贪官的座位后面，让众人随时看见，起到震慑作用。海瑞提出这个建议，大家当然害怕，因为到了海瑞在任时期，一方面物价上涨，银子也不值钱了，另一方面大家都在贪，要是按照明朝初年的标准来，不就都完了吗？

恨他、怕他的还不只是贪官，其他官员也不喜欢他。比如他在应天十府打击豪强的时候，有些“奸民”趁机诬告，海瑞一下子没办法查清楚，势必使某些官僚大姓被错罚。他又裁减了驿站的费用，使过路的士大夫都得不到招待，他们纷纷表示不满。驿站本来是按标准接待过往官员的，可是到了明朝中后期，驿站滋生了腐败现象，成为官员敲诈勒索和超标准享受的场所。在既定标准之上提高待遇已成常事，比如明明规定接待一位官员只要派二人就够了，却派出四人甚至十人八人。有时是过往官员故意敲诈勒索，有时是驿站主动提高待遇讨好对方，这样一来，原来的正常经费不够了，便把压力往下摊派，加诸普通民众头上，比如原来负责接送官员的轿夫只需要干一天活，现在给他延长到十天、八天，通过这样的方式把负担转嫁给了轿夫。海瑞想要改变驿站的腐败现象，裁减了本就不够的费用，贪官自然因此受到限制，但是符合接待规定的过路官员执行正常的公务活动却也得不到招待了，难免都会有所抱怨。

明朝南京的机构本来就是闲职，迁都到北京以后，按道理南京的政府机构应该撤销，但是当时为了表示开国皇帝朱元璋定下来的制度，我们子孙是不能改变的，便宣布两京并建——尽管中央政府迁到北京了，但是南京还是首都，除了没有皇帝以外，其他的宫殿、六部和太监等全部保留。但是两者之间有一个本质的区别：北京的长官是真正的长官，而南京那些则是闲职、虚职。比如，北京的兵部尚书是真正的国防部长，而南京的兵部尚书只是享受正部级待遇的一个闲职，没有什么公事可办的。包括海瑞自己，他被派到南京，也是因为北京讨厌他。他在南京担任的官职讲起来是正二品，其实基本上是个闲职，平时没有什么事好干的。所以南京的官员历来懒散惯了，无所事事，海瑞却偏偏要去加以改变。明太祖立过规定，官员不许招人来演戏，否则就要受处罚。有一次，海瑞发现一位御史招艺人演了场戏，他就准备按明太祖定下的规矩给他施以廷杖，也就是当众打一顿屁股。这样一来，官员们当然惊恐不安，叫苦不迭，巴不得海瑞早点下台。

尽管海瑞有良好的主观愿望，但是他的措施和建议往往是不现实的。在几乎无官不贪的情况下，如果真要实施明太祖时候的法律，大概很少有人不够处绞刑的资格，该处以剥皮之刑的人也不在少数，恐怕刽子手都会供不应求。如果像那位御史那样，有一点小小的过失就得廷杖伺候，该打的官员就太多了，南京锦衣卫也得大大增加人力。因为根据明朝的制度，要对这样一位正七品官员施以廷杖，需要正式举行一个公开的仪式，由锦衣卫在南京午门前执行，守备太监监刑。正德年间曾经为了打御史李熙廷杖三十，锦衣卫专门挑选士兵演练了几天。士兵们大概演练得太地道了，差一点把他打死。

取消各地驿站的招待虽然节约了经费，也使贪官少了一个揩公家油的机会，但正常往来的官员，包括像海瑞一样的清官肯定会感到很大的不便，甚至没有办法执行公务。事实上还有更复杂的一面，驿站裁员之后，那些正常的驿站工作人员不就下岗了吗？大家都知道明朝末年的李自成起义，李自成本是驿站的士兵，后来因为驿站裁员而下岗。不裁员的话，也许就没有李自成的起义了。

从实际情况来说，海瑞这些建议都是不可能实施的。海瑞的悲剧主要不在于他的偏激，而在于一些更深层次的原因。他提出的措施完全没有考虑到在当时条件下的可行性。执政者们都害怕海瑞这样的人一旦得到重用，他们就没有办法顺利地执政了。所以每当他有上升的可能时，历任首辅和主要的执政官员都要想方设法阻止皇帝重用他。为什么明朝的吏治那么腐败，以致到了无官不贪的地步，其实是有它的直接原因的。

开国皇帝朱元璋出身贫寒，因此对百姓的疾苦记忆犹新。他当了皇帝以后，一方面为了打击官吏的贪赃枉法，另一方面为了树立自己的绝对权威，对贪官污吏的惩罚采取了空前绝后的严厉手段。他规定官吏贪赃额度满六十两的一律斩首示众，还要将皮剥下，中间塞上草，制成一具皮囊挂在州府衙门的大堂之上。所以府、州、县的衙门左边的土地庙就成了剥人皮的场所，称为皮场庙。还有其他各种酷刑，比如挑断脚筋、剁手指、砍脚、断手、钩肠、割生殖器等。有时为了震慑潜在的贪官污吏，还会让犯贪污罪的官吏服刑后继续任职，充当反面教材。

朱元璋还搞了很多大案，比如洪武十八年（1385年）户部侍郎郭桓的贪污案，牵连被杀者有万余人。有些案子完全是他搞错了的，但他照样大规模地杀人，比如轰动一时的空印案，牵连好几万人，方孝孺的父亲也是在这个案子里遭到处理的。这个空印案是怎么回事呢？实际情况是这样的：当时的下级官员要把粮食送到上一级去交差，在粮食运输途中难免会产生一个重量上的误差，如果碰到空气潮湿，粮食就会变重；如果天气干燥，粮食就会变轻。比如出发时候的一万石粮食，到最后过磅时变成九千九百九十八石，这时该怎么办呢？所以地方官都是拿一张白纸，上面预先盖了印，让运送粮食的官员带到上级那里，把最后确定下来的数字填在上面。这样的操作本来是很正常的，有人却举报，说先盖印是舞弊。朱元璋下令彻查，凡是盖过空印的官员统统抓起来，大多数人后来被杀。这完全是一桩冤案。

在惩治措施如此严厉的情况下，朝廷给予官吏的俸禄应该足够才对，实际上非但没有，而且给得很低。明朝初年，官吏的俸禄定得出奇的低，如洪武二十五年（1392年）文武百官的年俸，最高的正一品只有一千零四十四石米（部分折成钱支付），最低的从九品为六十石米，未入流的编外人士仅有三十六石米。例如，一省之长的布政使是从二品，知府是正四品，知县是正七品，他们的年俸分别为五百七十六石、二百八十八石和九十石，相当于全国最高学府校长的国子监祭酒是从四品，他的年俸是二百五十二石。

值得注意的是，官员的年俸按惯例还要负担部分幕僚、随从的报酬和部分办公费。比如一般县官至少要有两房师爷帮自己办事，一房征收钱粮，一房审理案子，这两房师爷的俸禄钱要由县官拿出来——师爷们往往把县官称作主人。在这种情况下，这么点工资怎么够用呢？官员们依靠正常的俸禄无法过上舒适的生活，低级官员更连养家糊口都有困难。相比之下，皇子封为亲王以后年俸有一万石，是最高官员的近七倍，还不包括其他各种赏赐。

由于官员的正常收入太低，所以尽管朱元璋的惩治措施非常严厉，贪污还是屡禁不绝。不过，这位开国皇帝在位的时候，官员们畏惧他的严厉手段，再加上新朝建立之初，包括元朝遗留士人在内的官员整体上比较正派，普遍能保持清廉的作风。然而，之后的皇帝没有哪个具备朱元璋这样的权威，同时物价也有所上涨，再加上所谓的“法不责众”，等到大家都在想办法搞钱的时候，贪污的标准也相应地提高了。你想啊，官员要办公，要办公就得有支出，还要雇用自己的下属，没有钱，就会影响工作、影响政务。

因此，明朝初年以后，大小官吏贪污成风，几乎到了无人不在俸禄以外设法搞钱的地步，真正的清官的日子就很难过。比如海瑞，最后两年多他担任南京右都御史的年俸是七百三十二石，是高级官员中第三位的高薪，但是这点钱要养很多的下属。因为官做得越大，级别越高，下属也就越多，在年俸中所占的开销比例也就越大。而海瑞连子女都没有，生活又节俭，虽然也有小老婆，但也不应该死后毫无积蓄，可见当时的俸禄实在是太低了，要求大多数官员严格遵守本就不合理的俸禄制度，根本是不现实的。

所以明朝的权臣和太监在政治斗争中迫害政敌的一个非常简单的手段，就是给对方栽上“贪赃”“受贿”的罪名，往往都能抓到把柄。

明朝末年，无论是坚持抗清、英勇就义的官员，还是投降清朝的官员，实际上他们的收入都超过了他们的俸禄。比如清兵南下的时候，东林领袖钱谦益率领文官投降，为了表示自己的廉洁，他给清军统帅、豫王多铎送了一份最薄的礼品，包括鎏金壶、银壶、玉杯及古玩在内，总共二十种，而其他大臣送的礼物大多价值万两以上，显然超出了他们正常的薪水能负担的范围。这些钱是从哪里来的呢？

再回过头来看海瑞一事，他之所以不得官心，根本的原因不在于他个人的行为，而是在明朝当时的诸多制度之下，他的各种设想已经远远地脱离了实际，是完全不可行的。

那么后来，这个问题是如何解决的呢？一个比较好的办法就是清朝雍正年间开始实行的“养廉银”制度。

清朝入关以后，基本上继承了明朝的制度，初期官吏的俸禄也是很低的。不仅如此，由于军事行动频繁，国家开支庞大，朝廷不断地“减俸”“捐俸”，要给他们减薪，还要他们捐出来。地方上存留下来的公费也一律上缴上级部门，还以各种名目向下级摊派，甚至直截了当要下面自己“设法”，以至各级行政机构连办公费都没有。

但是哪个当官的不想过好日子呢？衙门也不能不办公，于是各级官员、各个衙门纷纷开辟财源，一方面截留本该上缴的赋税收入，另一方面千方百计向百姓搜刮。比如，虽然赋税额度不能增加，但可以在赋税额度之外加征或提高各种地方性的附加费用，“耗羡”就是其中主要的一种。因为银子本身的成色不同，交上去之后上级单位还要把它重新熔铸成银锭，这一过程中自然会有所损耗；交纳粮食时，中间也会有所损耗，对于这种合理损耗的补贴就叫“耗羡”或者“火耗”。所以各级官员想方设法提高这些收入，有些地方甚至发展到交的耗羡比正额还要高。由于国家并没有建立相应的正式制度，各地征收的标准相差悬殊，没有办法规范具体的比例及数额，所以它往往成为贪官们的一项主要的财源。

到了雍正年间，雍正皇帝实行了一系列改革措施。其中一项重要的改革就是在薪水以外给官员发放“养廉银”。这笔钱是从哪里来的呢？其实就是把全国的耗羡统一规定为每两加征五分，即在正常赋税征收额度以外，加征规定的百分比，这笔钱不用上交中央，就留在地方上，主要用于给各级官员发放津贴。这个办法起到了很好的效果，当时的官员拿到的养廉银子一般都远超原来的俸禄，依靠这些银子，官员们绝对可以过上体面的生活，也不必再为办公费无处开支而发愁了。这样做并没有增加国库的开支，而是化暗为明，把原来不规范的惯例变成全国统一的税收标准，百姓的负担也没有增加，相反，不少地方还有所减轻。贪官再要在耗羡上做手脚，那就犯法了，所以雍正年间的吏治有了明显的改善，贪污虽不能说就此绝迹，但的确大大减少了。

雍正之所以能够解决积弊，关键在于既有严厉的打击措施，又切实解决了官吏们的实际困难，使大多数人能够合法地获得较高的收入，地方政府的正常开支也有了基本的保证。这样的办法是不是一劳永逸呢？也不是，因为政策需要根据实际情况不断调整，一旦遇到物价上涨、办公费用增加等客观情况，不调整肯定是不行的。事实上，到了清朝后期，清官已经很难做了。

我曾经给过我的博士生一个题目，算算曾国藩的经济来源和他的支出情况。他算下来得出一个结论，说曾国藩是“非典型清官”，说曾国藩本质上是一名清官，但不是那种典型的清官。为什么说是“非典型”呢？曾国藩自己的确不贪污，但是一方面正常的经费收入没有办法维持衙门的运作，另一方面，在大家普遍接受额外收入的情况下，他如果采取完全抵制的态度，会妨碍他在官场中的人际关系。比如，当时的一些商人每年会给本地籍京官送两次礼，冬天叫作“炭敬”，也就是烤火费、取暖费，夏天叫作“冰敬”，也就是冷饮费。这笔钱当然是非法的，但曾国藩也收的。当时还有一些惯例性的回扣、经费的截留，他也都收的。不同的是，这些钱他不是贪给自己的，而是用于办公费用等正常的开支和正常的交际。他本人非常节约，而且他的家人从夫人到小姐每天都有生产任务，纺纱织布或者做其他工作。那些薪水之外收来的钱、人家孝敬的钱，除了用于正常开支以外，多出来的部分他要么上缴国库，要么留给下任。

从这个角度来说，他还是一名清官，但不像我们想象中的清官那样完全不拿人家的好处，或者只拿规定的薪水。如若不然，这样的日子他个人倒是可以维持，办公是肯定办不下去的。

这就是我们需要考虑的另外一个问题，即雍正时期定下来的“养廉银”制度是不是需要改革了？但可惜没有改革，所以像曾国藩那样的“非典型清官”也是很少的，如此，整个吏治怎么可能清明呢？

通过海瑞这个例子，我们可以深入思考一个国家完善正常行政制度的重要性。完全依靠个人的道德品质、个人的修养、个人的自我约束，是无法维持一个国家的正常行政运作的。

第三十七讲　雍正赐地：“天下”都是我的！

雍正皇帝曾经赐地给越南。越南是清朝当时的藩属国。为什么要把本国的土地赐给越南呢？想要弄清这一问题，我们首先要了解当时的历史背景。

明清易代之际，清朝忙于消灭明朝的残余势力，南明则江河日下，难以为继，双方都无暇顾及边境，占据越南高平一带的莫氏政权和安南的黎朝趁机蚕食边界，在中越边界地区占据了不少本来属于明朝的土地。至清朝灭南明，平三藩，克台湾，政局稳定，安南的黎朝也灭掉了高平的莫氏政权，成为清朝合法的属国，像对待明朝一样“输诚纳贡”。

清朝满足于属国表面的“恭顺”，边境相安无事，所以对前朝边界线的改变没有追究，实际上已经承认现状。但是安南方面却对当初莫氏政权向明朝归还一部分领土耿耿于怀，一直想“收复”，只是因为清朝实力强大而不敢轻举妄动，只能找机会悄悄地蚕食一部分土地。

雍正二年（1724年），因为要开采开化府逢春里的都竜铜矿，云南当局清查地界，发现马伯汛外原属中国的斜路村六寨被安南占领，就派开化镇总兵冯允中前去调查。冯允中回来报告：“亲身踏量至都竜厂之对过铅厂山下一百二十九里，又查出南狼、猛康、南丁等三十四寨亦皆系内地之寨，被交趾（安南的旧称）占去，不止马都戞等六寨。”他说，根据《开化府志》的记载以及土人的反映，应该以铅厂山下的一条名为赌咒河的小溪为界，但是这条小溪相当狭小，不应该是边界的标志。他又仔细查证《云南通志·图考》，里面记得很清楚：开化二百四十里至交趾赌咒河为界。于是细问当地土人，说是都竜厂一百余里外还有一条大河，交趾人称之为“安边河”。这条河正好符合二百四十里的距离，这才是真正的赌咒河，边界应该位于那里。

云贵总督高其倬和云南布政使李卫深感“铜矿事小，疆境事大”，于是在雍正三年（1725 年）春天上奏朝廷。高其倬报告称，明朝已经丢掉一百二十多里地，但是不能确定到底是什么时候丢掉的，而雍正三年之前的四十多年内又丢掉四十多里。这些情况地方官是清楚的，为什么他们不报告呢？这是因为都竜厂出产银、铜，无论是自己还是对方都要开发和利用，采矿和贸易的人也很多，总兵与设在那里的哨所通过稽查暗中谋利，一旦遭遇清查，地方上的利益和弊端都会暴露，也就断了他们的财路，所以他们故意知情不报。

由于铅厂山下的这条小溪（今马关县都龙西部的小白河）内的斜路村被安南侵占，越南方面实际控制区已经深入到马伯汛（今马关县城）数里之外的中国领土。高其倬主张，如果按照原来的边界，就应该把二百四十里的地方全部收回来，交趾都竜、南丹二厂都在这个范围之内。但是他也预料到，“安南方面肯定不愿放弃这两个厂，一定会采取抗拒态度，并且必定认为我是为了贪图矿的利益才捏造出这样的事实向上报告”。与此同时，高其倬还派冯允中率领军队在斜路村的马鞍山那里立了碑、分了界，派兵驻防。果然，安南方面也以国王的名义呈文报告此事。

但是雍正皇帝的批示却大大出乎群臣的意料。他是怎么讲的呢？“我治天下之道，分疆域跟柔远比较起来，则是怀柔远人、安定远方更为重要。靠什么来安定远方，也就是那些藩属国呢？应该是威德并用，但是‘德’更加重要。根据你们的上奏，都竜、南丹这两处地方，明朝就已经为安南国所占，并不是侵占了我朝的领土。安南国对我朝历来都是恭恭敬敬，应该受到表扬，予以奖励，何必跟它去争明朝丢失已久的这片区区弹丸之地呢？如果说这片地方是有利的，我们天朝怎么能够跟小邦争利呢？如果这片地方没有什么利益，那就更不必争了。我居心至公至正，对中外一视同仁，把它们都当成我的赤子。何况两处地方边境相接，更加应当妥善处理，以安定怀柔为主，这样不仅能使它的百姓得到安居，也可使我们自己的百姓得到安定。既然如此，就算以现在这条小溪为界又有什么关系呢？你们贪利邀功的行为是不值得、不容许的。”

群臣都没料到会是这样的结果，皇帝非但不支持他们，还说丢了就丢了，反正是明朝丢的，并没伤害我们清朝的体面，安南“累世恭顺”，对其奖励还不够，跑去计较这弹丸之地干什么？

既然雍正做了这样的批示，高其倬只好“仰体皇上至公至正、中外一视之圣心”，再也不敢“贪利幸功”，那就不得不放弃收回全部失地的计划，撤回驻在斜路村的军队。但他认为，自铅厂山下小溪以内的这片土地，我们是有凭据的，是我们历来征收租税的地方。边界处也有我们树的碑，有界线可据，证据确凿，而且这片地四十年前才丢掉，对方应该也知道。

所以，到了雍正三年（1725 年）底，他奉命通知安南：“为体现皇上对你们的仁德，自铅厂山下小河以外的地方就给你们了，不再清查。”这话的意思很清楚，不属于这一范围的便不会给安南。他派出广南知府潘允敏前往边境，与安南勘界委员胡丕绩、武公宰会同勘查这条界线。在勘界的过程中，潘允敏又以方志和粮册里的记录及“逢春里六个村寨的人现在都穿小袖的衣服”为根据，坚持以铅厂山下小河为界。越南方面的胡丕绩和武公宰则“坚称此地本来就是安南的领土”，不肯归还这六个村寨。双方争执不下。

雍正四年（1726 年），即将调任浙闽总督的高其倬上奏雍正，表示对这一形势“难容缄默”，我们不能容忍，请求皇上命令继任的人继续跟他们交涉，“至少这一块地方不能再让给越南，否则双方将会永远争执下去。”

那么谁是他的继任者呢？鄂尔泰。鄂尔泰也是当时一位很有影响力的总督，他上奏说潘允敏跟武公宰等人已经勘出的自开化府至铅厂山溪流仅有一百二十九里，它显然不是古代所谓的赌咒河。我们大清方面已经奉了圣旨又去勘查铅厂山的形势，这里两山高峙，中间经过一条溪流，我们应该据险相守，这样划分的话就能将中外分得清清楚楚，所以建议据此就近立界，其他再不深究了。这已经算是做了很大的让步，但是安南方面对于这一重大让步非但不“感激天恩”，反而想趁机把厂山以内的地方全部占据。鄂尔泰认为，我们国家幅员很广，区区弹丸之地本来是无足轻重的，但是安南不体会皇上对它的恩德，没有一点躬身的样子，虽叫我以德怀它，它却“畏威而不怀德”。因此，他主张不要理睬安南，我们径直划定界线，然后派军队驻扎，威胁震慑于它。

可是到了当年的夏天，鄂尔泰接到雍正给安南国王的敕谕，允许以铅山下划界。他不得不顺着雍正的意图，报告说安南并没有违抗旨意，只是由于前任李卫“以清查矿厂为辞，有失大体，遂被对方所轻视”；而高其倬虽然“行文委婉”，企图使对方心服口服，但是安南国王更加不相信，以为这不是皇上亲自出的主意，以致“犹豫以成违抗”。他认为一旦安南国王接到皇上直接下达的圣旨，一定会后悔，也一定会恭恭敬敬地遵守的。

不久，安南国王给鄂尔泰写信来说潘允敏在勘界的时候找来一两个侬人，称这些人穿紧袖的衣服，跟安南人不同，便把他们指为清朝内地的土户，显然不是事实，说这些人明明是佃户，属于流动人口，还说潘允敏引用的方志里的书是没有凭证的。他抱怨安南是“覆盆之下未照日月之光”，沐浴不到皇帝的恩德，表示不相信雍正皇帝会受到云南地方官员的蒙蔽，让他们侵占安南土地的阴谋得逞。如果真是这样的话，他一定要专门派官员“上达天听”，到北京去控告。

尽管鄂尔泰已经把这次争端的责任都归结于前任李卫和高其倬的

措置不当，但是安南居然做出如此激烈的反应，却也使他感到意外。连雍正帝都感到惊异，他在接到这封信时朱批“不通，欠理，朕没有料到他会如此痴迷!”，雍正喜欢直截了当地做批示，他随后批准了鄂尔泰的建议，让他赶快到铅厂山下设界立关，但是又说不许在对方面前做出什么不得体的行为，不许凌辱他们，也不许带兵，以免被安南方面找到借口；而清朝方面建的关、立的界务必壮丽，以作观瞻，工程必须坚固，以便能够永久使用。雍正还一再嘱咐鄂尔泰，说开化镇总兵南天祥“聪明有余”，但毕竟是没有经验的年轻人，凡事不能让他去，免得引起冲突。这就很奇怪了，明明是安南方面步步紧逼，雍正皇帝居然再三叮嘱己方处置要适当。

鄂尔泰奉命回复安南国王，驳斥了他提出的无理指责，指出中方所引的《云南通志》系官方所修，完全可以作为国家划定疆界的凭据。只是皇上考虑到你们历代恭顺，才将那片土地特别恩赐给你们。对你们已然多次让步，撤回斜路村驻扎人员，且把铅厂山外的八十里地也给了你们，你们理应“感激欢忻，敬谨遵奉”，你们却还要“侵疆越土”，并且态度已经到了失礼的程度。就算圣恩宽大，想要尽量保全你们，但我作为一位地方官至少要保卫疆界，一旦到了万不得已的时候，我也不得不“整兵相待”。

雍正四年（1726 年）八月初一，潘允敏奉命在铅厂山下建关立界。他带领工匠、夫役，树起一面大旗，上面写着“奉旨立界建关”，乐队奏乐开炮，宣布动土开工。南天祥奉命“简练精兵”，但就只是驻在那里，“声色不动”，以免被安南方面找到借口。安南方面起初在都竜关外聚集了五千余人，而且“添设枪炮于铅厂山对面屯扎”，同时增加了援防，剑拔弩张，如临大敌，后来看到潘允敏打出了“奉旨”建关的旗号，他们找不到什么借口，也就渐渐撤兵了。

就这样到了十月初十，新关建成，包括三间关楼、一间瞭望室、四座炮台、一座像古代烽火台一样可以发信号的烟墩，还有关墙、木城等，关前立的碑上刻着“敕建云南省开化府界”；关旁的大石壁上专门刻有一行字："大清雍正四年五月初四日钦奉圣旨于铅厂山立界，凡河水上流以内村寨俱系中土，外彝不得越境侵扰。"这行字确定了边界，另一行写着"各寨径路立碑六通，各书：钦奉圣旨于铅厂河一带立界建关，凡客商往来俱由关口，不得私从山径小路出入，如敢故违，把守兵役捆拿解究不贷"。就把话讲清楚了，来往的人只能走关门，不能私自走山路，因为国界线已经定好了。

雍正皇帝开始时一直担心建关立界会引发武装冲突，听了经过以后，他很惊讶，写了批示："此事更奇料理矣，亦出朕之望外，大笑览之，但此事朕尚不敢信。"这话是什么意思呢？他说看过之后感到很奇怪，原来以为要引起冲突，怎么居然会这么太平呢？此事逗得自己哈哈大笑，但还是不敢相信怎么会这么平静，是不是其中有什么问题？皇帝似乎忘了一个基本事实，安南争的这些土地本来就是属于中国的，他们怎么敢闹呢？

建关立界以后，鄂尔泰与南天祥会商，从开化镇营内拨派一百名官兵，再派一名守备负责统率，驻扎在铅厂的新关，并把原来驻在马街的一百名清军移防马鞍山，二者形成犄角之势，"联络声势"，由新关守备统一指挥。考虑到安南方面虽然短时间内没有反应，但是接下来必定会在关外增加部队驻扎，如果我们派过多的兵力出去，恐怕还会引起冲突，所以鄂尔泰主张在上述布防方案以外不要再添兵。这一建议很快得到雍正认可，并再三强调仍要以睦邻为主，处理好边防事务，以免产生误会。

安南方面看到云南地方奉旨设关立界，知道自己已经无机可乘，雍正五年（1727 年）年初，安南国王给两广总督写信时不再指责方志之书的可信度，而是断章取义地引述高其倬的咨文，说他混淆了大、小赌咒河，而且否认清朝方面征收赋税的档案，声称原来的划界方式并不可靠，同时一改往日的强硬态度，只是指责鄂尔泰的咨文中用词不当，说"侵疆越土""声罪致讨"这种话是用来对待违抗命令的小邦的，圣朝对我们这么关怀，我们怎么会不容忍呢？安南国王还请求把他的表章代奏到北京。当时清廷已经命令两广督抚，如果安南因为边界问题请求代进奏本，就先不要管它，把它送到云贵总督鄂尔泰处，因为对外问题不能交由两个地方政府重复处理。除此之外还加了一句，发还奏章的时候仍应对安南的使者以礼相待。两广总督方面退回奏本后，加上了一些开导的话语："安南方面世世代代受到我们的恩惠，应该好好地遵守皇上的圣旨。"

安南方面原来想通过两广总督上达天听，现在不得不请求鄂尔泰转奏，语气也更加委婉了。但是不管怎么委婉，还是想争这片土地。本来清朝已经放弃了明朝丢失的二百多里地，不料安南得寸进尺，一定要再拿走这块有争议的地方。在这一过程中，他们千方百计地利用雍正的旨意作为根据，只要跟地方官的说法稍有一点差异，他们便强调说是你们不符合圣上的意思，企图让清廷对地方官不满，认为是地方官没有处理好才造成这样的局面。

雍正五年（1727 年）六月，鄂尔泰令安南方面派人来接收朝廷发回的奏本，但是当地的土官黄文绥却提出："依照我们国王的行文，凡是天朝公文不许擅自接取，奏过国王以后方敢迎接。而且总督发回我国的本章，还要申饬我们，所以国王通知我们，凡是云南的公文一概不接。"他以此为由拒绝迎领奏本，但又真的派人去请示国王了，两个月后才有回音。南天祥就很生气："我是个武夫，如果越南再采取这种态度，我干脆直接打过去，把都竜收回来。"鄂尔泰也建议，如果越南胆敢两个月之内不来迎接皇上的批文，就采取行动，不能再容忍了。在这种情况下，安南害怕了。

就在这个时候，雍正的态度居然跟之前截然相反。当读到南天祥提出直接用武力收回都竜时，他批示"使不得，使不得"；读到上报安南两月不迎敕书即为"抗逆"、鄂尔泰准备用兵时，他竟在上面批示"即使抗逆，也得问清楚是什么原因，才可以动兵"。雍正认为此事完全是由于高其倬当初处置不当所致，只要"无损国体"，就是把几十里地赐给安南又何妨？

他写了一段很长的批示，总结成一句话，就是说：你们办这件事，土地的归属问题不是主要的，主要是要如何维持我们的国体，让安南方面理解我们的好意。“凡事小不忍则乱大谋”，我对他们特别开恩，容许他们犯此大过，假如他们再肆意放纵，另有不恭不法之事，才可以报告神明实行征讨。今天的立界之事，只可以委曲善全，请你们遵照我的意思行事。

但是边界戒严的消息还是传到了安南，引起了他们的恐惧。执政的郑氏一面严令禁止边疆官吏轻举妄动，一面派人迎领敕书，并且上呈国书，说“我们历来畏惧天朝，你们不必采取什么措施”。

雍正五年（1727年）十月初六，安南工部右侍郎阮仲意、翰林院待制阮逢率领六十多位官员、三百多名士兵，备了龙亭、仪仗队，结队出都竜关奉迎“天旨”，在铅厂河关外“三跪九叩，山呼万岁”，然后鼓乐齐鸣，旗帜飘扬，恭恭敬敬地把圣旨迎进都竜关，送往国都。而当初拒领敕书的黄文绥则被当作替罪羊锁拿回去治罪。

雍正闻讯后，认为自己的措施起作用了，于是在鄂尔泰的奏折上朱批“朕深为慰悦”，又写上“钦差亦可不必遣”，已经到达昆明的钦差副都御使杭奕禄、内阁学士任兰枝暂留昆明。

雍正六年（1728年）初，安南国王送上了陈谢的表文，里面讲的都是些表面恭敬之词，结尾写道：“收到您的圣旨，我们感戴圣恩，欣跃欢忭，惟愿万方拱命，圣寿无疆，圣朝千万年太平，臣国千万年奉贡。”雍正一看奏章，认为安南国王的确是“感恩悔过”，词意恳切，于是正式批示，将云南督臣查出来的四十里地方赏赐该国王，还派杭奕禄、任兰枝前往宣谕。至于到底是大赌咒河还是小赌咒河，根本不计较了；安南国究竟侵占了中国多少领土，也完全不予追究了。

也许雍正这样的表现跟各位印象中的雍正皇帝完全不同，其实这正体现了他的两个方面：一方面，他的确非常强悍，对政敌和敢违抗他指令的臣下实行严厉的措施，牢牢地掌握着全部权力；但是另一方面，他依然继承了历代“天朝大国”的观念。为什么他会轻易地把这几十里土地赐给他国呢？为什么他不再追查明朝两百多里的土地是怎么丢失的呢？因为他认为“溥（普）天之下，莫非王土”，无论是明朝的、清朝的，还是安南的、交趾的，整个天下都是我的，我把这片土地赐给你，只是让蛮夷帮我守卫边疆，什么时候我想要了，只要我一句话，你就得老老实实地交出来。他还是持有这样的观念。

在中国历史上也是有先例的。比如中国与朝鲜原来的界线不是在鸭绿江、图们江，而是在朝鲜中部的山脉，元朝时候朝鲜半岛东北的三分之一差不多都是中国的。那么后来的界线怎么会退到鸭绿江、图们江呢？这是因为明朝建立后，朝鲜的政权也更迭了，原来忠于元朝的王氏政权换成了李氏朝鲜。李氏朝鲜的君主李成桂对朱元璋毕恭毕敬，态度好极了。朱元璋龙颜大悦，干脆就把这块地方赐给他了。

从此以后，中国跟朝鲜的边界退到了鸭绿江、图们江一线，差不多占朝鲜半岛三分之一的土地在朱元璋大笔一挥之下就这么拱手让人了。大概在朱元璋的心目中，无论谁的土地，反正都是我的，我把这片土地交给你，你为我守边疆，等我自己想要之时你再退出就是了。雍正继承的正是这样一种观念。

但是他们绝对不会想到，进入现代社会以后，已经划定的边界，特别是经过皇帝批准的边界是不可以随便改变的。今后如果想把它收回，除非通过武力，否则是永远不可能的。

所以每次看到历史上中国跟外国包括跟藩属国之间的边界时，我们就会想起朱元璋和雍正皇帝当年的作为，但这只能作为历史的教训了。

第三十八讲 “十全老人”乾隆：真正的统一

许多人以为清朝的历史是从公元1644年清朝入关开始的，其实早在入关以前，清朝就已经建立了。

崇德元年（1636年）皇太极即皇帝，将国号由金改为清。今天有的书中将清朝原来的国号“金”称为“后金”，是为了区别于历史上由完颜阿骨打所建的金朝（1115年—1234年）。

到崇德八年（1643年），清朝的疆域已经扩大到明长城以北，包括今天的内蒙古、东北三省和蒙古国、俄罗斯北至外兴安岭以北，西至贝加尔湖，东至萨哈林岛（库页岛）间的地区。皇太极已经统一了东北，甚至一直统一到今天的国境线之外的这么一大片土地。

1644年（明朝崇祯十七年，清朝顺治元年），吴三桂打开山海关，清军入关，并很快迁都北京。此后，清朝接连攻灭了明朝的残余政权，从福王、鲁王、唐王最后到永历帝，并瓦解了李自成、张献忠等势力。

到了顺治十六年（1659年），除了福建厦门、金门等地以外，清朝已经拥有了明朝的全部疆域。

康熙二十二年（1683年），清军攻入台湾，第二年在台湾设立府、县、总兵等官，从此台湾归福建省管辖，成为隶属于福建省的一个府，即台湾府。这是中国大陆政权首次在台湾设置正式行政区。

在此之前，郑成功在台湾建立政权，但不归大陆管辖。后来，郑成功的孙子郑克塽投降清朝，郑氏势力内迁。康熙皇帝本打算放弃此地，认为占据这座岛并无用处，原郑成功部将、后来降清的水师名将施琅力排众议上书康熙："外国人已对台湾岛虎视眈眈，以前也曾占领过台湾、澎湖，今天如果放弃台湾岛，明天它就会被外国占据，对浙江、福建构成威胁。"他又说，另一方面，台湾并不是蛮荒之地，如果好好地开发，非但不会成为朝廷的累赘，还可以为国家创造财富。康熙这才改变主意，做出了在台湾设置行政区的这个决定。

康熙二十七年（1688 年），漠北喀尔喀蒙古（外蒙古）的三部发生内乱，准噶尔头目噶尔丹趁机入侵，喀尔喀蒙古三部在蒙古高原待不下去了，被迫迁到了漠南（内蒙古）。我们经常在史书里看到"漠南"和"漠北"，怎么区分呢？简单地说，"漠北"就是指蒙古高原，"漠南"就是指内蒙古。当然，具体的界线更为复杂，我们姑且这么看。

在此形势下，康熙二十九年（1690 年）康熙皇帝下令亲征。经过多年征战，康熙三十五年（1696 年）他再一次亲征，收复了蒙古高原。喀尔喀三部返回漠北，内外蒙古至此完全统一于清朝。

受到噶尔丹压迫的和硕特部青海各部趁机脱离噶尔丹，康熙三十六年（1697 年）清军继续深入，噶尔丹自杀。康熙三十七年（1698 年），和硕特部固始汗的第十个儿子投降清朝，青海和套西就此归入清朝的版图。但是噶尔丹的侄儿策妄阿拉布坦还占有阿尔泰山以西的地区，不时侵扰哈密、喀尔喀蒙古等地。

这里需要追溯一个重要的历史事实：黄教格鲁派，也就是我们今天所说的藏传佛教，通过一些游牧者传入青海，再传入内外蒙古，至十七世纪前期，已经在宗教上统一了青藏高原和内外蒙古。因为有了这样共同的宗教信仰，蒙古和硕特部首领固始汗率军队南下，在政治上统治了青藏地区，因而清朝入关以前就跟西藏建立了联系。固始汗进入西藏后，与达赖、班禅共同派遣使者到北京朝见。

顺治四年（1647 年），清朝派官员到达西藏，册封班禅为金刚上师。顺治九年（1652 年），达赖到北京朝见，第二年受封为"达赖喇嘛”。康熙四十八年（1709年），清朝派侍郎赫寿进入西藏，协助拉藏汗管理地方事务。康熙五十二年（1713年），五世班禅被封为“班禅额尔德尼”。西藏政教合一的统治体制得到了清朝的正式承认，清朝在西藏的统治也得到确立。

乾隆十年（1745年），准噶尔部发生内乱，势力逐渐衰落。乾隆十八年（1753年），准噶尔的阿睦尔撒纳袭杀喇嘛达尔札，推举达瓦齐为大汗。在这种形势下，车凌乌巴什率领他的部族投降清朝。乾隆十九年（1754年），乾隆皇帝决定出兵，以结束数十年未了的战争。阿睦尔撒纳又与达瓦齐互相攻击，失败后率领他的部属投降清朝。第二年清军分两路进攻，不久占领了伊犁，准噶尔部基本平定，但阿睦尔撒纳发动叛乱，清军因为天气寒冷而撤退。乾隆二十二年（1757年），清军再次进入伊犁，天山北路从此纳入了清朝的疆域。阿睦尔撒纳逃入俄国后因病死亡，原来在准噶尔统治下的回（维吾尔）部首领大小和卓木企图割据，清军于乾隆二十四年（1759年）攻入喀什噶尔（今新疆喀什）和叶尔羌（今莎车），大小和卓木逃往巴达克山，在那里被杀，天山南路也告平定，清朝统一中国的大业至此完成。

之前，即康熙二十八年（1689年），清朝与俄国签订了《中俄尼布楚条约》，确定了中俄东段的边界是外兴安岭和额尔古纳河。当时还有一块地方的归属尚未解决，于是划为中俄待议地区。这是中国跟邻国签订的第一份现代意义上的条约。

但是这么重要的条约却有一个缺陷——它有三种文本，分别是满文本、俄文本、拉丁文本，唯独没有汉语文本。可见在康熙皇帝的心目中，这块地方是满人的私产，签订条约有一份满文的就可以了。而清朝后来不开放东北，不许汉人进入，也正是这种观念的延续，使得俄国人有了可乘之机。至于为什么要留存一份拉丁文本，这是受到了西方传教士的影响。当时的欧洲有一个惯例，即条约要用拉丁文签署，因为他们认为拉丁文的表达最为准确，后来有时会加上一份法语文本，也是因为他们认为法文的表达比较准确。有了中间文本之后，如果关于条约的理解产生了什么争议或分歧，就可以以中间的拉丁文本为准，把原委讲清楚。当时只划分了东段，由于当时外蒙古尚未平定，中段界线也就无法划定。

雍正五年（1727 年），外蒙古平定，清朝跟俄国签订了《中俄布连斯奇界约》和《恰克图条约》。这两个条约划定了两国中段和西段的边界，规定了东起额尔古纳河及其支流开拉哩河（今海拉尔河）相交处的阿巴该图，经恰克图（今俄罗斯境内的恰克图及蒙古境内的阿尔丹布拉克），西至沙必乃达巴汉（一作沙宾达巴哈，今俄罗斯西萨彦岭）的边界走向。这一走向就是我们今天在谭其骧先生主编的《中国历史地图集》里所看到的清朝疆域图上的边界，是中国近代跟外国正式通过条约划定的一条边界。

从秦始皇灭六国、开疆拓土建立秦帝国起，经过近两千年，中国终于形成了一个北起萨彦岭、额尔古纳河，南至南海诸岛，西起巴尔喀什湖、帕米尔高原，东至库页岛，拥有一千三百多万平方公里领土的空前统一的国家。

为什么说它空前统一呢？**与历朝历代相比，清朝的疆域不仅辽阔，而且真正由中央政府行使管辖权，控制和管辖的程度超过了历史上的任何一个朝代。**从疆域面积来讲，尽管在局部地区并没有达到历史上的最远点，但在总体上超过了汉、唐、元、明这些所谓的盛世。

在清朝以前，中原王朝与少数民族政权之间往往没有真正统一；到清朝时，它的疆域范围内已经完全属于一个政权。

比如，早在公元前 60 年，西汉就在新疆和中亚设立了西域都护府，西域都护府的控制区与清朝的疆域大致相同，但是都护府不同于正式行政区，它的主要职能是军事监护。在服从中央政权的前提下，西域原有的几十个国依然保留，拥有完全的自治。西汉末年陷入战乱，西域都护府就撤销了。东汉时候虽然几度重建，但存在时间都不长，并且未能完全恢复西汉时中央政府在这些地方的权威。

又比如，唐朝的西界一度到达咸海之滨和阿姆河流域、锡尔河流域，但当时只设置了由当地部族自治的羁縻都督府。我们看地图，今天阿富汗的首都喀布尔是当时唐朝的一个都督府，但是这些都督府并不真正由唐朝管理，只要它们肯归顺，唐朝统治者就让当地部族的首领或称王者继续做首领。而且都督府的存在时间也很短，几年后，唐朝就重新退回到了葱岭（帕米尔高原）一线。

再比如，元朝的疆域已包括今天新疆的大部分地区，但由于元帝国与四大汗国分裂为不同的政权，所以新疆的一部分始终属于其他汗国，没有完全归属于元朝。

在元朝以前，青藏地区一直是由当地民族建立的政权统治。元朝统一青藏地区后，在青藏地区设立了主管宗教事务的宣政院（总制院），由它来行使管辖权。明朝虽然继承了元朝的政策，但控制能力有限，缺乏经常性的联系。清朝自雍正六年（1728 年）开始在西藏设置驻藏办事大臣衙门，由其统率驻藏官兵，督导地方行政。乾隆十六年（1751 年）设立西藏地方政府——噶厦，规定凡重大行政事务及藏官任免、藏军调动等均由噶厦请示达赖和驻藏大臣办理。乾隆五十八年（1793 年）制定了一个重要文件——《藏内善后章程》，规定达赖、班禅及大活佛转世时用金瓶掣签的办法，必须受驻藏大臣监督，自噶厦最高长官以下僧俗官员必须由大臣任免，还对官制、军制、司法、财政、边防、差役及对外事宜等做了明确规定。

明朝初年曾在今天的东北和相邻的俄罗斯地区设立奴儿干都司，辖境远达库页岛，并曾多次派官员前往巡视抚慰，在黑龙江恒滚河口山上建永宁寺，立碑纪念这件事。但到了宣德十年（1435 年），奴儿干都司撤销，管辖能力逐渐丧失，至明朝末年已退到山海关。清朝视东北为满族的发祥地，虽然不允许汉民进入，但通过《尼布楚条约》与俄国划定了边界，依次设立了三个将军负责管辖，从北到南分别是黑龙江将军、吉林将军、奉天将军（又称盛京将军），等于设置了三个军区。

朝鲜、越南（安南）、琉球虽在此前已成为独立政权，但在十九世纪后期以前，也就是西方帝国主义入侵以前，一直都是清朝的藩属国，接受清朝的保护。

清朝对内的统一程度也是空前的。清朝全盛时期的疆域分为二十五个一级政区和内蒙古盟旗：内地有十八省（直隶、山西、山东、河南、江苏、安徽、浙江、江西、福建、湖北、湖南、广东、广西、四川、贵州、云南、陕西、甘肃），每个省下辖府、州、县、厅，西南几省还保留一些土司、土官；另外有五个将军辖区，分别是盛京将军、吉林将军、黑龙江将军、伊犁将军、乌里雅苏台将军（驻在外蒙古）。这些辖区位于边疆，且当地人口较少，有的是驻防机构兼理民政，有的同时设有民政机构，或保留一些类似土司的当地世袭首领；内蒙古六个盟，套西蒙古和察哈尔下面设立盟旗；西宁设立办事大臣，下辖厄鲁特二十九旗和玉树等四十族土司，前者用蒙古盟旗制，后者用西南土司制；西藏办事大臣统辖卫（前藏）、藏（后藏）、喀木和阿里四地区的营、城、呼图克领地、部族寺院。尽管有些地区实行一定程度的自治，但涉及国家主权和中央权威的重大职权完全由朝廷，也就是中央掌握。

清朝的统一代表我们国家的大一统发展到了最高阶段，其统一的疆域也奠定了现代中国的基础。

第三十九讲　乾隆皇帝与尹壮图：粉饰太平的“古稀天子”

乾隆皇帝当然是家喻户晓的，但是恐怕大多数人不知道尹壮图是谁。

在清朝历史上，尹壮图的确算不上是什么名人，他虽官居内阁学士、礼部侍郎，却没有什么突出的政绩，不过是清朝数以百计、千计的副部级官员中间的普通一员。但是他在乾隆五十五年（1790 年）到五十六年（1791 年）初的一段经历却引起了我们的重视。关于这件事，《清史稿·尹壮图传》及《清高宗实录》中都有详细的记载，乾隆皇帝的实录里所录上谕就有十几次。

原来乾隆皇帝晚年，如果发现各省的总督、巡抚犯了错或者不称职，往往采取罚款的办法，只要交了罚金就万事大吉。尹壮图认为这样做很不得体，就上了一疏。

他说：“督抚们自己犯了错，皇上圣恩，不马上撤他们的职，而是罚一些银两充公，也有的督抚们自己请求认罚若干万两银子。这样做的结果是贪财的官员以此为借口大饱私囊，就是清廉的也不得不指望下属赞助，以后遇到亏空营私一类的重案，难免不会千方百计地加以庇护。所以罚银表面上看来虽然很严，却非但不能使他们感到羞愧和恐惧，反而会滋长无所谓的念头。我请求永远停止这种做法，将罚款改成记大过若干次。如这些人才识平庸，或者撤职罢官，或者调任京官，不要再让他们担任地方上的要职。”这里略微解释一下，总督、巡抚都是地方大员。

尹壮图的意见显然没有什么不当的地方，却在无意中触犯了乾隆皇帝的大忌。原来当时吏治废弛，腐败成风，贪赃公行，督抚中的贪官污吏比比皆是，但乾隆一方面要粉饰太平，证明他作为“古稀天子”“十全老人”在任何方面都超过历代帝王，所以无论是官员受贿还是吏治腐败统统都要掩盖起来，除非实在掩盖不住，否则他对督抚们绝不公开处理，另一方面他又要证明自己明察秋毫，于是不时地找一找督抚们的过失，再加上他挥金如土，国库早已空虚，让臣子自愿缴纳罚款，既没有横征暴敛的恶名，又增加了“计划外”的收入，岂不妙哉！至于督抚们的钱从哪里来，就只能不闻不问了。

尹壮图要改变这一做法，不仅断了乾隆的财路，而且等于是要他认错。如果真依了尹壮图的意见，不少督抚就得公开处分，大案要案一多，岂不是向歌舞升平的大好形势和他这位圣明天子脸上抹黑？

刚刚度过八十大寿庆典的乾隆头脑十分清楚，他知道要堵住尹壮图的口并非难事，但要维护自己的光辉形象和国家的大好形势却要费一番心思，至少要先弄清楚尹壮图究竟掌握了多少真凭实据。

因此，乾隆五十五年（1790年）十一月十九日，年届八十的乾隆皇帝亲临乾清门听政——连外国使臣都很佩服他充沛的精力，他下了一道上谕：“一些督抚拿了优厚的俸禄却不能尽职，所以给予他们罚款充公的处分，让他们自己拿出钱来弥补罪过，这只是偶然的做法，并没有形成制度。假如有人胆敢乘机向下属摊派，那就是贪污徇私，自蹈重罪。要是将他们撤职罢官，或者调任京官，名义上是加重处分，实际上反而是宽大处理，他们都得感谢你尹壮图这个建议了。尹壮图恐怕出现这类弊病，要求永远停止罚银的做法，不是没有见地，但却不知道朕是因为一时找不到合适的督抚人选，所以只要此人没有犯贪赃枉法的罪行，为爱惜人才起见，便不计较他们偶然的过失，从宽处理，照样录用。即使给予罚款，也都留作地方上的工程公用。这是考虑到督抚们俸禄优厚，所犯的错误还不到违法的程度，才采用罚款的办法以示薄惩。……但是督抚中可能有人辜负了我的恩惠，昧着良心以筹措公款为名，向部属伸手，而部属们也乘机摊派搜括以讨好上司……尹壮图既然上了这样的疏，当必定有确切的见闻和证据，应该将具体事实报上来，朕必定严加追究，从重处罚，绝不姑息。”

尹壮图见皇上说了一番不得不用罚款办法的苦衷，且一派虚心纳谏的态度，就将自己的见闻如实上报，殊不知正好落入了乾隆的圈套。乾隆正是要摸摸底，看看尹壮图究竟掌握了多少证据，结果尹壮图如他所愿，将自己所知和盘托出：“各省的督抚声名狼藉，吏治废弛。我在经过的直隶、山东、河南、湖广、江、浙、广西、贵州、云南等省考察官吏是否贤良的时候，过往客商和当地百姓有一半皱着眉头摇头叹息，各省的风气都是这样。但是若要问我下令摊派或者奉迎搜刮的人，他们上司和下属之间是内部勾结，外人岂能了解到？我只是在路上风闻这样的事，便随便写进了奏折，绝不敢轻易指出究竟是谁来。……请皇上选派满族大臣和我一起到各省秘密调查财政亏空的情况。”

乾隆一看，引蛇出洞的目的已经达到，他确定尹壮图手里根本没有督抚们的具体罪证，便立即穷追不舍，对尹壮图的批判也开始上纲上线。

在第二道上谕中，乾隆这样讲的：

> 你的覆奏朕看了好几遍，根本没有指出一人一事，仍然只是拼凑一些没有根据的内容，拿空话来搪塞朕。朕五十五年来任用的督抚很多，凡是不计较他的小缺点而录用的，都是一时没有合适的人选，或者所犯的错误并不是贪污腐败一类触犯法律的事，因此才酌情从宽，重新起用。像王亶望、陈辉祖、国泰、郝硕等有贪渎营私劣迹的，一经发现，无不处以重刑，从来不稍加宽贷。……至于说经过各省的商民半数都皱着眉头叹气，好像现在这世上，老百姓已经活不下去了。我统治天下五十五年，对待老

百姓像爱护自己的子女一样，四次免除天下的钱粮，两次免除各省的漕银，补助抚恤，救济贷款，贫穷的老百姓都受到实惠，这不是家喻户晓的事实吗？有良心的小民，感恩戴德还来不及，怎么至于皱着眉头叹气，聚在一起发泄牢骚和不满呢？或许这是尹壮图在路上偶然遇到的一两个受赋役困扰的小民的陈述，那就应该实事求是地报告，朕必定会差大臣去调查办理。但这话是从谁那里听来的？在哪里见到的？你得举出例子来。

至于尹壮图要求选派满族大臣，同他一起秘密前往各省盘查亏空，朝廷从来没有这样的制度。况且现在各省的吏治不同，仓库充足的自然不需要你去盘查，即使偶然有亏缺的，一听到钦差大臣来了，早已设法补全了，名义上是盘查，实际上有名无实。合计天下不下上千个州县，即使查它几年也不能全部查遍。其实尹壮图心里很明白，这件事是办不到的，不过是自己掂量学问才干都很平庸，在朝廷不能够升到侍郎，外派也做不到学政，至于尚书、督抚这种职位更是做梦也想不到，所以想借这封奏折来显示他的才能，或许能够侥幸录用，又可借盘查的名义沿途进行恐吓讹诈，希望得到贿赂的好处，从而名利双收，这种居心怎么逃得过朕的洞察呢？

朕自登位以来，至今五十五年，年纪已经八十，综揽万机，自问勤政爱民，可以说无愧于天下，而天下万民也断不会如此昧着良心怨恨朕。现在离预定的归政时间只有几年了（乾隆已经宣布将于乾隆六十年传位给太子），经常恐怕自己年老偷懒，稍有松懈，所以每天孜孜不倦，以报答上天庇佑的厚恩。每次召见内外大小臣工的时候，随时征询对朕办事情形的意见，大家都说朕精神强固，办事日益勤励。如果真如尹壮图所奏，那么大小臣工都是用假话来献媚，当面欺骗朕，而朕五十五年来竟然一直受到蒙蔽，对外面的情况没有一点了解，最终一无所知了。

尹壮图所奏的直隶等省亏空在哪里，摇头叹气的商民究竟是什么人，每月选官时议论某一职位亏空多少又是听谁所说，让他一个个给朕指实覆奏。如果果然查询得实，朕从来不肯让他们蒙混过关，自有办法。但是尹壮图不可以仅仅用空话、假话来搪塞，自蹈欺罔的罪过！

好了，这个时候尹壮图明白自己上当了，也意识到了问题的严重性。乾隆上纲上线，随便拿出一条都是大罪。要他拿出真凭实据，可他讲得清清楚楚，都是沿途听来的，怎么提供得出凭据来呢？他赶忙写了认罪书，承认自己措辞不当，请求皇上治罪。然而，乾隆不肯罢休，想要充分利用这个跳出来的反面教员，便在二十三日下了第三道上谕。

乾隆首先指责尹壮图提这样的建议是为了讨好各省的督抚，然后对他的言论严词驳斥："你说普天之下，岂不堪命，甚至摇头叹气，在怨恨朕了。那是断断没有这个道理的，朕不肯接受你的错误指责。"接着乾隆又历数起"我朝自定鼎以来做的种种好事"，从世祖（顺治皇帝）、圣祖（康熙皇帝）以及他的父亲雍正皇帝的德政，一直说到自己的励精图治，认为这些贡献不但超过明朝，而且"上溯三代，下迄宋元"都是无与伦比的。"尹壮图对朕爱民勤政的作为懵然罔察，还忍心说有人在皱眉叹气，这等于是摇惑人心，难道他就不是大清的子民吗？"按乾隆皇帝的说法，尹壮图简直是自绝于人民——全部老百姓都说我皇帝当得好，而你居然讲这样的话。

乾隆皇帝又以近日各省来北京告状的人增加为例，说明这是由于平时爱民如子，连民间一些鸡毛蒜皮的争执也不容稍有冤枉，所以才会有那么多人来申诉，以至有人说他对小民百姓"就像慈父对待那些娇养的儿子一样"。他认为自己对老百姓太客气了，所以"黎民才会对朕感激深恩，还都能了解朕的意图，你尹壮图身为朝廷的大员，难道比乡曲小民百姓都不如吗？"

于是乾隆命身为满族人的户部侍郎庆成带了尹壮图到山西省"切

实盘查”，如果有亏缺就治地方官的罪，“如果盘查下来仓库没有亏缺，那就证明是你尹壮图捕风捉影，沽名钓誉，不但污蔑地方官有贪污之罪，并且将天下亿兆民众对我的感激和真诚全部泯灭了，而朕五十五年来把百姓当作子女这样的实政实心，几乎被你讲成暴敛横征。你晚上扪着良心自己想想，何忍做此事呢？”他还宣布“要将朕办理庶务之苦心和尹壮图这些错误的言论”统统布告天下。这样一来，大臣们当然要表态，都要求将尹壮图撤职查办。全国兴起声讨尹壮图的滔天罪行的浪潮，歌颂乾隆皇帝勤政爱民、洞察一切的奏章像雪片一样飞向北京。乾隆却表示坚持让“事实”说话，先不忙对尹壮图做处理，还让他以副部级官员的身份到各地“任意盘查”。

其实尹壮图盘查的结果已经可想而知了。且不说各省的地方官已经有了充分的准备时间，要是真的给他查出什么问题来，岂不是辜负了皇上“办理庶务的苦心”吗？岂不是跟“尹壮图的胡言乱语”同流合污了吗？这是大是大非问题，地方官不会有半点含糊。到达大同后，果然仓库里面“丝毫没有短少”，所储粮食的石数相符，完全查不出任何问题。尹壮图只好覆奏皇上，承认自己“呈报不实，没有办法为自己辩护，恳请回京治罪”。他说自己“戆愚”，冒犯了圣上，现在昼夜赶路，就怕万一患上感冒、伤风，不能平安回到北京接受处分，反而又加重了错误，所以请求让他早日回京。

照理说，事情到了这个份上，乾隆应该满意了。可是还不行，十二月初三，乾隆下了第四道上谕，指责尹壮图名义上认错，实际上是在继续对抗，造成“他在讲实话，是朕容不得直言”的假象，“居心巧诈”。他说尹壮图因为升不了官，又不能外放当学政多拿一些养廉银子，才采用这种手段。甚至尹壮图的奏疏里错别字还不少，这样的人怎么担当得起教育士子的重任？乾隆还充分发挥想象，说如果让尹壮图盘查到淮扬一带，那么盐商们害怕钦差大臣的声势，必定会大送贿赂，尹壮图就能名利双收了。这点伎俩就连平庸的君主也不会受骗，“何况是像朕这样英明的皇帝，你这种小人的心术，朕早就看透了你的肺肝”。尹壮图当我是什么人哪，敢在我面前用这样的伎俩？盘查外省的仓库是他自己的请求，虽然他也承认“大同如此，太原可知”，但是他的奏折里所指可不止山西，现在仅让他盘查山西一省，恐怕还不足以令他心服口服，还有山东、直隶正定、保定等处，干脆让他查下去。

当天，乾隆指示军机大臣：庆成是我派的钦差大臣，应按规定开支差旅费；尹壮图是自愿去盘查的，给他提供交通工具已经算是格外开恩了，不能再给他出差费。但他是穷书生，带的盘缠肯定不会多，如果不够用，可以让庆成在出差费和差役的口粮中酌情分一些给他。乾隆又怕他过于紧张，万一路上有个三长两短，这场运动就搞不下去了，所以又让转告庆成，“这个人固然有罪，但是愚昧无知之罪不至于死，也不值得治以重罪”，还要他配合继续盘查下去，让他心服口服，再也找不到借口。

尹壮图在奏折里曾经提到过，认罚最多的督抚所得的养廉银子，除应酬之外还有结余，那么这钱是从哪里来的？又是怎么筹措到那么多罚款的？乾隆说山西巡抚书麟就是认罚的人，让庆成带着尹壮图当面问问书麟到底是什么情况；又通知直隶、山东、江、浙等省，如果尹壮图前去盘查，只供应他交通工具，而庆成等人可以领到出差补贴。

在这道上谕收到前，庆成已经带领尹壮图回北京了。十二月初九，乾隆又发出上谕，命令他们立刻返回太原，务必当面向巡抚书麟调查，然后还要去正定、保定，再去山东济南，由旱路去江南等省；最后又指出尹壮图前几次奏折中有错别字，比如将“桀骜”写成“傑骜”，“桀”字多了一个单人旁，将“孟浪”的“孟”写成做梦的“梦”，新收到的奏折中又有错别字；同时断定尹壮图之所以会说各州县都有亏空，是因为官员往来各省时曾经向地方官打秋风，地方官为找借口敷衍，就说有亏空。“这一套东西都是外地官员的陋习，尹壮图却信以为真，冒昧地入告，认为可以借此敲诈人家，其居心卑鄙由此可见。朕洞察一切，难道瞒得过吗？”

到了这个时候，尹壮图已经被逼得没有办法了。他抵达太原后便上奏称：“书麟说历年积存的养廉银子交罚款绰绰有余，何必再想其他办法呢？”他承认自己说话“过当”，现在已经“倾心帖服”，请求皇帝开恩，让他回到北京待罪。但他的愿望依然未能实现。十二日，乾隆通过军机大臣传谕，让尹壮图继续去往山东、江南，十五日，又让军机大臣传谕，重申尹壮图必须继续盘查各省。

尹壮图只能赴山东并上奏：“我经过的州县，老百姓生活安定。随处体察，根本没有人们摇头叹气这样的事。”二十八日，乾隆命令军机大臣传谕，让尹壮图无论如何也得找出两三个例子来，不能再支支吾吾，含糊其词。

根据当时的惯例，如果官员的父母或者祖父、祖母去世，那么官员就要请假回去，称为“丁忧”。乾隆由此发现了新的问题，说尹壮图丁忧由北京回到原籍云南，按理说只能够经过直隶、河南、湖广、贵州，怎么会经过江、浙、广西呢？这自然是故意绕道，为了跟地方官交往，以便打秋风。这样的行为，尹壮图必须老实交代。

事到如今，尹壮图知道再也不能为自己辩护了，就直截了当地承认自己捏造事实，欺骗皇上，请求治罪。乾隆大概觉得这一场用“事实”来说话的批判运动还没有进行到底，于是下令继续按原计划查江南。果然，查下来苏州布政使的府库也毫无亏空。

乾隆五十六年（1791年）正月初十，乾隆发表长篇上谕，指出尹壮图原来为内阁学士，只是因为云南没有大员，才破格予以提拔，要说他的才干学问，当阁学已属侥幸，还想往上爬，实际上“他这个卑鄙的兴头，朕早就看得清清楚楚”。但对他这种“天良丧尽”的无稽之谈“不可不辨”，为此乾隆历数康熙、雍正和自己的政绩，从古代至明朝，只有汉文帝曾免过百姓一半田租，史官已传为美谈，从未如本朝再三再四普遍免除钱粮。最后说，尹壮图的那些话“不但污蔑了朕，并且将天下亿兆黎民对朕的爱戴完全泯灭了，所以朕不得不将自己把老百姓当成子女这样一种实政实心给大家一一剖析”。

不仅如此，乾隆还发现尹壮图居然将年过七十的老母亲留在故乡，既然不能将老母亲接到北京来，那么就应该辞职回乡供养，而他“竟然贪图职务，忘了自己的母亲，将之弃养不顾，这还像个人吗？尹壮图不但无君，而且无亲，人伦丧失，这种人怎么可以再混在官员的队伍中？”乾隆宣布立即将尹壮图革职，交给庆成押带回京，交刑部治罪。

押回北京以后，尹壮图被解往刑部受审。正月十八日，乾隆又谕令军机责令尹壮图对要害问题逐一交代。二十日又下了一则上谕，着重指出各省藩库存银数百万两，不可能在钦差到达前的短时间内把亏空补全，现在事实证明，山西、直隶、山东、江苏四省藩库毫无亏空，对四省布政使给予表彰提升。而在大学士、九卿，即所有官员的联合审讯下，尹壮图自然低头认罪，把所有的罪名都承认了。这当然激起大学士、九卿的一致愤慨，他们秉公执法，按照“挟诈欺公，妄生异议律”（制造假象欺骗政府，故意提出非法建议的罪名）判处尹壮图死刑，并将结果上报乾隆。

乾隆认为目的已经达到，在二月初四又做了总结。他充分肯定群臣摆正了立场，做出了正确的决定，认为尹壮图即使不马上处决，也应该发配伊犁，以示惩戒。要是还让尹壮图官复原职，“不但没法安顿天下老百姓的心意，连朕也会被人认为是矫情的、过分的。但朕办事，一向大公至正，从来不肯弄虚作假以博取声誉，而对有罪臣子的处理，完全做到了既宽大又公允。”

乾隆最后宣布：尹壮图的罪行“原是难以宽大的，但是朕孜孜求治，尽量严格要求自己”，以前有人献上《古稀颂》，其中提到应该把歌颂视为规劝；现在尹壮图又来胡说八道，不妨也将他的诽谤当作规劝吧，所以不值得一下子处以重罪，对他可以特别开恩，免于刑事处罚，行政降一级，但属于革职留用，如果八年之内没有过失，方能复职。

众人本来以为尹壮图可能要受到重罚，臣下甚至已经拟好了他的死罪，没想到最后竟能“从轻发落”。其实乾隆真正的目的，是要通过这一事件堵上像尹壮图这样的人的口，同时维护自己的光辉形象。反正他无论什么都是正确的，不能有任何一点点瑕疵被人家抓住。

尹壮图上疏一事持续了那么长的时间，一位八十岁高龄的皇帝居然接连下了十几道具体的谕旨，每段指示都引经据典，篇幅很长，其目的就是为了维护他自认为的旷古未有的帝王形象。

因为内阁侍读没有缺额，所以尹壮图被安排为礼部主事，从副部级降为司局级。乾隆大概忘记了，他曾经指责尹壮图为了做官把亲人留在云南，或者没有因为亲人在云南而辞职回家奉养，将其斥为“人伦丧尽”，现在居然继续让他跟母亲分离。倒是尹壮图知趣，以侍奉老母为由，辞职回乡去了。

本来，臣子给皇帝提了不合口味的意见，注定是不会有好下场的。清朝经常有高官因为这个原因被发配到伊犁（今新疆）或者宁古塔（今黑龙江），被杀头的也不少。而乾隆对尹壮图采取这种特殊的方式，自然是有其深意的，很可能是受到他的父亲雍正皇帝的影响。雍正皇帝当年审讯曾静、张熙、吕留良案的时候，得知民间流传有关他篡夺皇位的说法，所以他没有把这些人一杀了事，而是启发他们觉悟，让他们写供词，再把这些供词刊印全国散发，让各个州县的学校向臣民传达宣讲，以此来证明自己的清白。

乾隆这个办法实际上是从他父亲那儿学来的，不过是把事情做得更加夸张罢了。他让尹壮图承认自己是在胡说八道，还让尹壮图去各省盘查，调查的声势越大，越能证明自己作为皇帝是怎样勤政爱民，也越能证明吏治清明，根本不存在贪赃枉法的情况，国库也丝毫没有亏缺。

当然了，尹壮图最后能够获得宽大的原因，也在于他对乾隆的积极配合。他不仅及时地认罪，还一次次“如实”地报告沿途见闻。比如他说，“我亲眼看到各省的国库都很充足，其他储备也充足，没有丝毫的短缺，而且来往几千里路上，看到商民安居乐业，共享升平，实在没有地方官滋扰之事”“我经过的淮、扬、常、镇这些地方，还有苏州（江苏的省会），正当新年庆贺的时候，路上行人摩肩接踵，大家带了肉，喝着酒，老老少少怡然自乐，从来没听说过有官吏滋扰之事”。

尹壮图的这种态度，也使乾隆认为自己的目的已经达到了。如果尹壮图坚持己见，或者一味求真务实，这幕戏固然演不下去，他自己的下场也就不会这么好了。

但是乾隆有没有取得真正的胜利呢？至少他没有取得自己的继承人嘉庆皇帝的认同。就在乾隆以太上皇的身份归天的第二年，刚刚亲政的嘉庆皇帝就把乾隆最为宠信的权相和珅撤职查办，逼令其自杀，次年就召尹壮图进京，重新起用。**这即说明，乾隆晚年煞费苦心维持的“太平盛世”，包括他所制造的政治典型事件已经真相大白。**

这大概是出乎乾隆当年的意料的。

第四十讲　闯关东的伟绩：保住了中国疆土

为什么闯关东在历史上拥有如此重要的地位呢？这是因为清朝疆域最后之所以得到巩固，闯关东起了决定性的作用。

若想了解“闯关东”这一独特历史文化现象是如何产生的，我们先要从清朝早期在东北实行的那些措施讲起。

顺治元年（1644 年），清朝军民举国内迁，而其发祥地东北只留下极少数人，有些地方甚至全民迁入。辽东一带一片荒芜，沈阳以北基本上已成无人区。

康熙九年（1670 年）到二十年（1681 年）之间，清朝在东北地区修筑边壕，将这片地方拦起来，变成封禁地。因在土堤上种植柳条，故谓之“柳条边”。柳条边分为“老边”和“新边”，“老边”以威远堡（今辽宁开原市）为中心点，南至辽宁凤城，西南至长城的山海关；“新边”自威远堡往东北走向，一直延伸到松花江边的吉林市。此外，清朝认为长白山是他们的发祥地，也是他们的圣山，于是将长白山周围也封为了禁区。

为了实现对于沈阳以北这一大片领土的有效管理，清朝在东北设立了三个将军衙门，分别是黑龙江将军、吉林将军和奉天将军（盛京将军）。其中黑龙江将军和吉林将军这两个辖区是没有民户的，只有驻扎于此的军人和流放过去的犯人。而奉天将军所辖之地，沈阳往南建立了府、州、县，往北的地区则也是空旷无人。

康熙二十八年（1689 年），清朝与俄国签订的《尼布楚条约》中划定了黑龙江将军、吉林将军北面的界线。从法律上讲，汉民不得进入这一地区，然而，内地人口越来越多，造成了很大的人口压力，一些农民根本没有土地，再加上华北、山东经常出现灾害，每逢灾害之时老百姓没有饭吃，没有地种，于是总有一批人千方百计地想要闯到这片禁区里去，这就是所谓的“闯关东”，“关”指的是山海关。

在这种情况下，清政府有时采取“睁一只眼闭一只眼”的态度，默许汉民闯出去，有时干脆开关让他们通行。但是不管怎样，正常的出关是不容许的，所以将出关的行为称为“闯”，这是其中一方面的原因；另一方面的原因则是在当时的条件下，想要在这片土地上维持生存的确很艰难，不管做什么都要冒很大的风险。闯关东的汉民中，有的将挖野山参作为谋生的手段，但是清朝的法律规定，只有代表官方的满人可以在这片土地上挖人参贡献给皇帝，其他人是不能挖的，因此私挖人参被视为非法行为。采珍珠、打猎等途径也都是非法的，汉民却不得不以此谋生，这使迁至东北的移民多了一重“闯”的意味。还有一些农民将靠近南面的部分土地开垦出来，在那里种粮食。那个时候没有天气预报，自然条件的变化难以预测，假如哪一年冷空气来得早，刚刚种下粮食天气就突然变冷的话，很可能当年就颗粒无收了，所以务农也有很大的风险。有的人闯关东发了财，比如挖到了大的野山参，但也可能刚刚挖到就在同别人的争夺中丧命了，一切都有可能，机会与风险同在。政府在这种情况下自然不加以管理，因此闯关东的人中难免诞生出一批土匪和流氓，各色人等各施手段谋求生存，更加凸显了“闯”字的含义。

但是鸦片战争以后，俄国通过《瑷珲条约》《北京条约》侵占了原来《尼布楚条约》划归清朝的黑龙江以北、乌苏里江以东的大片土地。本来根据《瑷珲条约》，江东六十四屯还是属于清朝的，但是到了 1900 年，八国联军侵略中国，俄国趁机把江东六十四屯也占据了。不仅如此，日本和西方列强的眼睛也盯着这片土地。

当时，清朝对外战争接连失败，需要支付巨额赔款，对内则要镇压太平天国，同样需要消耗大量的军费，导致财政陷入困难。这样一来，便不得不开放东北的封禁：一方面使移民进入边疆地区以抵制来自沙皇俄国与西方列强的侵略，另一方面通过开垦荒地增加财政收入，帮助国家渡过难关。

因此，自咸丰十年（1860 年）首先放垦呼兰以北的荒原以后，清朝就逐步地，最后全面地开放了东北的封禁地。

咸丰十一年（1861 年）开放了吉林西北的草原，大规模移民就此开始。同治三年（1864）开放了伊儿门河流域，五年（1866 年）开放了桦皮甸子（今吉林桦甸市北），七年（1868 年）开放了盛京围场和吉林围场。沈阳北面和吉林部分地区原来留下来作为清朝皇帝打猎的围场，现在也开放了。光绪四年（1878 年）取消了汉族妇女不得越过长城的禁令，从此汉族移民可以携带家眷迁往定居了。

光绪六年（1880 年）实行满汉同等待遇，规定放垦、免税、补助等三项优惠政策，内容分别为：荒地放垦以后，只要你有能耐开垦土地，不管开垦了多少都是你的；三年或者五年内免收地租，时限过去后立刻派发执照，这块土地就合法地正式归你了，从这时起才开始交税纳粮；根据各地的不同情况，给闯关东的人补助旅费、种子和农具的费用，有时甚至公家拿钱采购一批耕牛过来分给大家。总而言之，这三项优惠政策大大促进了移民的积极性。

接下来，我们需要了解一下中国当时的人口数据。

到太平天国战争前，中国的人口已经达到四亿三千万。在巨大的人口压力下，山东、河南、河北等内地省份的很多农民，要么没有土地，要么人均土地面积越来越小。不时发生的天灾人祸进一步加剧了人口压力，从而引发了东北封禁地开放以后的移民热潮。山东移民的主要路线是渡海到达辽东，然后继续北迁，来自河北、河南的移民则走陆路，经过山海关到达东北。曾有史料记载，无论白天黑夜，山海关下过往人群络绎不绝。

东北放垦的结果在人口数据的变化上有了直观的展现。奉天

（今辽宁）人口在1862年大约是二百八十四万，到1908年增加到一千一百万，其中五百万左右是移民或者移民的后裔——最早的一批移民定居后已经有了自己的后代，最后统计出的人数当然要比原始的移民人数多。

吉林原来基本上是没有人的，只有一些军人，而到了1907年，人口数大概是四百四十一万六千三百人，其中大多数都是移民和移民的后代；到1910年增加到四百八十四万零一百人，新增移民三十三万四千六百人；1912年，吉林人口已经达到五百七十二万两千六百人。

黑龙江人口在1907年时大约是一百二十七万，到1911年时已经达到三百二十二万。从原来的基本上没有居民、只有少量驻军的状态一下子增加到数百万人，人口最多的辽宁已经超过一千万人。

这些移民主要来自山东，其次是河北、河南等地。一直到今天，辽宁南部，包括大连在内的这一带的大多数当地人都会说自己是山东人的后代。所以东北南部基本上都是山东口音，北部的人口来源则比较复杂，有河南、河北等地的口音。总而言之，东北的绝大多数人都是放垦以后过去的移民和移民的后代。

《尼布楚条约》签订以后，清朝继续将东北地区作为封禁地，但沙皇俄国却开始大力“开拓”移民，从中亚、欧洲过来的大批移民沿着黑龙江顺流而下，如入无人之境。据当时的俄国人描述，进入东北地区后根本看不到人，只能偶尔见到少量的达斡尔族或者鄂伦春族的猎户。这话也许有夸张之处，但当时的东北地区，特别是黑龙江沿岸，除了少量驻军以外，的确是渺无人烟的。大量外国移民迁入造成的结果也就可想而知了。

《瑷珲条约》的签订并不意味着黑龙江以北完全归于俄国，其中有一项条款规定，“江东六十四屯”仍归清朝管辖。“江东六十四屯”指的是早期的满人越过黑龙江建立起来的大大小小六十四个村庄。所以只要你有人在，那么不管怎么样，至少对方不得不承认你的存在；如果根本就没有常住人口，那么连讨价还价的基础都没有。

正因如此，虽然当今历史学界的一致看法是沙皇俄国侵略了中国，但是俄罗斯的历史学界并不承认，他们的说法是："这片土地原本无人居住，我们进来是开疆拓土，为什么这片土地不能是我们的呢？"应该说，这是清朝犯下的一个重大的错误。

清朝在雅克萨（今俄罗斯阿尔巴津诺）之战中取得胜利，考虑到当时没有实力完全守住这片领土，那么在领土上稍微做点让步，把边界划得稍微靠内一点也是可以理解的，但问题是签订条约以后，双方的做法形成了鲜明的对比：清朝仍然不许汉人进去，在这片土地上的经营也很有限；俄国则迁入大批移民进行开发。俄国的地图上有很多地方原本是我们命名的，如海参崴（现称符拉迪沃斯托克）、伯力（现称哈巴罗夫斯克）等，我们曾经在这些地方拥有居民点，但由于长期得不到移民的补充，后来就被放弃了。而俄国人进来以后就占据了这些地方，改为本国命名的地名。

由此可见，《瑷珲条约》本身固然是一份丧权辱国的卖国条约，但实际上清朝并没有在黑龙江以北、乌苏里江以东地区真正进行移民开发，或者保护自己的主权。

如果不是闯关东，就不可能有一大批移民充实到我们自己的领土。九一八事变以后，日本侵占了东北，但是这个时候东三省的人口已经达到三千万，其中绝大多数都是闯关东移民和他们的后代。面对这三千万中国人，日本帝国主义不敢像对待朝鲜那样将其马上吞并，而是扶植一位傀儡皇帝溥仪，成立伪满洲国，与此同时却在酝酿着一个移民的阴谋。

就在九一八事变的第二年（1932 年），日本制定了罪恶的《满蒙移植计划》，企图在伪满洲国成立十年之内使定居中国东北的日本人达到五百万，占当地人口的十分之一。日本为此在国内组织"开拓团"，把日本穷乡僻壤的农民、平民成群结队地迁到东北，并驱赶了原来的居民，夺取了他们的村庄和田地。后来由于太平洋战争爆发，日本兵力不足，这一计划没有得到完全的实施。1945 年日本战败时，在东北和内蒙古留下了一百二十余万人口，其中有三十一万八千人是“开拓团”的移民。中国遣返日本战俘和侨民的时候，有些孩子的父母已经死了，还有些日本人穷得带不回自己的孩子，这样就留下了不少战争孤儿。

我们不妨试想，如果让日本的阴谋得逞，东北十分之一的人口是抱成团的日本移民，那么东北将会如何？从这一点上来讲，**我们应该牢记当年闯关东的移民为巩固我们国家的主权、为保住我们这片宝贵的土地所做出的贡献**。

类似闯关东这样的大规模移民事件，还有一个“走西口”。

“走西口”就是指山西人从长城的西口迁到内蒙古。但在内蒙古放垦之前，走西口的人不能在内外蒙古落户，只能季节性地打工。这些人被称作“雁行人”，像大雁一样春天过去耕种，秋收以后必须回来，不能落户，不能定居。商人也是这样，可以做买卖，但是不能在内外蒙古定居。

清朝在东北放垦的同时也在内蒙古放垦，大批的山西人迁入内蒙古，并且在那里定居。有了这些移民，不仅使内蒙古人口得到增加，土地得到开发，也有了捍卫我们国家领土的基本力量。因此，尽管内蒙古也面临着沙皇俄国的侵略，这片领土最终却得以保住。

从这个意义上说，**走西口的移民跟闯关东的移民所做出的贡献是同样重要的**。

后　记

1994年起，在主编沈昌文先生和编辑赵丽雅女士的热情诱导和巧妙催促下，我在研究和教学之余，陆续在《读书》发表了一些读史札记、评论和以历史为主题的随笔。1995年8月，又经赵丽雅女士建议和帮助，选辑入我的第一本非学术性文集《往事和近事》，1996年11月由三联书店出版。

1997年，长春出版社邀我主编一套普及性的中国历史丛书，以断代方式讲述历史。丛书共八种，每种选择一个在中国历史上影响较大的朝代或时期，在该时段中选择一二十个题目，通过具体的史实，提出作者的看法和见解。我自己写汉代，题为《泱泱汉风》，除一篇综述外，写了十一篇。我还为写宋代的《文盛武衰》提供了一篇。这套名为《中国历代王朝兴衰启示录》的丛书于1997年由长春出版社出版。丛书的修订版《千秋兴亡》于2000年出版，2005年再版，以后又有重印。

2007年，我从历年所写历史类文章中选了十六篇，编为《葛剑雄写史——中国历史的十六个片断》，由上海书店出版社。2015年再版时增加了三篇，书名改为《葛剑雄写史——中国历史的十九个片断》。2021年，出版社又提出再版建议，我又增加一篇，书名也成了《葛剑雄写史——中国历史的二十个片断》。

这些年间，我还在其他刊物、报纸、网络上发表过一些同类文章，长短不一，共有百来篇。有的已陆续收入我的选集、文集。

2019年9月，秦青兄邀我为三联中读制作一套讲历史和历史地理的音频课程，五十集，每集十五分钟。为更切合听众的需要，我与他商定，由我提供内容，一起选定题目，请他们团队编排并拟出纲目，我最终审定。这套节目于2020年2月上线，名为《葛剑雄·不一样的中国史——50个关键词，俯瞰历史风貌》。据说颇受欢迎，他们又建议将音频内容整理成书出版。由于我录制时仅用简单提纲，并无完整讲稿，只能请编辑团队根据音频记录稿整理，并编辑成书。我命名为《不变与万变：葛剑雄说史》，2021年由岳麓书社出版。

2022年8月，悦悦书店罗红女士介绍并大力促成B站为我制作一套讲历史的视频节目。起初我担心已有《不一样的中国史》音频节目和《不变与万变》在前，有些内容难免会重复，但制作方认为，根据市场调查，收听音频的听众与收看视频节目的观众基本不同，可满足不同需求，而且视频每节是三十分钟，比音频长一倍，即使是同一题目，也有详略的差别和侧重点的不同，于是商定了四十集的题目和内容，每集三十分钟。当时疫情尚未完全结束，好在罗红女士提供了拍摄场所，使录制顺利完成。刘寅春女士也在前期筹备工作中予以帮助。在“哔哩哔哩课堂”制作人圆媛女士、王梦熊女士的妥善安排下，制作团队精心完成后期制作，《千秋兴亡：葛剑雄讲中国史》于2022年11月上线。

现在，又由陈雪女士在视频记录稿的基础上悉心编辑，整理成书。她不但准确记录了我所讲的全部内容，还核对引文，查阅原始史料和权威的工具书，不仅改正了文字讹误，还校正了我一直沿用而未发现的若干错字，合应表示衷心的感谢。

考虑到长春出版社出版的那套我主编的丛书曾用《千秋兴亡》的书名，此书不宜沿用视频课程的名称。我这四十个题目中虽有个别涉及境外，基本发生在历史中国的范围之内，亦即“四海之内”，故即以此为书名。

尽管这几种书是针对不同层次和需求的读者，即使相同的主题也详略不一、表述方法有异，但毕竟有一定重复。因此请已经买了《葛剑雄写史》和《不变与万变》的读者慎重选择，并再一次向所有读者表示我由衷的感谢！

葛剑雄于 2024 年元旦